創発する日本へ

ポスト「失われた20年」のデッサン

アンドルー・ゴードン
瀧井一博 編

イアン・コンドリー
稲賀繁美
井上章一
宇野重規
落合恵美子
苅谷剛彦
北浦寛之
楠 綾子
篠田 徹
デイヴィッド・レーニー
待鳥聡史
山田奨治 著

弘文堂

はしがき

二〇一五年一一月一三日、ハーバード大学にて「失われた二〇年と日本社会の変容」と題したシンポジウムが開催された。本書は、直接的にはこのシンポジウムの記録である。だが、その成り立ちはさらに一年前にさかのぼる。

きっかけは編者の一人であるゴードンが、二〇一四年九月から八ヶ月間、国際交流基金の助成を得て国際日本文化研究センター（日文研）に外来研究員として滞在したことである。その前年にゴードンの受け入れでハーバード大学にて在外研究を行っていた瀧井との間で、ゴードンの研究テーマである「グローバル・ヒストリーのなかの『失われた二〇年』」について共同研究のプロジェクトを発足させる話が持ち上がった。幸いこのプロジェクトは二〇一四年度のサントリー文化財団の「人文科学、社会科学に関する学際的グループ研究助成」の支援を得ることができ、また日文研の公式の研究プロジェクト（日文研プロジェクト）としても認可され、一年間の短い期間ではあるが、濃密な共同研究の議論の場が持たれた。当初の研究会のメンバーは、編者二名のほか、落合恵美子（京都大学）、張寅性（ソウル大学）、中村尚史（東京大学）、宇野重規（東京大学）、待鳥聡史（京都大学）、デイヴィッド・レーニー（早稲田大学、当時プリンストン大学）であった。

研究会ではバブル崩壊以後の日本社会が陥っている虚脱感の正体を見極め、それを歴史と国際比較の観点から位置づけることが試みられた。通常、「失われた二〇年」というと、高度経済成長の終焉とそれに伴う日本の経済的失墜の問題が第一に問われる。しかし、本プロジェクトでは、むしろ日本人を見舞っている停滞感や喪失感という社会心理的な現状に留意し、その実態の把握と克服のための展望が議論された。

この研究会がコアとなって、冒頭のハーバードでのシンポジウムが企画された（張および中村は、都合により参加が叶わなかった）。日文研では毎年一回、海外での日本研究の成果の吸収や開拓を目的としてシンポジウムを開催しているが（日文研海外シンポジウム）、この年は北米における日本研究の中心の一つであり、ゴードンが長らくセンター長を務めていたハーバード大学ライシャワー日本研究所との共催で行われた。

既述のように、本書はこのハーバード・シンポジウムの記録と言えるが、前年からの共同研究会、また二〇一五年夏に日文研で開かれたもう一つの国際シンポジウム「失われた二〇年と日本研究のこれから」（六月三〇日〜七月二日）の成果も取り入れられている（この日文研でのシンポジウムの成果の一部は、坪井秀人（編）『戦後日本を読みかえる』全六巻（臨川書店）として近く刊行の予定）。

一連の研究会やシンポジウムを経て実感されるのは、学問の力と国際的な連携の重要性である。「失われた」という形容が独り歩きし、そのレッテルのもとで自縄自縛のようになってきた日本社会だが、その目に見えない現象の本質を見極め、その根源を究明するのは明確な方法に則った学問の務めであり、現状の克服を目指すにはそれを歴史的かつ国際比較の視座に置いて、多角的に観察する必要がある。本書がそのための手引きとなりうることを願っている。

本書の成立には、もととなった研究プロジェクトに寛大な助成をしてくださった国際交流基金とサントリー文化財団の名を逸することはできない。日文研からは所長裁量経費による助成もいただいた。御高配に感謝申し上げたい。日文研での研究会にゲストスピーカーとして来ていただいた高橋伸彰（立命館大学国際関係学部教授）と中北浩爾（一橋大学大学院社会学研究科教授）の両氏にもこの場を借りて篤くお礼申し上げる。最後となったが、前述のシンポジウムの実現に多大な助力をいただいたハーバード大学ライシャワー日本研究所および日文研の関係者の皆様にも深甚の謝意を表したい。

二〇一八年の新しい年を迎えて

アンドルー・ゴードン
瀧井　一博

目次

第Ⅱ部　何であったのか――「失われた二〇年」の諸相

序章

高度成長から「失われた二〇年」へ

——国家・市場・ジェンダーのイデオロギー

アンドルー・ゴードン

Ⅰ　はじめに

日本に関する言論の内容と論調は国内でも国外でも一九九〇年代にがらりと変わった。この時期に「失われた二〇年」という言葉が急激に流通し始めたことは、それを象徴する。この言葉が英語の出版物に初めて登場したのは一九九八年の『ニューズウィーク』誌の記事であった。日本語でこの言葉が最初に使われたのは、おそらくそれと全く同じ日の『日本経済新聞』のコラムのなかであり、この表現を外国人投資家によるものとして紹介している[1]。どちらが先だったかはさしたる問題ではない。日本は凋落しつつある、日本は失われたという認識は、国の内外双方で生まれていたのである。

(1) Powell [1998: 28]; 滝田 [1998]。雑誌の日付は実際の発行よりも一週間先づけするので、『ニューズウィーク』の記事は『日本経済新聞』の記事と同時に発表されたはずである。

この喪失状況をめぐる諸問題が長引くにつれ、「失われた一〇年」は「失われた二〇年」へと変わっていくが、この喪失をめぐる言説にはつねに二つの焦点があった。まず何はさておき、経済の停滞が第一の焦点である。だが第二の、そして同じく重要な焦点は、山積する社会問題だった。これが病める経済の原因であり結果であるとされたのだが、じつは少子高齢化、収入・資産・教育における格差の拡大、限定的にしか変わらない女性の役割、いわゆる若者のエネルギーや意欲の低下といった問題はすべて、日本のバブル経済崩壊以前から存在していた。単純に言えば、日本が何かを「失った」という意識は、バブル経済の崩壊だけでなく、日本は中流大衆社会になった、そしてこれからもそうありつづけるだろうという社会的神話の崩壊からも生じている。一九九〇年代に始まる年月は、中流階級の一員に加わり、男はそのヒーローたる「サラリーマン」に、女はヒロインたる「専業主婦」になれるはずだと国民の大多数が信じた夢を奪いつづけてきた。(2)「失われた一〇年」の始まりは、四五年にわたる私の日本との関わりをちょうど二分する中間点にあたる。この時点で日本に何か根源的な変化が起きたという認識が、このトピックについて私が関心を抱いたきっかけだった。本章では主として保守層や体制側の議論に的をしぼりながら、日本が中流社会としての未来に自信を失っていく過程ととくに関係するイデオロギーの風景の変遷をたどりつつ、その二つの側面を考察していきたいと思う。一つは、健全な社会を維持する手段として市場と競争をとらえる考え方。もう一つはジェンダーの役割の変化に対する姿勢である。私の主眼は、学者によって書かれ、学生を含めた仲間うちでのみ通じる論文を生み出すことにではなく、学者から公共に向けられた主張を行うことや、政策的な論争を引き起こすことに置かれている。しかしこの言論空間は、ふつう「ジャパニーズ・スタディーズ」(日本研究)と呼ばれている学問の動向がどのように推移したかを探りながら検証されねばならない。

一九九〇年代後半に端を発し、広く共有されるようになったこの喪失をめぐる意識を検証するためには、もちろんそれに先立つ楽観的な心理状態を見きわめて、それと対比させながら、その後起きた変化の持つ意味をはっきりさせる必要がある。高度経済成長時代の末期に特有な活力と、いわゆる欧米への「キャッチアップ」意識をもって語られた、このような楽天的な見解を見つけるのは難しいことではないが、そこには「失われた二〇年」の時代を席巻した思考法と通ずる重要課題のいくつかがすでに見て取れる。そこで本章は、ダイナミックな経済と安定した中流社会を実現した日本が世界のリーダーとなり、他者のモデルにまでなったという、最も顕著な勝利宣言のいくつかを検証することから始めようと思う。

◆◆Ⅱ ジャパン・アズ・ナンバーワン――日本版

私の出発点は、一九七〇年代末につくられて、いまではほとんど忘れられてしまったある重要な報告書である。この報告書はふつう「大平報告書」と呼ばれ、当時の首相、大平正芳の要請により、第一線の学者を交えた大規模な研究会の手で作成された[3]。主な焦点は経済運営から家庭生活にいたる内政問題、および地方

（2）戦後日本の中流社会におけるヒロインとしての専業主婦の登場については、自著で言及した。ゴードン［2013］。
（3）大平報告書の正式名称は『大平総理の政策研究会報告書』第一～九巻（大蔵省印刷局、一九八〇年）。研究会は一九七九年一月から公式に作業を開始し、一九八〇年八、九月に報告書が刊行された。

が直面する諸問題に置かれ、そのほか国際関係にも気配りしたものになっている。報告書には未来について若干の懸念が表明されてはいるものの、全体の論調は何よりも日本が達成したことに対する誇りがきわだっている。改革を求める声はどちらかというと低調で、とりわけ当時から三五年あまりを経た現時点で読むと、それがよくわかる。

日本に関するこうした評定の文脈は、グローバルなものであった(4)。大平政策研究会は一九七九年一月に招集された。その五ヶ月後、ハーバード大学の社会学者エズラ・ヴォーゲルが『ジャパン・アズ・ナンバーワン——アメリカへの教訓』を出版し、直ちに邦訳が出た。この二つの文書は同一ではないが、ともに楽観主義と、日本をモデルととらえる点で共通していた。ヴォーゲルの本はアメリカよりむしろ日本で売れ行きをはるかに伸ばしたが、そもそもこの本はアメリカ人読者に向けて書かれたものであり、ヴォーゲルとしては、現代の社会・経済問題を探るのに国境の外にヒントを求めてはどうかとアメリカ人に訴えたかったのである。大平研究会のメンバーは日本の政治指導層に政策提言をしたのだが、彼らもまた他者にインスピレーションを与える存在として日本の潜在的役割に注目した。

こうした楽観論と、一九九〇年代後半以降の日本が何かを「失った」という言説とがよく似ているのは、国内外で評価が一致していた点である。ヴォーゲルは自著の企画を一九七六年にスタートさせたのであるが、数年にわたりとくに佐藤誠三郎と親しかった。佐藤は香山健一や公文俊平とともに、大平研究会の招聘にあたって主力となった人物である。ヴォーゲルと佐藤は、ヴォーゲルの著書と大平報告書がともに言及している論点について何度となく議論を重ねている(5)。一九七〇年代にはまた、日本的システムは「西洋化」されるものではなく、もしかすると西洋モデルが一致して参考にするものになるかもしれないという観点で書かれた著作がいくつか日本国外で発表されている。日本とイギリスの労使関係を比較したロナルド・ドーアの著作がその一例で、これはすでに古典となった（Dore [1973]）。大平報告書の執筆者らはこういう文脈で、しかし同時に日本国内のより批判的な意見も視野に入れつつ（じつは書き手ら自身がそれ以前に表明していた観点への反動として）報告書を完成させた。

大平首相の出自は、社会的・経済的に高い位置を持たない点で田中角栄とやや似通っており、吉田茂、鳩山一郎、池田勇人、佐藤栄作、三木武夫など戦後の宰相のそれと明確に対比される。大平は東大ではなく東京商科大学（一橋大学の前身）から大蔵省入りした。そして省内の上司だった池田勇人の引き立てを得て政界入りした。大平はクリスチャンで教養人であった。知的な影響を受けた人物はトマス・アクィナスとイギリスの経済学者リチャード・トーニーである。この二人から大平が学んだのは、個人と国家を結ぶ中間集団の重要性であり、これが規制なき過激な市場経済や、反資本主義の階級闘争が与える有害な影響から社会を護るという信念だった。大平は「改良資本主義」つまり社会協調を唱導し、またローマ・クラブが提唱した「成長の限界」説からも強い影響を受け、近代化の成長モデルは行き詰まっており、克服される必要があると考えた。自民党内での大平は、防衛費増大と憲法改正を唱える福田派と対立する立場をとり、そのような

（4）酒井直樹は、二〇一五年六月三〇日から七月二日にかけて国際日本文化研究センターにおいて開催された「失われた二〇年と日本研究のこれから」と題する国際シンポジウムに寄せた論文のなかで、こういう肯定的評価を生んだそれまでの日本研究のあり方と、それが近年、悲観的な評価に変わったことについて、国際的な文脈の重要性を訴えている。

（5）エズラ・ヴォーゲルとの個人的通信（二〇一五年五月）。

動きは日本を有害な「前近代」国家に戻してしまうと考えた。大平はまた、国家中枢が過大な権力を握ることを懸念し、政治・行政権力を地域の現場に移して全体を均衡させたいと思っていた(6)。

大平報告書全九巻には各巻すべてに「二十一世紀に向けての提言」という同一の序文が掲載されている。このことによって、報告書には大平の世界観を色濃く反映した問題意識が通底することになった。この序文は欧米との間に築いた新たな平等という誇りに満ちた高揚感あふれる出だしに始まる。

近代化を達成した欧米諸国と日本は、高度産業社会として成熟し、多くの困難な問題に直面するに至った。……日本は、明治維新以来、欧米先進諸国に一日も早く追いつくために、近代化、産業化、欧米化を積極的に推進してきた。その結果、日本は、成熟した高度産業社会を迎え、人々は、世界に誇りうる自由と平等、進歩と繁栄、経済的豊かさと便利さ、高い教育と福祉の水準、発達した科学技術を享受するに至った。(大平政策研究会[1980b: 1-2])

こうしたことが成し遂げられたのは、日本のなかに異なる文化が両立しているからだが、提言ではそのことに対する著者たちの理解が展開されている。

欧米の文化が、神か悪魔か、勝ちか負けか、白か黒かというように、「二者を峻別し対比」させる構造を持つのに対し、日本文化は、じゃんけんにみられるように、絶対的勝者も敗者もいない三すくみの

「三極鼎立・円環構造」を特質としている。絶対的一神教崇拝に対し、神仏習合の歴史的経験をもつ。ルールを守れば勝てば《原文ママ》勝ちの「フェア・プレイ」よりは、「おのおのがその所を得る」ような「フェア・シェア」の原理をもつ。都市の構造や家屋、庭園、生活習慣でも、「中間領域」を大切にする「グレイ・ゾーンの文化」をもっている。（大平政策研究会［1980b: 4］）

東西対比のビジョンを示すこと自体おそろしく二元論的だが、著者らは日本こそすべての現代社会が直面する難問に対処するのに相応しいとし、具体的には、「かつてない自由と経済的豊かさは、これまでの物質文明や近代合理主義の下で、ともすれば見過ごされがちであった人間の精神的・文化的側面への反省を促し、より高度な人間的欲求を目覚めさせるに至った」と述べている（大平政策研究会［1980b: 3］）。そして大平ともども、日本と世界が「近代を超える時代」に入ったとくりかえし強調する。この新たな世界では、調和と均衡が、また個人主義ではなく相互連帯の原則が、全世界的な新しい「文化の時代」における日本のリーダーシップの基盤であり、そこには追い求めるべき欧米モデルはもはや存在しない（大平政策研究会［1980b: 3］）。「近代を超える時代」という言葉が初出したあと、報告書はそれが「前近代への回帰であってはならない」と断言し、はっきり身構えた姿勢をあらわにする（大平政策研究会［1980b: 1］）。つまりこの表現が戦時中の評判の良くない「近代の超克」論議を想起させることを、メンバーらは強く意識していた。だが公正を期

（6）本段落の記述は宇野重規の論文に基づく。宇野［2014: 174-177］。

すならば、大平研究会のメンバーと全く同様に、「近代の超克」論議に関わった戦時中の思想家たちも、自らを先祖返りとは考えていなかった。彼らは国際的に見て妥当な日本的コスモポリタニズムというビジョンを、伝統に基づきながらも近代を超克するものとして追求していた。ただし、そのビジョンは軍事力で「八紘に」(世界の隅々まで)広められていくことになった。

こうしたものを想起させる点、また日本と欧米の文化双方について、大平報告書の理解が還元論的である点をもって、この研究会のいう新たな「文化の時代」というビジョンを単純で浅薄と切り捨ててしまうのはたやすいし、ある意味で妥当なことだろう。しかし、この報告書の根底にある前提をやや詳しく紹介したのには二つの理由がある。一つ目には、それが戦争の時代を越えて、少なくとも一九世紀後半にさかのぼり、政教社とその機関誌『日本人』をめぐる人々の著作に深いルーツをたどれる思考モードの一例であるからだが、それればかりでなく、二つ目には、この報告書が、絶えず変化する困難な国際環境のなかで「日本」を定義しようと挑みつづける人々の持続的なスタンスを反映するものでもあるからだ。

過去のこうしたビジョンは、戦時期のものであれ明治中期のものであれ、欧米の近代化の模倣を急ぐなかで日本が自国文化の本質を失っていく懸念を反映して、危機感と敵愾心に彩られてきた。こうした背景に照らすと、この宣言文のどちらかというと自信に満ちた論調は好奇心をそそる。しかもそれが、これまでこの同じ書き手たちが書いてきたものと異なる点にはもっと興味をそそられる。大平報告書に見られる思考の起源は――ヴォーゲルの本の出発点もそうだが――一九七〇年代半ばにさかのぼる。香山、佐藤、公文など大平のブレーントラストの主力メンバーは、多くが「グループ一九八四」と自称する保守派知識人グループに属していた。このグループは、一九六〇年代に電子産業大手企業を創設した起業家の牛尾治朗が招聘し、『文藝春秋』誌一九七五年二月号に「日本の自殺」という論文を発表した。(7) この論文は大きな反響を呼び、執筆者らは当時の経団連会長だった土光敏夫と結びついていく（宇野［2014: 187］）。

この論文と大平報告書は、現代生活の精神的・文化的特性への懸念を共有し、日本社会が「自律性と『自己決定能力』を失いさえしなければ」、日本文化――ある箇所では「日本の魂」とされている――には、エネルギー危機という経済的困難を克服する潜在力があると考えている点で共通する。(8) しかし、このような自信あふれる叙述はじつは非常に少なく、論文タイトルが示唆するように、この文章全体の論調や内容は迫り来る災厄への危機感と恐怖に彩られている。論文はローマ帝国の衰退についての鮮烈な描写に始まり、そうなったのはエリートが「パンや娯楽」を与えることによって大衆に迎合したせいだとする。そしてさらに、現在の日本も同じように倫理の衰退を招いているが、それは日本のリーダーが、そして経済が、社会の規律と責任を犠牲にして大衆の欲望に迎合したためだと、まさにエリート的な調子で非難している。

具体的に言えば、日本は三つの難問、すなわち天然資源の欠乏、環境破壊、過度の昇給レースと（それによる）消費者物価の上昇が招くインフレ・スパイラルに直面している。しかし問題は経済というより文化や政治、とりわけ心理面にある。その根底にあるのは、大量生産社会にはびこる物質主義だ。均一化された商品は人々から趣味嗜好を奪い、規格化された労働は労働者を精神的・肉体的に蝕む。女性が利便性ゆえにイ

（7）「日本の自殺」『文藝春秋』一九七五年二月号。いくつかのコメントをつけて同誌二〇一二年三月号に再掲載。
（8）「日本の自殺」再掲載版（二〇一二年）一〇〇頁。引用符は原文のまま。

ンスタント食品や既製服を求めて、消費主義が家庭をも破壊する。「家族のために心を込めて食事を作り、セーターを編む喜びを忘れた主婦たちがいかに多いことか」。この現代システムが——本質的には資本主義的生産と消費なのだが、著者らはそれをあえて大上段にふりかざそうとしない——「幼児化した」人々に重大な道徳的危機をもたらし、大衆の判断力を弱め、規律を徐々に奪っていった。四〇年経ちながら、いささかも古めかしさを感じさせないこの論文は、そのある一節で、何よりもマスメディアに流れる情報の氾濫によって、人々は自分で判断するゆとりがなくなっていると指摘する。(9)

著者らにとって敵ははっきりしている。こうした問題をつくりだし、その解決を妨げるのは政治的左派、とくに日本共産党と日教組である。左派は行き過ぎた邪悪な平等主義を教育制度にもちこんで、生徒の長所を認めずに均一の標準速度で動くよう強い、自立精神と規律を崩壊させる福祉国家を目指した。いま必要なのは——「消費者、労働者、政治家、経営者による」——方向転換、つまり利己的な自分探しをやめて、自立、人々に負の側面を伝えることを恐れない強いリーダー、若者に向けた強固な愛、そして物質的な利益だけが人間の幸福の総和ではないという認識への方向転換である。この長い論文にみなぎる張りつめた高揚感は、明らかに転向の後ろめたさを反映したものなのだ。若き日の著者らは自身が過激派学生であり、共産党員であった。

こうして見てくると、大平報告書は日本が直面する問題を極端に抑制して描く一方、日本文化の興隆だけでなく、新たな「文化の時代」において世界に奉仕する日本文化の潜在力を、大仰なほどの確信に満ちて評価した提言として読まねばならない。執筆者の多くが何をもってこの四年の間にこうした違いに達したのかは正確にはわからないが、第一に言えるのは自信の増大だろう。一九八〇年までに日本は二度の石油危機を、ほかの多くの先進資本主義諸国が被ったほどの惨状に陥らずに切り抜けた。これは一九七五年には予想しなかったことだ。以前の論文に見られる左派への恐怖と具体的に関連づけて言えば、協調的な民間セクター労組と企業の賃金交渉がインフレ・スパイラルを抑えこみ、また「スト権スト」の敗北によって公共セクター労組が大きく後退した。第二に、首相のために作成される報告書というものには政治的な縛りがかかる。そうした報告書は、現今の危機を大げさに嘆くことができない。仮に危機に見舞われたとしても、首相を含めた与党は政権を担っているのであるからなおさらだし、提言は首相が政策を通じて実現可能な施策を推進できるようなものでなくてはならない。

日本の経済と文化を新たな「文化の時代」の強靱な基盤として描く大平報告書は、このように左派との不安と敵意に満ちた対話から生まれた。ただしその不安感は抑えられ、敵意はほとんど語られない。そののち、変化の時代に日本固有のものを見定め保全したいという報告書本来の関心事は持続しつづけ、危機感が戻ってくる。しかし左派がいよいよ重要性を失うにつれ、仮想敵あるいは問題の源泉としてのその存在感は薄まっていく（ただし橋下徹のような政治家や安倍首相が教師を攻撃したりするのを見ればわかるように、消滅はしない）。これら一九七〇年代の主義主張の核心部に内在する矛盾を反映して、やがてそれまでとは違う対立軸が登場する。これは日本の左派のプログラムに代わるものと位置づけられはしたが、大平報告書の唱える日本文化の

(9)「日本の自殺」再掲載版（二〇一二年）一〇〇頁、一〇二―一〇六頁、一〇九―一一〇頁。

あるべき姿と、生まれたての新自由主義との間に不安な緊張が生まれた。この新自由主義の萌芽は、平等主義的教育や膨張する社会福祉へ激しい攻撃を加える「日本の自殺」にすでにはっきりうかがえる。

台頭する日本版新自由主義にとって最初の重要な契機は、そのわずか数年後、中曽根康弘政権の時代に訪れた。これはアメリカのレーガン政権、イギリスのサッチャー政権時代に似たような改良主義が右派勢力から登場したのとほぼ時を同じくしている。「戦後政治の総決算」を唱える中曽根内閣の内政アジェンダの目玉は、教育改革と国家的独占機関とりわけ国鉄の民営化だった。中曽根の意図は、国鉄の抱える巨大債務を処理することだけでなく、それ以上に、強大な力を持つ国労を破壊することにあった。大平報告書の著者たちの意図がどのくらい中曽根の経済政策に直接繰り越されたかについては、日本の学者の間で議論があるが、中曽根の政策のうち、とりわけ教育改革プロジェクトの精神には、間違いなく「日本の自殺」の骨子が引き継がれている(10)。

だが中曽根が公共セクターの独占機関と教育における改革を押し進めたにもかかわらず、中曽根時代もそのあともずっと引き続き、民間セクターの経済システムに対する楽観的な評価は変わらず、改まるどころかかえってその傾向を強める有り様だった。戦後の経済社会システムの心臓部の改革がようやく着実に動きだしたのは、バブルが崩壊してからのことであり、その時でさえすぐには始まらなかった。「失われた日本を救え」ジャンルの初期の著作で最も知られているのは、野口悠紀夫の『一九四〇年体制——さらば戦時経済』（一九九五年）とリチャード・カッツの『腐りゆく日本というシステム』（一九九八年）である。これらの著作が真に攻撃したのは経済・社会の官僚的経営であり、自由市場の運営に対する法的規制だった。ここではまず大平報告書において、日本的経営システムと定義されたものの価値がどのように肯定されているかをよく検討したあと、失われた二〇年の経済論議の特徴である、市場原理に適った改革をめぐる矛盾した言論をさらに詳しく見ていくことにしよう。

◆◆Ⅲ 管理された市場から自由な市場へ？

大平報告書には「文化の時代の経営運営」と題された、とりわけ興味深い一巻がある（大平政策研究会［1980a(7)］）。日本の経済システムの特性を細部にわたり肯定的に述べた巻だ。一九五〇年代、六〇年代には、このシステムは日本の前近代に起源を持ち、進んだ欧米のシステムに収斂する宿命にあったと語られることが多かった。それがいまや永続的な慣行とみなされ、もしかすると他国のモデルになるかもしれないという。このシステムは長期雇用と年功序列型賃金体系を慣行とし、人と人の間柄を重視する文化を土台に張りめぐらされた「地下茎」のような構造を持つ組織で、アメリカの経営組織のようなトップダウンの「樹木」構造と対照的である。この「地下茎」モデルだと、すべての当事者が関与する、よりスムーズな意思決定ができる。こうした日本的な組織は社員に安心感を与えるが、著者らの意見では、だからといって効率的な社内競争がないわけではなく、それどころか「連帯と心の平安という土台のうえに築かれる進歩への競争のダイナ

(10) 本章ではこの問題について掘り下げるスペースがない。このトピックについて詳しくは、大嶽［1994: 241-254］、中北［2014］参照。

ミズム」があるという。

一方「市場における競争」について、報告書は管理された競争とでも呼ぶべきものをはっきりと推奨している。

市場における競争という面では、日本の競争は、「なかま」集団による競争であるため、ルールにのっとって行われる限りは結果はどうであろうと構わないという欧米型の「フェア・プレイ」ではなく、競争が始まる前から結果はどうなるか、最適な分配方法(「フェア・シェア」)は何かということを考え、参加者が「おのおのがその所を得る」ことを目標としている点に、その特徴がある。(大平政策研究会［1980a(7): 10］)

序文はこのような観点をざっと概観したあと、例えば新卒採用、労組の協調的スタンス、金融市場の調整、行政指導の慣行などについてさらに詳しく書き進める。そして「フェア・プレイ」よりも「フェア・シェア」の優位という観点を繰り返し、その典拠としてヴォーゲルの『ジャパン・アズ・ナンバーワン』を引用する(大平政策研究会［1980a(7): 80-93］)。

報告書はしかし同時に、現行のこの効率的なシステムに崩壊の兆しが見えていることを指摘して、「日本の自殺」と通底する不安の根拠とするが、その危機感はさほど強くなく、あまり悲観的な感じがしない。かつて想像もできなかった自由と繁栄が達成された時代に著者らが懸念を露わにするのは、むしろ国の精神状況についてである。近年ヨーロッパや北米で表明されてきた懸念と同じく、著者らが恐れるのは、新技術、安価なエネルギーとの結びつきを強め、ケインズ的需要刺激を行い、社会保障制度を整えることを通じた経済成長により大衆の福利を促進することを旨としてきた戦後レジームが、すべての先進工業諸国で将来性を失ってしまったことである。「エレクトロニクス」を除き、技術革新は一つとして展望が持てないことが懸念された。需要管理と日本式行政指導はインフレ下ではダメージを受けるし、生まれて間もない福祉国家を維持するのは納税者にとって負担が大きすぎる。社会問題に目を向ければ、新たに登場した中流階級の「生産中心主義」と「会社中心主義」は男の価値観としては肯定できるが、憂慮すべき動向をいくつかもたらした。一つは「個別化」と呼ばれるものだが、これは必ずしも個人主義とは言えず、むしろ娯楽やゆとりを求める集団から派生してきたように思える。それと関係して刹那的充足と快楽追求が姿を現した。これはいわゆる保身性や利己的な振る舞いと関係しており、結果として夫婦が子どもをあまり作らなくなり、社会の高齢化を加速させる。こうした経済・社会的問題はみな減退する経済活力、政治的統治力の欠如、テロ・犯罪・青少年非行・自殺などの社会的無規範が入り混じった有害な社会状況、すなわち「先進国病」と呼ばれた。しかし日本にはまだほかから羨まれるようなダイナミズムと結合力がある、と報告書は言う（大平政策研究会［1980a(7): 36-50］）。組織内部でも外部の大きな市場でも、これまでのところ日本が先進国病といってもクシャミ程度で、風邪や肺炎にかかっていないのは、競争を管理できている点に負うところが大きい。

一九八〇年代を通じて日本経済が先進ライバル諸国や同盟諸国に先んじる状況が続くと、学界でも政策立案者の間でも、日本に関する言論にますます威勢のよい論調が目立つようになってきた。一九八〇年代半ばになると、報告書のいう欧米と日本の文化二元論を真似て、日本式労働管理を世界のモデルにまで持ち上げる論文が、学者の間でも一般社会でもふつうに見られるようになった。一橋大学経営学の有名教授、伊丹敬之は、「日本文明の企業的側面」として「人本主義的企業システム」と自ら名づけたものの優越を説き、「日本の長い繁栄を考えるのなら、いささか大げさで恥ずかしい話しだが、文明を――とくにその企業システムを――輸出することを意識して考えるべき時期にきているのではないか」と述べた（伊丹［1986: 41-42］）。著名な評論家の唐津一は日本式品質管理を称えてこう述べた。「私の念願がある。それは日本での〔工場経営に関する〕実験データを詳細に分析し、世界の人々に公開したいのである。……〔より根本的に言えば日本は〕ヨーロッパ的発想の原点のひとつであるデカルトに噛みつくぐらいのことをしなくては〔ならない〕」（唐津［1986: 123, 125］）。

もちろん株式と地価が急落してバブル経済がはじけたあと経済が失速し、時にはマイナス成長となるような経済状態が何年も続くと、この日本礼賛の陽気な大合唱は批判に取って代わられ、メディアや一部の学者の間で変化を求める声があがるようになった。外国メディアで先頭を切ったのはイギリスの『エコノミスト』誌である。早くも一九九三年に同誌はオーディオ装置の大手メーカー、パイオニアが三五人のベテラン社員を早期退職させる決断をしたことを嬉々として報じた。「日本の資本主義を〔これまでのように〕社会主義と混同するのが難しくなってきた。……〔パイオニアの決断は〕一九四五年以後の大企業における終身雇用の伝統が、経済の減速による圧力で軋みはじめた兆しと見られている」[11]。一九九〇年代後半にアメリカ経済が上昇機運に乗ると、アメリカを中心に据えて労使関係をグローバルに集約管理することが支持されて、アメリカ式企業統治が新しいモデルとして提唱されるようになった。アメリカ型の経営は株主投資に対するリターンを最優先することが万人にとって最善の結果をもたらすと考えるので「株主資本主義」とも呼ばれるが、日本企業は社員や経営者の利益を出資者の利益と同等に置く「利害関係者（ステークホルダー）」資本主義として批判された[12]。

しかし一九九〇年代を通じて、一般社会でも企業リーダーやエリート官僚の間でも、大平報告書で了解された考え方や制度が世界の経済大国としての戦後日本の興隆の基盤となったことに、人々は魅力を感じつづけてきた。たしかにこの年月、「日本株式会社」の職場には多くの重要な変化が起きた。少なくとも一九八〇年代から企業がすでにやってきたことだが、低賃金諸国によってもたらされた世界的競争にさらされて、国内雇用は大幅にカットされてきた。また、パートタイム、派遣社員、契約社員など、様々なカテゴリーの非正規社員の雇用が増えていた。おそらくこうした変化がじつは非常に広範に及んでいたためなのだろう。日本では改革が求めつづけられる一方で、多くの人がそれに対する警戒の必要性を口にした。

その一例として、日本有数の経営者団体である日経連が労働問題について一九九六年に出した提言を考えてみよう。これは「ブルーバードプラン」と呼ばれ、規制緩和されて企業が市場の動きにもっと敏感に反応するようになった未来について、ほぼ経営者的視野から見たビジョンである。日経連は「構造的な」改革を求め、とくに産業インフラのコストを上げると言われる公益事業（電気、ガス、上下水道）、流通、交通の規制

(11) "To encourage the others," *Economist*, January 16, 1993, p. 66.
(12) Mouer & Kawanishi [2005: 253] に、そうした論文が紹介されている。

を終わらせるよう求めた。だが日経連はやがて強い警戒心を抱き、改革要求をしなくなった。「市場経済・資本主義は自由競争原理を通じて産業の興隆、国民生活水準の向上をもたらしているが、一方で影の部分とも言うべき低成長、高失業、所得格差、バブルの発生、行き過ぎた投機などの弊害を生んでいる。要するに、市場経済・資本主義が内包する様々な危機・問題に対し適切なチェックを行い、いわばリスクを管理するシステムが必要になる。経営者自らがそうした役割を果たすと共に、社会のなかに市民・個人を中心にした新たなシビリアンパワーを育成する土壌も必要になる」（日本経営者団体連盟［1997: 25］）。ここには大平報告書の称賛する管理された競争がはっきり繰り返されており、また日経連のいう英米資本主義の行き過ぎや社会民主主義的システムの硬直性を避けるためとして明確に提言された「第三の道」も、報告書と類似している。ここで日経連は国家にというより経営者側に、市場の行き過ぎを抑えるよう求めている。だが同時に、市民一般による新しいシビリアンパワーにもその役割を果たすよう呼びかけ、労組には、企業を助けるのに必要な協調的パートナーとして、労働者の雇用や配置および賃金設定を「合理的な」方法で行うことについて、いっそう柔軟になってほしいと求めている。労組団体である連合も同じような考えだった。一九九七年の連合総書記は元新日鉄労組書記長の鷲尾悦司だった。一九九七年四月、鷲尾は「民間セクター改革――企業の未来――」と題する新聞の一面記事のインタビューにこう答えている。「どの企業も大競争時代と声高に叫び、危機感をあおり、雇用を奪おうとしている。安易な人減らしは生産性まで低める」[13]。経営側や労組エリートの改革慎重派によるこうした声は多くの人々の意見を代弁していた。あまりにも単純にアメリカモデルを追求することに疑義を唱えるメディアのコメントも、慎重派の追い風になった（Lincoln［1997］）。

二〇〇〇年代初めになって、メディア言論、政党政治、国家政策におけるこうした警戒感は流れを変えた。二〇〇三年、『日本経済新聞』が「日本病」（かなり以前にイギリスの経済停滞と流動性に乏しい労働力が「英国病」と呼ばれて批判されたことからの造語）について鮮明な立場をとる連載を始めた。『日本経済新聞』の記事は、会社経営に必要とされる改革を実行できなかったとして、日本のビジネスリーダーを非難した（Mouer & Kawanishi [2005: 254]）。これはもちろん二〇〇一年四月に政権をとって（二〇〇六年九月まで）五年以上首相をつとめた小泉純一郎政権による大胆な自由市場改革の精神を反映、支持するものである。

小泉はかつてない勢いで規制緩和と民営化政策を進めた。彼が最も大胆に進めた改革は、郵政民営化、とりわけ郵便貯金と簡易保険の巨大システムの民営化による金融市場のいっそうの規制緩和だった。小泉の側近のなかでも重要な人物は、エコノミストで経済財政政策担当大臣であった竹中平蔵だが、首相とその盟友は、特殊利権からの要請ではなく、市場の論理に従って資産を最も生産性の高いセクターや企業に確実に投資するためには、これこそが唯一の手段だと主張した。彼らはこの改革を日本の経済回復と長期繁栄の鍵だと声高に唱え、事実上、郵政民営化に対する国民投票とも言える二〇〇五年の衆議院選挙の地滑り的勝利によって、小泉は自民党内の少なからぬ抵抗を含め、反改革感情に確実な勝利をおさめたかに見えた。

小泉は労働市場の規制緩和にもかなりのエネルギーを注いだ。二〇〇三年、小泉内閣は期限付き契約労働の範囲を拡大させる改正労働基準法を承認させるのに成功し（Nakakubo [2004: 4-25]）、二〇〇四年には労組お

（13）「米国型競争社会を実現すればいいのか（民革　企業の未来を問う　下）」『朝日新聞』一九九七年四月八日朝刊。

よび野党との二年にわたる交渉のすえ、新しい派遣労働法の制定にもちこんだ。派遣会社がそれまで少数のサービス産業に限定されていた派遣労働者をどの職種にも派遣できるようにする法律である。

首相在任中の小泉がずっと決まり文句のように唱えていたのは「聖域なき構造改革」だった。竹中ら小泉の顧問もみな同じように、新自由主義のレトリックで改革を正当化したが、その理屈は戦後の日本でかつて聞いたことのないほど強引だった。例えば竹中は、貧困層を支える政策は必要だが、金持ちがもっと金持ちになれば、その方がよほど良いとして、拡大していく経済格差への懸念を退けた――「がんばってリスクをとって、どんどん稼いで、たくさん納税してくれる人は増えたほうがいい[14]」。竹中にとって、非正規労働者が増えれば購買力が落ちるかもしれないことは、気にならないようだった。似たような発想は、小泉に近しい顧問であり、三〇年前に「日本の自殺」を書いた「グループ一九八四年」の創立会員の一人でもある牛尾治朗にも見られた。例えば非正規労働の増大のような規制緩和の否定的側面について新聞記者に聞かれて、牛尾は規制緩和が達成にほど遠く、小泉の在任中に進んだのは必要な改革の二割ほどしかないと答えた[15]。小泉改革のもう一人の盟友でオリックス会長の宮内義彦は、公共支出で経済を支えるケインズ的政策から、市場経済の範囲を広げる構造的改革に変わったことを称賛した。宮内にとっては成長こそがゴールでなければならず、そのせいで不平等が拡大するとしても、それはそれで致し方ないのである[16]。

だがこうした論法にもかかわらず、大平報告書の唱えたフェア・プレイよりフェア・シェアという倫理観は、小泉政権下の市場改革の絶頂期にあってすら、明らかに人々の心に訴えるものでありつづけてきた。政府が二〇〇一年に出した新しい労働基準法の原案では、冒頭に「雇用主には被雇用者を解雇する権利がある」と記され、そのあとに、そのような解雇には「合理的な」理由がなければならないと但し書きがついていた。労組、弁護士会、野党はこぞってこの冒頭の一節に猛然と抗議した。これまで法文化こそされなかったが、数十年にわたり判例によってつちかわれてきた「解雇権濫用」の法理が弱体化されると感じたからである。結局、改正労働基準法は二〇〇三年に通過したが、それは契約労働の範囲を広げることでやや緩和の方向に進んだ反面、第一原案の解雇権を認める部分を削除するとともに、解雇は「合理的」でなければならず、「解雇権濫用」があってはならないことを、史上初めて条文として書きこんだ。新法の条文（第一八条の二。のちに労働契約法第一六条に移された）にはこう書かれている。「解雇は、客観的に合理的な理由を欠き、社会通念上相当であると認められない場合は、その権利を濫用したものとして、無効とする」（Araki［2005: 40-42］）。さらに男女雇用機会均等法への修正では、性差に基づく直接・間接の解雇に対する女性の保護が拡大されている。新しい公益通報者保護法（二〇〇四年）は内部告発を理由とする解雇を禁じ、改正育児介護休業法（二〇〇四年）は育児休暇や介護休暇をとった社員の解雇を禁じている（Wolff［2008: 76-77］）。

ここでとくに興味深いのは、有力なビジネスリーダーたちが、解雇権を肯定する姿勢をとろうとしなかったことである。改正法の論議が始まると、日経連会長の奥田碩（のちに経団連と日経連が統合されてできた日本経済団体連合会の初代会長）は二〇〇一年にこう明言している。

(14)「(検証・構造改革　第四部・当事者たちの証言　一) 総務大臣・竹中平蔵氏」『朝日新聞』二〇〇六年九月五日朝刊。同じインタビューで、竹中はまた、欧米と比べたとき、貧困は日本の重要問題たりえないと否定した。
(15)「(検証・構造改革　第四部・当事者たちの証言　四) ウシオ電機会長・牛尾治朗氏」『朝日新聞』二〇〇六年九月七日朝刊。
(16)「(検証・構造改革　第四部・当事者たちの証言　七) オリックス会長・宮内義彦氏」『朝日新聞』二〇〇六年九月一三日朝刊。

私はこれ〔解雇規制の緩和――引用者注〕を最もやってはいけないことであると思います。それは最も警戒すべき便乗解雇を容易にするものであるとともに、何より、経営者のモラルハザードに直結しかねないものであるからであります。（仁田［2008: 45-46; 2007: 80-81］）

奥田は二〇〇三年の経団連の年頭挨拶で、企業経営者らに節度ある行動を求める暗黙の呼びかけをさらに拡大している。この提言は「民主導・自律型の日本独自の成長モデル」を提起しており、「奥田ビジョン」と呼ばれることもある。細部の記述が薄いので、奥田と経団連がいったいどのような意味で企業の自制の必要を感じたのかはっきりしないが、この演説は物質的利益へのあくなき欲望を特徴とする社会においては、企業と個人の自制が重要であると述べている点で、大平研究会およびその前の「日本の自殺」に関する論文に流れる倫理観をなぞっているように思える（日本経営者団体連合会［2003］）。

小泉政権の頃でさえも、新自由主義的改革に対するビジネスリーダーたちの態度は両価的でありつづけ、ときには真っ二つに割れることすらあった。二〇〇五年にサンフォード・ジャコビーが書いているが、労働者側リーダーだけでなく企業重役や学者までかなり多くの人が「現行の企業実践の維持あるいは漸増的改革」を強く求めていたという。あまり劇的にアメリカ型慣行へ転換するのは「顧客／サプライヤーとの関係、製品の品質、各企業固有の人的資本形成、実行速度における日本の組織の相対的優位を損なう」のではないかという主張だ（Jacoby［2005: 7-8］）。

そして二〇〇六年、ポスト小泉時代が視野に入ってくる頃になると、改革への抵抗が次第に強くなっていく。その矛先はとくに最近範囲が拡大された派遣労働――それに該当する労働者は、全非正規労働者のうちわずかな数でしかなかったにもかかわらず――に向けられた。ここでぜひ知っておいてほしいのだが、いわゆる「失われた二〇年」というのは、その間、常に経済が衰退しつづけたということではないし、ましてや日本企業が絶えず損失を出しつづけていたわけではない。二〇〇六年春までの四年間に経済はゆっくりではあるが着実に成長しており、企業の利益増が報告されている。しかし、こうした恩恵が広く共有されていないという批判が、既得権益層の間にすら上がるようになった。例えば日本第二の経営者団体である経済同友会の元専務理事、品川正治は「小泉改革は資本家のための改革だったと反発が出かねない状況だ」と先見性のある発言をしている(17)。

それからおよそ一年半がたち、品川の予見は正しかったことが証明された。自民党内部の有力者たちがさらなる規制緩和、具体的には派遣労働者の派遣期間を三年までとする規定の撤廃を求める提案を拒絶したからである。厚生労働大臣の柳沢伯夫は記者会見でこう述べた。「派遣労働者のなかには正社員になりたい人もいる。だからそういう人たちが派遣の地位から動けなくならないように、期限を設けることが必要だ」。この抵抗はどうやら短期間しか大臣をやらない政治家よりも、厚生労働問題担当のキャリア官僚から出ているようだった。ある匿名の厚労省官僚は自由市場改革について「戸惑いを隠さ」ずに、こうこぼした。「直接雇用を促すという制度の根幹をひっくり返し、厚みのある正社員層を切り崩そうというのか。二〇代のフ

(17)「(奥田経団連 変容の四年 上) 蜜月の実相 『改革』と響きあい」『朝日新聞』二〇〇六年五月一八日朝刊。

リーターの八五％は正社員を望んでいるというのに」[18]。

柳沢大臣の前任者、川崎二郎は二週間後のインタビューで、自分や自民党議員の一部は、経済回復の恩恵が多くの国民、とくに中小企業や大企業下請け企業の人々に届いていないことを懸念している、と述べた。非正規労働者にはボーナスも退職金もなく、最低賃金が低すぎる。日本は「最低水準の最低賃金の国」になるだろう。なりたくてなっているのではない非正規労働者を正社員にする政策が必要だ、などとも述べている[19]。

柳沢大臣は市場親和性の高いいくつかの改革、例えば企業の残業代支払いを免除するホワイトカラー・エグゼンプション（比較的高収入のホワイトカラー労働者に対する企業の残業代支払い免除）のような改革には賛成だったが、派遣労働のさらなる規制緩和には反対を貫いた。第一次安倍内閣のもと二〇〇六年秋から二〇〇七年冬まで、この問題について厚生労働省と経団連の間に激しい議論が続き、最後は厚労省とその同盟者である自民党内の改革慎重派が勝利した。その理由の一つは、民主党が多数を占める参議院の強い抵抗によって、改革はいずれにせよ実らないと踏んだからだ。しかし、そのために自民党そのものが分断された。

こうした背景のもとで二〇〇八年に起きたアメリカ発世界金融危機により、アメリカ式自由市場改革の大義はますます評判を落とし、長期雇用という既存の慣行を支持する人々の勢いに弾みがついた。二〇〇八年六月、新任の福田康夫首相に推されて新しく厚生労働大臣に就任した舛添要一は「正規雇用が標準であるべきだ」と主張した。そのころ東京・秋葉原で凶暴な通り魔事件を起こした犯人が元・派遣労働者だったことが、このスタンスをとらせた一因だった[20]。しかし雇用の不安と非正規労働者の未来展望への懸念は広まり、リーマンショック直後の混乱のなかに失職したおびただしい数の派遣労働者に無数の人々から大きな支援が寄せられた(Shinoda [2009])。

新自由主義的改革への賛否をめぐる保守エリート内のこの対立は、世界金融危機の前後に二つの政府機関から発表された二つの「白書」の間の不一致にも見て取れる。内閣府が二〇〇八年に発表した『経済財政白書』は(同年に起きた金融危機以前に書かれたもので)、相変わらず改革を喧伝しつづけ、いわゆる「市場型企業」と比べて「伝統的日本型企業」の硬直性を嘆いた。後者はたった一つの「メインバンク」に依存し、「伝統的」な長期雇用を続ける企業と定義されるが、こうした企業は必要なリスクをとりたがらない。白書は身分の長期安定によって社員が失敗を恐れずにリスクをとるようになるメリットは認めつつも、会社が存続すれば年金や未来の昇給が保証されるため、現状を壊すリスクをとらないという事実の方が、この潜在的恩恵に勝ると主張する。そのうえ「伝統型」企業では、インセンティブと成果に基づく給与体系の導入が遅れ、将来のリターンや生産性を高めるためのリスクを恐れさせないことに失敗した(21)。

これとまったく対照的に、厚生労働省が出した二〇〇八年度『労働経済白書』は、高度成長期の花形だった中核企業を強く擁護する。この白書もやはりリーマンショックの前に発表されたが、こちらは高付加価値の職場における雇用が伸びず、不安定な非正規雇用が増えていることを懸念している。さらに中高年の正規

(18)「(時時刻刻) 派遣待遇、潜む危険　直接雇用義務撤廃を検討」『朝日新聞』二〇〇六年一二月一日朝刊。
(19)「『非正社員の代弁したい』川崎・自民雇用生活調査会長」『朝日新聞』二〇〇六年一二月一四日朝刊。
(20)「日雇い派遣禁止、範囲は厚労相、法形成の意向　各党の主張に隔たり」『朝日新聞』二〇〇八年六月一四日朝刊。
(21) 内閣府『経済財政白書』(二〇〇八年) 一三五―一四二頁、とくに一四〇―一四一頁。

労働者に対する業務場面にインセンティブが多く持ち込まれたために、社員間の格差が増したことで、士気が落ちている。賃金慣行の見直しが必要だった。新卒採用正社員、業務の実地習得、昇進制度など、定評のある日本の長期雇用が戻ってきたと白書はいう。一九九〇年代、二〇〇〇年代初めに厳しく批判された「日本型雇用慣行」は、ここ数年間の景気回復とともに注目度が増している。政策が目標とすべきは、労働者にも多くの経営者にも高く評価されるこうした慣行を支えることである(22)。

翌年、金融危機の直後に出された『労働経済白書』は、伝統的な制度や慣行をさらに強く擁護する。

厳しい経済収縮の中にあっても、政労使の一体的な取り組みのもとに長期雇用システムの基盤を守り、その上に、新しい日本型雇用の姿を展望していくことが、今後の経済成長と社会の持続的な発展にとって、極めて重要であると考えております(23)。

舛添大臣（前・東京都知事）の名で発表されたこの日本型雇用慣行を守れという進軍ラッパは、その「新しい姿」をつくるために何を追加すべきかについては明言していないが、おそらくある程度の柔軟性を加えることだと推測できる。しかしながら、その全体の論調は改革とはほど遠い。厳しい経済危機の渦中で少なくとも厚労省が主眼を置いたのは、既存の制度を変革するよりはむしろ補強することだった。

第二次安倍政権の経済に対する考え方と政策は、現状のままを希望し、それを守ることと、自由市場改革を求めることとの間をとりもつ折衝役をとことん演じつづけることだった。政府は一方で勤続三年たった派遣労働者の正社員化を企業側に義務づける条項を削除することで派遣労働者法の改正を果たすと同時に、ホワイトカラー・エグゼンプションを推進しつづけた。その一方で、二〇一四年一二月の衆議院選挙において安倍政権が成果の目玉として喧伝したのは、大卒の正規雇用内定率の上昇だった。また安倍首相は二〇一五年春にも前年同様、労組とともに、企業経営者に春闘での賃上げを要求して、かつてない圧力をかけた。まさに労使のコンサルテーションに国家を介入させる経済管理の協調主義的モデルが、持続どころかいよいよ浮き彫りにされた実例である。

だが、行政指導の絶頂期のような経営管理スタイルが健在のまま生き残ったことを最も顕著に示すのは、おそらく二〇一五年春、一四の産業を対象に大手親会社と中小下請け企業間の改訂「取引ガイドライン」の策定にあたって、首相と経済産業省の果たした役割だろう。この改正は約五〇〇の大手企業への「集中現地視察」で周知された。新ガイドラインの目標は、円の急落で起きた輸入原料やエネルギーの価格高騰によるコスト高を、大手企業が立場の弱い中小下請け企業にまわすのではなく、両者で負担しあうよう大手企業に圧力をかけることだった。これは将来的に中小企業社員の賃上げを可能にすることを意図しており、それによって賃金上昇と消費上昇の好循環を強化し、生産と生産性の向上に還元させるためである。これこそ大衆中流社会としての日本にとって、その政治経済の核心部となるべき循環だった[24]。

(22) 厚生労働省『労働経済白書』(二〇〇八年)一一二頁、二四四―二四五頁、二六一頁。
(23) 厚生労働省『労働経済白書』(二〇〇九年)。巻頭に舛添要一「雇用の安定を基盤とした安心できる雇用者生活のために」。
(24) 首相官邸「経済の好循環実現に向けた政労使会議」(二〇一五年四月二日)<http://www.kantei.go.jp/jp/97_abe/actions/201504/02seroushi.html>(二〇一五年八月二四日最終アクセス)。

◆◆ Ⅳ 男が一家の稼ぎ手、女は良妻賢母である社会の先には何が？

大平報告書は、かなり限定的とはいえ、女性がこれまで果たしてきた社会経済的役割、また将来果たしたいと考える（また、そうあるべき）役割について若干の目配りをしている。このテーマは「文化の時代の経営管理」の巻で軽く触れられているほか、「家庭基盤の充実」という巻ではもっと直接に議論されている（大平政策研究会［1980a(3)］）。著者らは、男は仕事・女は家庭という役割分担の持つ困難や、そうした困難を支える世界観、女性のとりうる選択肢の幅を広げる必要性について気が付いているとしながらも、こうした役割分担によって定義される伝統的近代にまさに束縛されたままであった。

大平報告書の家庭をめぐる議論は一九八〇年の時点ですでに、日本社会がそれから三五年間持ち越したまま、いまも直面していると理解されている二つの関連した課題、すなわち「人口の高齢化」と「出生率の低下」について指摘している。しかし報告書は、のちに重要問題として浮上する介護についてはあまり触れず、むしろ女性が中高年になった時いかに充実した人生を送るかについて提言している。女性の寿命が延びて子育て後の人生が何十年も残されているため、それを趣味や仕事で埋めねばならないからである（定年後の男性がいかに充実した人生を送るかについては何の言及もない）。報告書はまた、若い頃から仕事の世界でキャリアを追求する道を選んだ女性に対する子育て支援などの政策が必要だとしているが、大方の前提となっているのは、男は仕事・女は家庭という構図である。

報告書は、子育てという最も負担の大きい時期を終えた女性のために豊かな文化生活を描いてみせる。全女性のおよそ半数が家庭の外で働いていることに言及しながらも、女性が「文化、スポーツ、趣味、お稽古ごと、仕事、ボランティア活動」など、様々な活動に参加できるようにしなければならないと記し、さらに後段の「婦人の生きがいと生活設計」という一節では、人生で女性がとれる生き方を列挙する。その一つはパートかフルタイムかにかかわらず外で働くことだ。女性に自分の受けた教育、才能、職場での経験を役立てる能力をつけてもらうことの重要性については、たしかに触れている（大平政策研究会［1980a（3）: 92, 182］）。しかし本章が扱う報告書第三巻と第七巻には、その全編を通じて「男が一家の稼ぎ手」という強烈なイデオロギーがありありとうかがわれ、しかし同時に、そうしたあり方に例外や困難があることも認識されている。報告書をさらに読み進めると、男性が「一家の稼ぎ手」であるのに対し、女性は補助的役割に就くというあり方が、産業社会の家庭におけるジェンダーに基づく役割分業として指針となる原理であるとされている。しかしこれが一般にどれほど適正であろうとも例外はあり、たとえ経済的必要性から生まれたものであるにせよ、女性自身の意思から来るものであるにせよ、もし女性が望むなら、社会は女性が平等な立場で働けるチャンスと余地を与えるべきだと報告書は述べる。つまり男性と対等に働きたい女性には、パート労働だけでなく、平等な処遇を与えるということだ（大平政策研究会［1980a（3）: 133-134］）。

それと関連して、この巻の最後のほうには、やがて「ワークライフ・バランス」と呼ばれるようになるものが（女性についてだけだが）やや詳しく述べられた短い一節がある。「有職婦人の仕事と家庭生活への支援」と題されたこの一節は、「家庭のほかに専門的な仕事と職業をもつ有職婦人が増大している」と述べる。すでに大きな変化が起きていた。農業、零細商店、家内製造業などの「家庭労働」に従事する女性がどんどん減り、外で働いて賃金をもらう女性が増えつつあった。このような背景のもとで、近年の戦略的重点が国家経済の資源としての女性に置かれることをひそかに先読みしたのか、報告書は女性に道を開いて様々な経済生活の領域にその高い能力を利用し、日本の「人的資源」の質を高めるよう力説している。そのために国家アジェンダや企業方針に加えるべき具体的な方策は、産休の期間延長、育児休暇、育児施設、労働時間の短縮、週休二日制、年次休暇や夏期休暇の増加、家事援助の商業サービスなどだった。「日本においても、多くの女性が、自分の可能性を社会的に開花させようとして、結局挫折してきたことは事実であろう。しかし、いまや女性も、家庭基盤充実のための諸施策の展開によって、その才能を生かし、社会の中で活動する大きな可能性を手に入れようとしているのである」（大平政策研究会［1980a(3)：184-186］）。

経営運営の巻では、経済生活における女性の問題については軽く触れられているに過ぎないが、そうした箇所では、女性に家庭や家内事業以外でいくぶん大きな役割を与えてみようという、このどっちつかずの暫定案がふたたび力説されている。これはのちに登場する（男女共通ではあるが、とりわけ女性に向けた）非正規職業の様々な「ポートフォリオ」に直接つながっていく。この巻はさらにこう強調する。将来、長期雇用社員の中核を維持し、なおかつ経営環境の変化に対応できるもっと弾力的な雇用調整が必要になろう。このために、企業は専門職種を中期・短期契約に系統的に割り振ることが必要になるだろう。こうしたやり方によって企業は順応性を高め、（長期雇用の数を制限することによって）最上層ポストの競争を軽減し、さらに女性が良い仕事に就ける機会を提供することができる。同様に、女性や高齢者に職を提供する手段として、パート労働の拡大が歓迎された。これによって女性や高齢者は「文化的な」生活を送る時間がとれるし、こうした仕事ならコアとなる長期雇用社員のポストを脅かさずにすみ、女性や高齢者に文化的生活の機会を提供できる〔大平政策研究会［1980a(7): 128-130］〕。

大平研究会が報告書全巻にわたり随所に描いてみせた家庭生活とは、家の外で働いて何らかの人生の充足を見いだす女性がいたとしても、女性が基本的にいるべき場所は家庭のなかだというものである。この家庭観と、先進工業諸国に共通の問題に取り組むうえで日本文化の独自性こそが他国より優れた点だという研究会の持っている重要な前提とが結びついているのは明らかである。それを示す一節を引用しよう。

> 欧米先進工業国と比較した場合日本の犯罪発生率や離婚率のきわだった低さ、……〔これは〕日本の家庭ならびに家庭基盤が、あのような急激な社会変動の衝撃にもかかわらず自立自助と相互扶助とにより、変化への対応と相対的安定ならびに健康の維持に成功してきていることを示すものである。

この一節はとりたてて男女の別に言及せずに「家庭」という言葉を使っているが、これはジェンダーに関わる用語としてしか読みようがない。この一節から聞こえてくるのは、先に引用した「日本の自殺」にいきいきと描き出されたような、主婦が家族のために心をこめて編み物や縫い物をする失われた世界を懐かしむセピア色の郷愁だ。これを書いた男たちにとっては、急速な社会変化に直面したとき、日本の安定の土台である家庭をつなぎとめるのが女性の特別な役割だった。例えば祖父母が子や孫と暮らす家庭の比率の高さ、もっと一般的には、家庭生活を基盤とする温かい人間関係のネットワークに日本は恵まれていると報告書は続ける。だからこそ政策の目標は、このような家庭の基盤を支えることであらねばならない。報告書は「今日、職業に就く既婚女性が増えるにつれ、夫婦が〔家庭内の〕役割を分かち合いたいと考えているのは明らかだ」としながらも、一九七九年の世論調査を紹介して、日本人の大多数は夫が一家の大黒柱で、妻は子育て、子女の教育、老親の介護を担うものと考えていると述べている（大平政策研究会［1980a(3)：34-35, 84］）。

女性と家庭をめぐる大平研究会の議論を長めに紹介したが、それは報告書に盛り込まれた緊張が、ほかの多くの諸国と比べても長く、日本ではその後三五年間にもわたって、根深く刻みつけられたままになってきたからである。大平報告書では、伝統的な男女の役割分担でなりたつ近代家庭が産業社会の「指針原則」とされたが、これに対して新しいビジョンでは、男性と対等な機会と業績に恵まれた女性が社会的主体であるとされる。たしかに日本政府は一九八五年に男女雇用機会均等法を採択した。それが一九九七年に改正、強化されて、一九九九年には男女共同参画社会基本法が公布された。こうして「男女が、互いにその人権を尊重しつつ責任も分かち合い、性別にかかわりなく、その個性と能力を十分に発揮することができる男女共同参画社会」を実現させる野心的な目標への第一歩が踏み出された。現在、安倍政権は「女性が輝く社会」を築くと宣言し、経済政治分野で指導的役割を担う女性の数を――数値目標を掲げて――急増させようと、言葉の上では努力している。

だが法改正はどの段階でも紛糾し暫定的だった。日本における保守派の指導者たちは、現在もなお、大平報告書に込められた精神と、より古くからのジェンダー・イデオロギーの遺産とに共鳴している。彼らは、社会における伝統的なジェンダー観を支持しつづけているのである。その証拠に、女性に思い通りの条件でもっと全面的に社会経済生活に参加してもらうための様々な努力に対する反応がある。その端的な例は、夫婦別姓の法改正に関し、一九九六年に法務省法制審議会が選択的夫婦別氏制度を含む「民法の一部を改正する法律案要綱」を答申したにもかかわらず、自民党（および民主党）歴代政権が改正に着手しなかったことである。この改正は、女性が婚前と同じ名前でキャリア形成できるようにし、女性のアイデンティティは夫の一族の姓とは関係ないことを認識させるという意味で、現実的、象徴的な重みを持つだけではない。結婚後も別姓でいるために法的に結婚しない夫婦にとって、非嫡出子とされてしまう子どもの問題も含めて、実際面で非常に重要な意味がある。

夫婦別姓への抵抗は、大平報告書に見られるように、「家庭と家庭基盤」――つまり家庭内での女性の役割によって暗黙のうちに支えられている基盤――が社会安定と文化アイデンティティの源泉であるというイデオロギーの力が持続しているためだ。それゆえに法制審議会が一九九六年に夫婦別姓の法制化を求める答申を出したとき、自民党の有力政治家で参議院の「ドン」と呼ばれた村上正邦は、「〔夫婦別姓は〕家族のきずなをさらに弱め、家庭崩壊の芽をはらんだ大きな問題」になるだろうと警告した。[25] こうした感情は長年にわたって自民党内に根強く残っており、歴代首相は改革の利点をめぐって世論が分断されることを繰り返し理由に挙げ、改革に及び腰か、あるいは全く進めようとしなかった。そして実際、この問題の是非をめぐる世論調査は、多くても賛否五分五分に二分されるか、賛成が少数にとどまるのがふつうだった。[26]

(25) 参議院本会議での発言（一九九六年一月二五日）<kokkai.ndl.go.jp>。
(26) 法務省の世論調査結果は一般的に改革に反対である（ただし時の経過とともに受容は増えている）。以下を参照。<http://www.moj.go.jp/MINJI/

その他の政策領域はもっと錯綜した構図になっているが、結局見えてくるのは、家庭の最前線をつなぎとめてくれるのは女性だという相も変わらぬ期待が、勢力として持続していることである。日本の社会保障制度についての大沢真理の重要な著作が、この複雑な状況をはっきりさせてくれる。[27] この著作によると、政府のレトリックは、一九八〇年代まで支配的だった「日本型福祉社会」という理想からシフトしたという。宮沢首相は一九九〇年代に社会政策についての談話で、社会的公正という目標を効率と並べて提起すると同時に、父親の不在が家庭生活をゆがめる要素だと嘆いた。一九九〇年代後半、橋本首相は「男女共同参画社会の実現」を進めると確約した。一九九四年の自社連立政権もまた、福祉政策を、家父長制をベースにした家族の支援から個人支援に移すと唱えたが、こうした政策がただちに実施されることはほとんどなかった。しかし一九九七年に法制化され、二〇〇〇年から実施された先駆的な長期介護保険制度は、要介護と認定された者に国費でサービスを提供するもので、女性が家庭で私的に行う老人介護から重要な一歩を踏み出した。これに対して自民党の亀井静香は、この制度は「子が親を介護するという美風」を破壊するだろうと述べたが、こうした発言に照らしてみたとき、この一歩は重要である。

高齢者政策から青少年政策へ話を移そう。「フリーター」と呼ばれる若年労働者に対する政府の定義を見ると、女性の主な役割は家庭にあるとする前提が持続していることが驚くほどはっきりわかる。「フリーター」という言葉は法律用語ではなく、ごく最近になって雇用カテゴリーとして政府が一貫性のないまま使ってきたものである。一九八〇年代半ばに一般に使われるようになった口語表現で、そもそもは主流と異なるキャリアを求める気ままな若者を意味する肯定的な言葉だった。悪名高いあのリクルート社が一九八七年のマーケティング・キャンペーンの目玉として使って流行らせたこともある。しかし一九九〇年代以後、この言葉は、国家政策においても、また広く文化一般においても、堅固なキャリア路線に乗れない若者を指すやや否定的な意味を帯びるようになった。

一九九一年、厚生労働省は年次労働白書でこの言葉を「『アルバイト』か『パート』と呼ばれている被雇用者で、男子では継続就業年数五年未満、女子では未婚の者」と定義した。(28) おそらくこれが最初の公式定義であろう。総務省は二〇〇三年の「労働力調査」のなかで初めて「フリーター」の数を調べはじめた。ここでは少しだけ定義が変わり、「一五〜三四歳の男性又は未婚の女性（学生を除く）で、パート・アルバイトして働く者又はこれを希望する者」とされている。(29) こうした官僚的心性にとって、女性は同じ仕事を続けていても、結婚するとフリーターではなくなるのだ。それどころか、一家の稼ぎ手とみなされる夫がいるかぎり、女性の公式なアイデンティティは非正規雇用の個人ではなく、扶養される妻になってしまう。

厚生労働省は実際面でこの定義よりも柔軟な運用をした。二〇一一年のある報告書で厚労省は、フリーターは「自分の就きたい職業がみつかるまで時機を待つ『モラトリアム型』、正社員になりたくてもなれない『やむを得ず型』、はっきりした将来像を持っているが、とりあえず生活のために働いている『夢追求型』の

minji36-05.html>、法務省HP「選択的夫婦別氏制度に関する世論調査結果（総数比較）」<http://www/moj.go.jp/MINJI/minji36-05.html>（二〇一五年八月二四日最終アクセス）。

（27）この段落は大沢［2007: 72-88］の記述に基づく。

（28）労働省政策調査部『図説　労働白書　平成三年度版』（至誠堂、一九九一年）八八頁。

（29）厚生労働省「若者雇用関連データ」（二〇一一年）<http://www.mhlw.go.jp/topics/2010/01/tp0127-2/12.html>（二〇一五年六月二四日最終アクセス）。

三つに分けられる」と述べている。[30] 二〇一二年、厚労省は全国の公共就労斡旋機関に二〇〇を超す「就労支援センター」のネットワークを構築した。その任務は非正規の若年労働者、とくにフリーターとみなされる者に長期安定の定職を見つける支援をすることだ。[31] 目標は二〇一二年に一八〇万人いたフリーターを二〇二〇年までに一二〇万人に減らすことだった。この制度に該当する者を厚労省は「フリーター等」と定義し、公式定義には厳格に従わないことにした。この措置によって、フリーターの厳格な定義にあてはまる者ばかりでなく、既婚女性や四五歳未満の非正規雇用の男女が支援を受けられることになった。[32] だがこの制度を利用する人の大半がじつは男性である。

公式な定義におけるジェンダー・バイアスのことはさておき、この構想は、フリーターというライフスタイルの追求に悪の烙印を押す規範的な理解を一人前の成人に押しつけるという点で問題である。フリーター人口のかなりの部分が、社会に適切な居場所を見つけられなかったからではなく、自分の意志で積極的にその道を選んでいるからだ。それでもなお、多くの青年が望んでも安定雇用を見つけられずにいることを考えれば、この制度を始めたことには意味がある。この就労支援制度は既婚女性に対して公式に道を開きはしたものの、フリーターという言葉の歴史的文脈全体から見ると、女性は家庭の番人であり、そのデフォルトのありようは、補完的な活動を担う雇用に属するものであるという見方が、いまだに力を持って持続していることがわかる。

本章はここまで主として政治家や官僚のイデオロギーと政策に着目してきたが、ここで既婚女性が旧姓を名乗りつづけることについて行われた世論調査から、広範な国民感情の分断について若干述べておこう。内閣府男女共同参画局が一九九二年から二〇一二年まで三年ごとに行った政府世論調査（各回の調査で回答者は三〜四〇〇〇人）を見ると、この三〇年間の男女平等に対する官界・政界エリートのきわだって鈍い動きは、（女性を含む）国民の願望とそれほど隔たっていなかったことがわかる。たしかに、女性は結婚後も子育て期間中もさらにそれ以後も仕事を続けるべきだとする男女の割合は、一九九二年の二三％から二〇一二年の四八％へ着実に上がっており、二〇一二年の数字だと男女間の違いは二％以下に過ぎない。しかし「男は外で働き、女は家庭を守るべき」という意見を支持するかと問われると、二〇一二年の回答者三〇三三人は賛成多数に傾き、過去一七年の動向をくつがえした。この良妻賢母という崇高なあり方を支持する人は一九九二年の六〇％から二〇〇九年の四一％へ下がったが、三年後の二〇一二年には伝統支持派がふたたび盛り返し、五二％の過半数を占めたのである。このうち女性の割合は四八％で、男性の五五％と比べて大差ない[33]。近年のこの矛盾した動向の原因はよくわからない（二〇一四年の調査では女性の家庭外労働への支持が戻ったが、それでも二〇〇九年より少ない[34]）。長期的観点で見たとき、女性の広範な社会経済的役割に肯定的な人はゆっくりと断続的に増えているが、はっきりと流れが変わったことを示す分岐点には達していない。

（30）厚生労働省「若者雇用関連データ」（二〇一一年）<http://www.mhlw.go.jp/topics/2010/01/tp0127-2/12.html>（二〇一五年六月二四日最終アクセス）。
（31）厚生労働省「フリーターへの就職支援拠点を全国約二百カ所に設置します」（二〇一二年四月九日）<http://www.mhlw.go.jp/stf/houdou/2r98520000027f6u.html>（二〇一五年六月二四日最終アクセス）。
（32）厚生労働省・五百旗頭千奈美からの個人的通信（二〇一五年七月一〇日）。
（33）「男女共同参画社会に関する世論調査」（二〇一二年）<http://www.gender.go.jp/research/yoron>（二〇一五年六月二四日最終アクセス）。
（34）「女性の活躍推進に関する世論調査」（二〇一四年八月）<http://survey.gov-online.go.jp/h26-joseikatsuyaku/index.html>（二〇一五年七月一二日最終アクセス）。

最後に、最近の安倍政権による女性のエンパワーメント支援政策もまた、ある重要な意味で大平報告書の論理から一歩後退するものとして特筆に値する。大平研究会のメンバーは、日本の文化遺産がこの国の近代化達成を可能にし、その枠組みをつくったと考え、それを明らかに誇りにしていた。しかし彼らは、自己修養や個人生活の充実が国力をつける手段としてではなく、それ自体が目的であるような「文化」の時代として未来を描いた。「社会に新たな活力を与える婦人の進出」を促進するとき、その目標は主として国家の経済力を強める手段としてではなく、「婦人の生きがい」を提供する道として正当化された（大平政策研究会[1980a(3): 14-15]）。

安倍首相は逆に女性の進出を、女性自身にとって社会的に望ましいステップとしてではなく、あるいは平等と正義という理想の土台の上に築かれる目標としてではなく、むしろ国家のための経済戦略として堂々と誇らしげに奨励する。安倍首相は二〇一四年に——多くの国で政治家が好んで使う三人称語法で——こう書いた。

保守政治家の安倍晋三が女性が輝く社会というと違和感を持つ方がいらっしゃるかもしれませんが、従来のように社会政策としてではなく、私は経済政策の重要な柱の一つとして位置づけています。これまで人材資源として充分に活かされていなかった女性の皆さんは、言ってみれば〝宝の山〟です。……能力ある女性の皆さんに、どんどん日本を引っ張っていってもらいたいと思います（安倍[2014: 104]）。

ここに戦前戦中の「お国のために」という国民への呼びかけと同じものを聞きとるのは、また、この女性への呼びかけのなかに、強い国民経済を築くための人的資源として女性を十全に利用しようとする声を聞きとるのは、けっして難しいことではない。

V 結 論

過去二〇年に「失われた」のは、健全な社会を構成するものは何か、それをどのように維持し達成するのかについての保守本流のコンセンサスだった。大平報告書に要約されているように、またはっきりした国際的枠組みのなかで、強い経済成長が数十年続いたのち、このコンセンサスは日本的な「管理された競争」という美点に絞られてきた。それはまた、野心的な女性がキャリア達成という男の世界に踏みこむ例外を認めながらも、家庭を守るのは女性という、性差に基づく社会構造に依拠するものでもあった。もちろんこれはけっして全員が一致する観点ではない。だが、公共の言論や政策論議のほか、日本の学界や、非日本人がつくる全世界の日本研究コミュニティなど学問の世界における主要な反対論は、左派や「進歩派」陣営からやってきた。ジェンダーの問題について言えば、挑戦してきたのは、国家の経済力を増すための手段としてではなく、原則として社会的価値と人権に照らして男女平等を求めるフェミニスト陣営だった。労働史や労使関係の研究では、反対論はコストを重視する日本型モデルへの批判のかたちをとった。しかし一九八〇年代から一九九〇年代初めにかけて、そうした批判を投げかける者は、広範に流布する成功の証拠を前にして守りの立場に置かれ、ある程度自論の修正を迫られることになった(35)。

現在の瞬間や近現代史に重点を置く日本研究の仕事はいま、かつてよりも複雑な知的環境にある。ここ二〇年、健全な社会の維持や回復という問題をめぐる公共の議論では、「伝統的」近代の擁護派は新自由主義改革派との対立に主軸を置くようになった。だが、以前より目立たないながらも、批判のもう一つの軸が継続している。つまり全世界に遍在するようになったプレカリアートと拡大する格差をめぐる議論だ。日本研究においてこの議論は、伝統的な近代システムに内在する排他性に注目し、近年事態は悪化する一方だと嘆く(36)。

格差をめぐるトマ・ピケティの著作に全世界が注目したおかげで、こうした議論に新しい空間が開けた。ピケティは日本について(ヨーロッパのほぼ全域、アメリカ、イギリスと同じく)第二次世界大戦後の四十数年、まさに相対的平等の全盛時代を味わったと描写しているわけだが、その限りにおいて、彼は同時に、大平報告書は楽観論が正しいと思えた時期の論理的帰結であるとみなす根拠を提供してくれた。後世の目で見たとき、報告書の書き手たちについて、その未来観が近視眼的だったとし、また日本の独自文化に対する彼らの本質論的、静的な理解を極端な還元論として切り捨てるのはたやすい。だが個々人の生活の質の向上と地域コミュニティの活性化を最大限重視した点において、こうした報告書は注目に値するものでありつづける。

参考文献

安倍晋三 2014「アベノミクス第三章起動宣言」『文藝春秋』2014-9: 104

伊丹敬之 1986「文明を輸出するとき」『アステイオン』2: 41-42
宇野重規 2014「鈍牛・哲人宰相と知識人たち」『アステイオン』81: 174-177
大沢真理 2007『現代日本の生活保障システム』岩波書店
大嶽秀夫 1994『自由主義的改革の時代』中央公論社
大平政策研究会（編）1980a(1)-(9)『大平総理の政策研究会報告書　第一～九巻』大蔵省印刷局
――― 1980b「二十一世紀に向けての提言（総説）」大平政策研究会［1980a(1)-(9)］各巻所収
唐津　一 1986「米国の破綻」『Ｖｏｉｃｅ』106: 123
ゴードン、アンドルー／大島かおり（訳）2013『ミシンと日本の近代』みすず書房
滝田洋一 1998「国富―失われた十年の教訓」『日本経済新聞』一九九八年七月二日夕刊
中北浩爾 2014『自民党政治の変容』ＮＨＫブックス
仁田道夫 2007「労働法改革と雇用システム」社会政策学会（編）『格差社会への視座』所収、法律文化社
――― 2008「雇用の量的管理」仁田道夫・久本憲夫（編）『日本的雇用システム』所収、ナカニシヤ出版
日本経営者団体連合会 2003「活力と魅力溢れる日本をめざして」（二〇〇三年一月一日）<https://www.keidanren.or.jp/japanese/policy/vision2025.html>（二〇一七年一二月一三日最終アクセス）。
日本経営者団体連盟 1997「『ブルーバードプラン・プロジェクト』報告―新日本型モデル／第三の道の模索―『国際競争力の維持・強化』『雇用安定』と『国民生活の質的改善』を目指して」（一九九七年度―一九九九年度）

（35）Gordon［2001］のなかで、私は日本研究者たちが、日本モデルの明らかな成功を解明しようとして、左派的あるいは批判的な視点から視座を移したことを議論した。この本はバブル崩壊後まもなく書かれたもので、論拠の変化については知っていたものの、新自由主義陣営からの批判が新たに台頭してきていることは明確にできなかった。
（36）Allison［2013］; Tachibanaki［2009］および橘木の日本語による多くの業績によった。

Allison, Anne. 2013. *Precarious Japan*. Duke University Press.

Araki, Takashi. 2005. "Corporate Governance Reforms, Labor Law Developments and the Future of Japan's Practice-Dependent Shareholder Model." *Japan Labor Review* 26: 40-42.

Dore, Ronald P. 1973. *British Factory-Japanese Factory*. University of California Press.

Gordon, Andrew. 2001. *Wages of Affluence*. Harvard University Press.

Jacoby, Sanford. 2005. *The Embedded Corporation*. Princeton University Press.

Lincoln, Edward. 1997. "Japan Hasn't Really Failed." *New York Times*. Saturday, February 22.

Mouer, Ross & Hirosuke Kawanishi. 2005. *A Sociology of Work in Japan*. Cambridge University Press.

Nakakubo, Hiroya. 2004. "The 2003 Revisions of the Labor Standards Law." *Japan Labor Review* 1(2): 4-25.

Powell, Bill. 1998. "The Lost Decade." *Newsweek*. July, 1998: 28.

Shinoda, Toru. 2009. "Which Side are You On? Hakenmura and the Working Poor as a Tipping Point in Japanese Labor Politics." *The Asia-Pacific Journal* 14: 3-9

Tachibanaki, Toshiaki. 2009. *Confronting Income Inequality in Japan*. MIT University Press.

Wolff, Leon. 2008. "The Death of Lifelong Employment in Japan." in Luke Nottage, Leon Wolff, & Kent Anderson (eds.). *Corporate governance in the 21st Century*. Edward Elgar: 53-80.

（朝倉和子　訳）

第Ⅰ部

どこから来たのか

——「失われた20年」の淵源

「失われた20年」―その実態は何なのか。序章でも示唆されたように、それは単なる日本経済の失速を意味しているのではない。むしろ日本社会の全体的なあり方に関わる問題である。そのことを念頭に、この喪失感の正体と向き合わなければならない。その鍵をわれわれは1970年代に求めた。そこには日本の近代がたどり着いた一つの社会システムが屹立していた。政治、教育、家族制度、文化の各領域に浸透する喪失感とそれを生み落としている社会構造のルーツに迫る。

第1章

戦後保守主義の転換点としての一九七九〜八〇年

——大平報告書・再読

宇野重規

◆◆Ⅰ「失われた二〇年」を見直す

一九七九〜八〇年は、世界にとって、そして日本にとって大きな転換点となる年であった。何より、本章において一つの焦点となる戦後日本の保守主義にとって、この時期は重要な転機となった。そのことの意味を検討してみたい。

とはいえ、「失われた二〇年」を主題とする本書において、なぜ一九七九〜八〇年から話を始める必要があるのだろうか。あるいは、そのような疑問を感じる読者がいてもおかしくない。日本における「失われた二〇年」といえば、バブル崩壊以降の経済的停滞の時期を指すのが一般的である。長期にわたる不況は一〇年、そして二〇年と続いていくが、いずれにせよ、その起点となるのは一九九一年頃であった。この年の二月、一九八六年一二月以来続いたとされる好景気が終りを告げ、株価や不動産の価格の下落が始まった。以後、九〇年代を通じて、状況は悪化していった。これに対し、本章では議論の時期をそれから一〇年ほど遡り、一九七九～八〇年から話を始めることになる。いささか議論を前倒しし過ぎではないかと思われても致し方ないだろう。

しかしながら、ここでは「失われた二〇年」という言葉に、日本社会が抱える課題を解決できないままに、時間ばかりを浪費してしまったというニュアンスがあることに着目してみたい。一九九〇年代前半の政治改革、九〇年代半ば以降の地方分権改革と行政改革、さらに世紀があらたまっての小泉改革、そして二〇〇九年の民主党による政権交代と、日本は立て続けに「改革」の時代を経験した。にもかかわらず、日本社会はその根本的諸課題を結局のところ解決できなかったのではないか。それどころか、正面から取り組むことすらなかったのではないか。日本的経営やそのもとでの雇用慣行に始まり、財政再建や少子高齢化にいたるまで、現代日本社会は過去から引き継いだ諸問題をいまなお乗り越えられずにいる。そのような感覚が広く存在するがゆえに、「失われた二〇年」という言葉が時代の言葉となったのだろう。

そうだとすれば、ここで発想を変えるべきではないか。あるいは、バブル崩壊以後の時代ばかりを見るから、トンネルの出口が見えないのかもしれない。むしろ、もう少し視座を長くとったとき、問題の本質が見えてくるのではないか。そもそも、国内だけを見るから、日本の特殊性ばかりに目が行くことになる。むしろ、よりグローバルな比較の視座に置いたとき、この時期の日本社会の実相がよりよく把握できるはずだ。本章における以下の議論は、このような着想に基づいている。

◆◆Ⅱ すべては一九七九年に始まった？

それでは、世界において一九七九年はどのような年であったのか。

一九七九年はイギリスでサッチャー政権が誕生した年である。長らく経済的停滞が続いたイギリスであるが、歴代の政権はこれに有効な対策を示すことができなかった。これに対し、敢然と立ち上がったのが保守党のマーガレット・サッチャーであった。サッチャー政権による規制緩和と民営化を中核とする改革は、新自由主義的な改革の時代の幕開けを告げるものであった。翌年の一九八〇年には、サッチャーに続き、アメリカでロナルド・レーガンが大統領選に勝利している。まさに一九七九～八〇年は、英米を中心とする「市場の時代」の起点となる年であった。

目をユーラシア大陸の東に向けると、この年、中国では鄧小平による改革・開放政策が加速している。一九七七年に復権した鄧小平は、文化大革命の混乱によって疲弊した社会や経済を回復するため、七八年に訪日、そして七九年にはアメリカとの国交の正常化を実現し、自ら訪米している。これを機に、中国は経済の近代化を推し進め、大国化への道を進んでいった。二一世紀のグローバル経済の起源を考えるとき、この時期がその起動の年であったことは間違いない。

一九七九年は同時に、世界的なイスラム復興の起源となる年であった。イランではアメリカの支援を受けるパーラヴィ朝が倒れ、ホメイニを精神的指導者とするイスラム革命が起きた。他方で、ソ連のアフガニスタン侵攻に対する抵抗運動のなかから、後のイスラム原理主義の運動が活発化していく。その意味で、一九七九年は現代におけるイスラム復興の起点となる年であった。その意味で、現在から振り返れば、一九七九年は「市場の時代」と「宗教の時代」の始まりを予告する年であったと言えるだろう(1)。

『すべては一九七九年から始まった――二一世紀を方向づけた反逆者たち』を執筆したジャーナリストのクリスチャン・カリルは、このような四つの事件に加え、この年、ローマ法王ヨハネ・パウロ二世がその故郷であるポーランドを訪問したことにも触れている(カリル[2015])。この出来事が、ポーランドにおける社会主義体制からの転換の第一歩になったとすれば、この年は社会主義の「終わりの始まり」という点でも記憶されることになるだろう。

二〇世紀が一九一七年のロシア革命に始まり、一九八九年のベルリンの壁崩壊を機に終わりに向かったとすれば、この世紀はまさに「社会主義というオルタナティブ」とともにあった一世紀であった。その意味からすれば、ベルリンの壁崩壊に一〇年先立つ一九七九年の時点において、すでに「社会主義というオルタナティブ」は失われつつあったと言えるだろう。そしてそれに代わる社会の推進力が一方において「市場」に、他方において「宗教」に求められるようになったことを、一九七九年の出来事は示している。

それでは、このような世界の動きを背景に、日本を位置づけるとどうなるだろうか。いまから思えば実に皮肉であるが、エズラ・ヴォーゲルが『ジャパンアズナンバーワン――アメリカへの教訓』を発表したのが、奇しくも一九七九年であった(ヴォーゲル[1979])。世界が新たな方向性を摸索し始めたのとまさに同じ年、「日本礼讃」の書物が刊行されたことになる。

実際には、ヴォーゲルがこの本を書いたのはもちろん、日本を礼讃するためではなかった。日本の経済的発展を素材に、アメリカがそれにどう向き合うか。アメリカ社会の再検討のために執筆されたこの本は、日本ではむしろ手放しの日本礼賛論として受け入れられた。この本に「そそのかされた」わけではあるまいが、独特な日本社会の自己肯定感がその後の政治的・社会的言説に目立っていく。

ある意味で、日本にとっての一九七九年とは、「市場」でもなく「宗教」でもない、自らの現状の維持を選んでしまった年なのかもしれない。本章では、このような問題意識から、一九七九年に発足したある研究会の軌跡を探ってみたい。この研究会が日本社会に残したプラスとマイナスの遺産を振り返ることで、日本社会がこの時に選択したものを考えることがその目的である。

◆◆ Ⅲ 大平首相の研究会[2]

一九七九年、日本ではその前年末に発足した大平正芳の政権が始動した。大平は吉田茂から池田勇人へとつながる日本の保守本流を継承すると同時に、経済成長以後の日本の新たな未来像を模索する政治家であった。彼は一月二五日の施政方針演説で、日本社会の新たな課題として、「近代化」から「超近代」へ、また「経済の時代」から「文化の時代」への転換を主張している。

（1）その意味で言えば、二〇一五年一月のシャルリーエブド襲撃事件を機に、イスラムテロが活発化し、二〇一六年にイギリスで国民投票によるEUからの離脱が決定し、アメリカでトランプが大統領選に勝利したことは、一九七九年以来の「市場化」と「宗教」に向かった時代の一つの転回が起きていることを暗示するであろう。

（2）大平研究会について詳しくは、本書序章のゴードン論文、および宇野［2014］も参照。

戦後三十余年、わが国は、経済的豊かさを求めて、わき目も振らず邁進し、顕著な成果をおさめてまいりました。それは、欧米諸国を手本とする明治以降百余年にわたる近代化の精華でもありました。（中略）しかしながら、われわれは、この過程で、自然と人間との調和、自由と責任の均衡、深く精神の内面に根差した生きがい等に必ずしも十分な配慮を加えてきたとは申せません。いまや、国民の間にこれらに対する反省がとみに高まってまいりました。この事実は、もとより急速な経済の成長のもたらした都市化や近代合理主義に基づく物質文明自体が限界に来たことを示すものであると思います。いわば、近代化の時代から近代を超える時代に、経済中心の時代から文化重視の時代に至ったものと見るべきであります。

大平は本気であった。彼は直ちに九つの政策研究グループからなる「大平総理の政策研究会」を発足させた。「田園都市」「環太平洋連帯」「文化の時代」といった研究テーマは大平自身のイニシアティブのもとで決定され、梅棹忠夫、内田忠夫、大来佐武郎ら各グループの議長の多くも、大平の指名によるものであった（長富［2000］）。まさに首相肝いりの研究会であり、大平自身、熱心にこの研究会に参加して、若手・中堅の学者や官僚たちの議論に耳を傾けたという。

この研究会は一九八〇年の大平の急死により、政治的にはほとんど実を結ぶことはなかった。生前に大平のもとに届いたのは三つのグループの報告書だけであり、その他のグループの報告は、彼の死後にあわただしく取りまとめられた。後に、その一部が中曽根康弘首相によって取り上げられたものの、後述するように、大平と中曽根の改革の間には大きな違いがある。大平の試みは、それ自体としては、不発に終わったと言わざるを得ない。

しかしながら、この研究会はけっして無意味ではなかった。何より、この研究会は一九七〇年代のオイルショックを乗り越え、ある意味で完成を迎えつつあった日本の戦後社会が本格的な転換期を迎えたという問題意識に立つものであり、そこで示された課題の数々は、その後もけっして完全に克服されたとは言えないからである。中央集権の是正と地域社会の発展、脱物質主義的な生き方や価値の追求、新たな中間層の育成、情報化社会への対応、環太平洋時代の国際戦略……この研究会の議論はその後の日本の政治的・社会的言説に大きな影響を与えた。

とくに、この研究会の中心的メンバーであった香山健一、佐藤誠三郎、公文俊平、山崎正和、さらにこの研究会には直接参加していないものの、人脈的に近いところにいた村上泰亮といった学者、評論家たちは、この時期以降、『中央公論』などの総合雑誌を舞台に活発に言論を繰り広げていく。その代表的なものを挙げれば、村上・佐藤・公文の『文明としてのイエ社会』（村上ほか［1979］）、村上の『新中間大衆の時代』（村上［1984］）、さらに山崎の『柔らかい個人主義の誕生』（山崎［1984］）などが直ちに挙げられる。それ以前の日本の論壇において指導的であったのが、日本の現状を封建的な社会の残存としてとらえる丸山眞男ら「岩波知識人」であったとすれば、この時期を境にいわば「中公知識人」の時代が始まったと言える。

◆◆Ⅳ 研究会の背景にあったもの

それでは、なぜ大平は、学者・文化人一三〇名、官僚八九名から成る大がかりな研究会を組織したのだろうか。一つには、日本の保守主義内部における危機意識の高まりを指摘することができるだろう。

ここで注目したいのが、一九七四年に『文芸春秋』に発表された論文「日本の自殺」である。この論文は、「グループ一九八四年」というジョージ・オーウェルの作品を思わせるペンネームで発表されたが、今日では、「グループ一九八四年」とは香山健一・佐藤誠三郎・公文俊平の三名であることが明らかになっている。この三名は当時、まだ三〇代から四〇代はじめの若手研究者であったが、ウシオ電機社長であり、当時社会工学研究所というシンクタンクを建築家の黒川紀章らと運営していた牛尾治朗の仲介により大平と接触し、大平の研究会の組織化にあたっても、中心的な役割をはたした。

この論文において印象的なのは、その危機意識である。古代ギリシャ・ローマの歴史に遡って現代日本社会に警告を発するこの論文は、ギリシャやローマが滅びたのは外部からの異民族の攻撃によるのではないという。

諸文明の没落の原因を探り求めて、われわれの到達した結論は、あらゆる文明が外からの攻撃によってではなく、内部からの社会的崩壊によって破滅するという基本的命題であった。トインビーによれば、諸文明の没落は宿命的、決定論的なものでもなければ、天災や外敵の侵入などの災害によるものでもない。それは根本的には「魂の分裂」と「社会の崩壊」による「自己決定能力の喪失」にこそある。(グループ一九八四年［2012: 14］)

彼らがこのように記すのは、ほかでもない。現代日本社会においてもまた同じ現象が見られるのではないか。高度経済成長を遂げた日本社会は、それゆえにむしろ精神的解体の危機に瀕しているというのが、彼らの診断であった。

このような診断のさらに背景にあったのは、日本社会の構造的変化であった。一九六三年、自民党の政治家であり、石橋湛山のブレーンでもあった石田博英は、『中央公論』一月号に論文「保守政党のビジョン」を発表した。この論文は、高度経済成長のもと、農村から都市への人口移動が続いていること、結果として、農村部を基盤とした自民党の得票率の低下は今後も続くことを予測するものであった。このままでは保守政党としての自民党に未来はない。厳しい警鐘を発するこの論文がきっかけになって、この時期以降、自民党の近代化を目指す党内改革の動きが活発化した。

このような動きに対し、大平はどのように応えたのか。党組織の合理化、派閥の解消、小選挙区制の導入など、多様な指針が打ち出されたが、大平の思考はそれとはやや方向性を異にするものであった(中北［2014］)。大平の念頭にあったのは、経済成長を軸とするキャッチアップ型の近代化の限界という主題であった。奇しくも、ローマ・クラブによる報告書「成長の限界」が発表されたのが、一九七二年である。地球資源の有限性を強調し、人口の増加と環境破壊による悲劇的結末に警鐘を鳴らしたこの報告書のインパクトは大きかった。六〇年代後半からすでに、先進国を模倣して経済的な近代化を目指す従来のモデルが限界に達していると主張してきた大平は、ここで本格的に経済成長を中心とする近代化の「次の段階」を構想するようになる。一九七三年にはじまるオイルショックは、まさにこのような構想の正当性を示すように思われた。

大平は次第に自らの立場を「近代を超える文化の時代」として定式化していくようになる。このような定式化を行った背景に、首相を目指すうえでのライバル福田赳夫への対抗意識があったことは間違いない。大平の目に、外交的にタカ派として知られ、自主防衛や憲法改正に熱心な福田の立場は、「前近代への回帰」を目指すものに映った。これに対し大平は、吉田茂以来の軽武装・経済国家主義を継承し、これをさらに「経済の時代から文化の時代へ」という方向へ転換することで、保守派内部における主導権を握ろうとしたのである。また大平は、都市と農村の対立ではなく、両者の融合を目指し、地方分権化に対しても熱意を持った。この発想が後の「田園都市」構想へとつながっていくわけだが、より中央政府の役割を重視する福田の立場を意識してのものだった。

◆◆V　大平研究会の両義性

この報告書は両義的な性格を持つものであった。同書は一方において、日本の近代が一つの転換期に到達したとの認識のうえに、経済成長を超える新たな日本人の生き方、社会や組織のあり方を再検討するものであった。いまから振り返れば、このような大平の問題意識は妥当なものであったと言えるだろう。というのも、一九七九〜八〇年は間違いなく、日本社会が成熟社会化し、少子高齢化へと向かう大きな転機であったからである。

例えば一九八〇年、当時大学生であった田中康夫は小説『なんとなく、クリスタル』を発表し、一躍、時の人となった。若者の流行や風俗を描いた小説として話題になったこの作品であるが、膨大な数の註があることでも知られている。その多くは作品中に登場するブランド品についての批評的解説であるが、興味深いことに最後の註は、人口問題審議会の「出生力動向に関する特別委員会報告」と「昭和五四年度厚生行政年次報告書（昭和五五年度厚生白書）」から抜粋された少子高齢化を示唆する予測であった。

その意味では、一九八〇年の段階で、今日にいたる少子高齢化はすでに予測されていたことになる。また、この小説の主題からも明らかなように、少子高齢化の原因は男女の関係のあり方を中核とする、人々の価値観や生活スタイルの変化にあるということへの自覚も生まれつつあった。しかしながら、この小説が少なくとも同時代的には風俗小説として読まれたことからも明らかなように、そのような問題意識は必ずしも広く一般化されることはなかった。

大平の研究会のうち、一つが家庭基盤充実にあてられていたことも注目に値するであろう。実際、この部会には原ひろ子などのジェンダー研究者が参加し、男女の新しい働き方を論じている。一九八六年の男女雇用機会均等法へとつながる一つの源流をこの研究会に見いだすことも不可能ではない。

とはいえ、問題点もまたここにある。この部会の報告書を一読すれば明らかなように、そこで中心的に描かれているのは、基本的には企業に働く夫と専業主婦であるその妻、という家庭像である。それはまさしく

「男性稼ぎ主（male-bread winner）」モデルそのものと言わざるを得ない。他の部会において顕著な、日本型経営や日本型企業モデルへの肯定的評価とあいまって、今日なお力を持つ家族モデル、働き方のモデルがここで雄弁に語られていることは明らかであろう。

そうだとすれば、同じ知識人グループを中核としながら、一九七四年の「日本の自殺」と一九八〇年の「大平総理の政策研究会」報告書との間にある違いは明らかである。「日本の自殺」が日本社会に対する危機意識に満ち満ちているとすれば、「大平総理の政策研究会」に目立つのは、自己肯定の意識と、現状追認の姿勢である。この間にあったのは、言うまでもなく、オイルショックを比較的早期に克服したとされる日本経済のパフォーマンスであった。

いわゆる日本型経営については、すでに一九八二年のOECDの「対日労働報告書」が、「終身雇用」、「年功序列」、「企業別組合」から成る、いわゆる「三種の神器」について触れていたが、このような海外からの「日本再評価」の動きが、すでに触れたように一九七九年のヴォーゲルの『ジャパンアズナンバーワン』の日本的受容と連動して、「一九八〇年のイデオロギー」である「大平総理の政策研究会」報告書を生み出したとすることも不可能ではないだろう。結果として、そこではオイルショックを乗り越え、バブル経済へと向かう日本社会の自己肯定的な意識や、現状追認の志向が追認されることになった。また、日本の企業社会のあり方や、そこでの男女の役割分業が「神話化」されることの原因ともなった。

そうだとすれば、日本社会の構造的変容に対する極めて鋭敏、かつ正当な問題意識からスタートしたにもかかわらず、結果としてこの研究会は、強力な現状維持のイデオロギーを生み出す装置になったと言える。

この研究会のメンバーは、大平の「二一世紀にかけて活躍するような連中を選べ」という指示通り、その後の日本を主導する多くの官僚や知識人を含んでいた。人的な意味でも、この研究会のパラダイムは、その後の日本社会を規定しつづけたのである。

◆◆Ⅵ 大平研究会の遺したもの

最後に、このような大平研究会の遺したものについて考えてみたい。すでに述べたように、研究会は大平の突然の死によって終わりを迎えることになった。大平の後を継いで総理大臣になった鈴木善幸はこの研究会に関心を示さず、その意味では、報告書は直ちには政治的な影響力を持たなかった。

唯一の例外は、後に首相になる中曽根康弘である。中曽根はこの報告書に注目し、とくに香山・佐藤・公文は首相のブレーンとなって、第二臨調や行政改革を推進する原動力となっていく。ただし、大平の時期から中曽根期にかけては明確な違いも存在すると説く論者もいる。例えば政治学者の大嶽秀夫は、中曽根行革を主導したのは加藤寛、山同陽一など経済学者や財界人であり、改革を貫いたのは経済的自由主義のイデオロギーであったと主張する。対するに大平ブレーンの場合、文化人を多数含んでおり、競争原理とは異なる独自の理念を持つグループであったという（大嶽［1994］）。これに対しては、すでに言及した中北のように、「大きな政府」を否定し、個人の自助や、家族・地域職場の互助を強調する点で、むしろ両者の連続性を重視する見方もある（中北［2014］）。

この点に関して言うならば、同じく「大きな政府」を否定したとしても、その論理は、大平グループと中曽根グループとで大きく異なるというのが、本章の立場である。すなわち、大平らが国家主義に対抗し、むしろ地域コミュニティや企業組織などの中間団体を重視したとすれば、中曽根らは民営化によって新自由主義的改革を進めようとしたのであり、イデオロギー的には両者は全く異質である。その意味では、大平研究会の遺産が中曽根改革に直ちにつながったとは言いがたい。

むしろ、大平から中曽根へと継承されたものがあるとすれば、新時代の保守主義の摸索という課題であろう。すでに述べたように、一九六〇年以来、日本の保守が日本社会の構造変容によって苦しんできたとすれば、大平の死んだ一九八〇年以降、自民党は急速に党勢を回復する。大平の弔い選挙ともなった一九八〇年の衆参同日選挙で大勝した自民党はさらに、中曽根政権時代の一九八六年の同日選挙でも圧勝した。その際に中曽根が「左のウィングも取り込んだ」と主張したように、生活が安定化し、保守化した都市有権者の支持を獲得することで、日本の保守は新たな時代を開拓したのである。その意味では、大平が切り開こうとしたものを、中曽根が収穫したと言うことができるかもしれない。

このように大平研究会の遺産は中曽根によって両義的に継承されていった。結果として、バブル経済の発展もあり、報告書の持つ、より楽観的で自己肯定的な側面が肥大化していったとも言える。しかしながら、より積極的な側面が一九九〇年以降の日本政治に全く影響を残さなかったわけでもない。

一九九二年、当時、熊本県知事をやめたばかりの細川護熙は『文藝春秋』に「『自由社会連合』結党宣言」を発表した。細川の構想はやがて日本新党として実現し、一九九三年以降の政治改革、そして細川のもとでの連合政権の発足にいたる。この細川の文章を起草したのは香山健一であった（中北［2014］）。その論文における「日本が直面している最大の危機は、日本の政治が自らに課せられた責務をまともにとらえていないことにある。日本の政治は、この歴史の転換期の本質を認識することも、転換期に対処する基本方針を指示することも、日本の針路の転換を目指して新しい国民的合意を形成することもできずに、混迷を続けている」（細川［1992: 95］）という文章には、どこか「日本の自殺」と似た危機意識が見られなくもない。また、論文の強調する分権化への志向も、大平の問題意識を継承するものであった。

さらに、細川の連合政権が倒れた後、自民党が社会党の村山富市を擁立して発足させた連立政権を主導したのは、大平の政治的後継者であった加藤紘一であった。村山政権の評価については議論が分かれるが、少なくとも日本による侵略戦争と植民地支配を認め、謝罪した村山談話が発表されたのは、自民党と社会党の連立による、この政権ならではの達成であった。その限りにおいて、一九九〇年代の前半から後半にかけて、ある種の「保守リベラルの時代」とも言うべき一時期があったことは間違いない。それは大平、およびその研究会の遺産が最後の輝きを示した時代であった。

そうだとすれば、日本の保守主義において、国家主義的、タカ派的かつ中央集権的な潮流と一線を画し、むしろ発展しつつある日本の市民社会の発展に期待するコミュニティや中間組織を志向するもう一つの保守主義という意味で、大平と、その研究会には一定の意義があったと言えるだろう。

二つの保守主義は、日本国憲法を中核とする戦後体制に対する評価においても大きく立場を異にしている。一九七〇年代におけるオイルショックの危機を乗り越えた日本の保守主義が、大きく二つの潮流に分化しつつつ、新たな展開を模索したのが一九八〇年代であったということになる。このうち、後者のコミュニティ・市民社会志向の保守主義が、九〇年代の政治改革・地方分権改革の時代を主導したとすれば、前者の国家主義的な保守主義が、新自由主義的な思想潮流とも交錯しながら保守政治の主役となったのが二〇〇〇年代以降であると言えるだろう(3)。

しかしながら二つの保守主義は、本章の冒頭でも触れたように、グローバル化が進む時代のなかにあって、結局のところ、日本社会の基本的な諸問題を克服することができなかった。そして、このことが時代の不透明感を生み出すと同時に、「失われた二〇年」のずるずるとした継続をもたらしているのかもしれない。

そうだとすれば、あらためて「すべてが始まった一九七九年」に遡り、その時期に日本の保守主義が選択したものを再検討する必要があると言えるだろう。この決定的に重要な時期に世界が市場化と宗教へと向かったとすれば、日本社会は新たな時代への模索を開始したにもかかわらず、最終的には現状維持へと後退してしまった。その両義性を最も如実に示していたのが、大平の研究会であった。以後の日本は、高度経済成長の余剰に対する幻想のうちに、すべての改革を先送りしていくことになる。

とはいえ、大平の研究会報告は多くの問題を抱えつつ、すでに指摘したように、中央集権の是正と地域社会の発展、脱物質主義的な生き方や価値の追求、新たな中間層の育成、情報化社会への対応、環太平洋時代の国際戦略など、今日につながる多くの問題提起もしている。そのことを踏まえるならば、大平研究会が示した日本社会に対する評価は、その後の「失われた二〇年」をある意味で決定づけると同時に、それを乗り越える鍵を秘めていたと評価することができるだろう。

参考文献

ヴォーゲル、エズラ・F／広中和歌子・木本彰子（訳）1979『ジャパンアズナンバーワン』ＴＢＳブリタニカ
宇野重規 2014「鈍牛・哲人宰相と知識人たち」『アステイオン』81: 172-183
―――― 2016『保守主義とは何か』中公新書
大嶽秀夫 1994『自由主義的改革の時代』中央公論社
カリル、クリスチャン／北川知子（訳）2015『すべては一九七九年から始まった』草思社
グループ一九八四年 2012『日本の自殺』文春新書
辻井　喬 2013『茜色の空―哲人政治家・大平正芳の生涯』文春文庫
中北浩爾 2014『自民党政治の変容』ＮＨＫブックス
長富祐一郎 2000「大平政策研究会の意義」大平正芳記念財団（編）『去華就実―聞き書き大平正芳』同財団ホームページ
福永文夫 2008『大平正芳―「戦後保守」とは何か』中公新書
細川護熙 1992「『自由社会連合』結党宣言」『文藝春秋』1992-6: 94-106
村上泰亮ほか 1979『文明としてのイエ社会』中央公論社
―――― 1984『新中間大衆の時代』中央公論社
山崎正和 1984『柔らかい個人主義の誕生』中央公論社

（3）戦後日本の二つの保守主義については、宇野［2016］を参照。

第2章 成功のパラドクスと「失われた」時代
――教育政策言説に見るキャッチアップ終了後の「近代」

苅谷剛彦

◆◆ I はじめに

日本では長期に及ぶ経済停滞が「失われた時代(1)」として語り継がれた。バブル経済崩壊後の日本は、なぜある時代を「失われた」と言いつづけたのか。狭義の経済停滞という問題を越えて、どうして社会全体の形容、あるいは時代の名指しとして、この名辞が使われつづけたのか。この章で問題にしたいのは、「失われた時代」がなぜ長期に及んだのか、といった経済(学)の問題ではなく、そのような社会の自己認識をつくり出し継続させてきた社会(学)の問題である。

先進国のなかでも、日本が経済の長期停滞を体験してきた国の一つであることは間違いない。しかし、経済の停滞だけでは「失われた時代」という認識にはいたらないだろう。ましてやそのような認識を日本という社会が長期間にわたり持ちつづけたことを説明できない(失われた一〇年から二〇年へ!)。そこには他の先進国が乗り越えることのできた何ものかを日本社会は乗り越えることができなかった、という「失敗」の歴史的位置づけの特徴が刻印されているはずだ。二〇年以上に及んで「失われた時代」が日本社会の形容に用いられてきた現象自体に、狭義の経済問題を超えた社会認識や時代認識の問題が埋め込まれている、と言えるのである。

ところで「失われた時代」は、しばしば「グローバル化」や「新自由主義化」などの言葉で表現される、地球的規模で展開する市場原理の全域化（社会学の用語を用いれば「個人化」。Beck & Beck-Gernsheim [2002]）が引き起こす社会や経済の大規模な変動に、日本社会が対応できなかったことで生じたと言われる。「失われた時代」を通じて、「規制緩和」を主導する「構造改革」がほとんど唯一の処方箋とみなされつづけたことは、変化への対応の遅れや適応の失敗を問題視する見方がいかに支配的であったかを示す証左といえる。さらにその裏返しとして、「抵抗勢力」がその改革を阻んできたことが指摘され、それが「失われた時代」からの脱却を困難にしてきたという見方にも、このような問題構築の特徴が反映している。

このような通俗化した「失われた時代」という問題構築には、しばしば「成功のパラドクス」と呼ぶことのできる見方が含まれる。それは、過去の成功体験へのこだわりが、その後の変化への対応を阻んだという問題設定である。この見方に従えば、過去の成功体験へのこだわりが、新しい時代の変化を見逃したり、変化がわかっていながら過去のしがらみ（「既得権益」）に固執したことで、大胆な改革ができなかった→そのた

（1）以下では「失われたX〇年」という表現に代え、このように言う。

め、有効策（「構造改革」「岩盤規制改革」）がとれないまま、時間だけが無為に過ぎていった（「失われた時代」の継続）という論理で構成される。

ここには日本という社会が「近代」や「近代化」をどのようにとらえてきたか、という社会認識（日本社会の自己像の形成）の問題が含まれている。この問題を解くために、ここでは、分析枠組みとして過去の成功経験を「追いつき型近代化の成功」とみなす見方に着目しよう。そのような過去の成功観・社会変動のとらえ方（＝時代認識）を取り出し、そこから、成功のパラドクスを成り立たせてきた問題構築の仕組みと、それを支えるロジックに迫る。それが本章の課題となる。

成功のパラドクスと呼びうる問題構築の論理には、どのような特徴が埋め込まれたのか。そのような時代認識が形成される過程で、「近代（化）」はどのように理解されたのか。そこでの「近代（化）」理解は、成功のパラドクスが広く共有される見方（一種の「常識」・通俗化した「定説」）となるうえでどのような影響を与えたのか。そのような近代理解は「失われた時代」の問題構築やそこから脱却するための課題設定にどのように組み込まれ、利用されたのか。

本章はこれらの問いに、構築主義的言説分析（例えば Bacchi [2002; 2012]）の立場から答えようとする試みである。これらの問いに答えることで、時代認識を構成する知識が、どのような制約を私たちに課してきたかを読み解く。さらには、そうした制約が私たちを視野狭窄に陥れる仕組みを解明することで、そのような見方から逃れるための知識の組み替えの手がかりを得る。成功のパラドクスという論理にとらわれた、「失われた時代」という問題構築の特徴を知ることで、そのような知識の制約を取り払う方法を見つけるのである。

そのための分析対象として、本章では教育を中心とした政策言説に注目する。[2] 教育政策の言説に焦点を当てるのは、過去の反省と現在の認識に立ち、将来の世代の育成（未来の構築）を目指す、教育という極めて未来志向的な政策領域において、その言説が時代認識と将来に向けての課題設定（問題構築）とを切り結ぶ結節点にあるからである。

分析枠組みとしては「追いつき型近代化」という時代認識を抽出し、そこに着目する。一九七〇年代から八〇年代に刊行された政府の政策文書には、しばしばそれまでの日本の「成功」を「追いつき型近代化」の成功としてみる見方が顔を出す。もちろん、それが唯一の近代（化）理解であったというわけではない。しかし、通俗化した言説を含め、それが政策を強力に誘導する時代認識の一つであったことは間違いない。白書類を含め、政府の公式文書にたびたびこの見方が登場するのはその証左と言える（例えば『昭和五五年　年次経済報告　先進国日本の試練と課題』昭和五五年八月一五日、経済企画庁など）。とりわけそれは、二一世紀を見据えた時期に「追いつき型近代化」の「その後」を見通すプランを描出する際に、それまでの日本の達成を言祝ぐと同時に、次の時代の課題を提示する政策文書にしばしば表れる。そしてこのような性格を持つ歴史・時代認識であるがゆえに、「その後」への移行（transition）という契機を内に含んだ言説＝課題設定となる。移行の契機を論理に含むことは、必然的に、それ以前の成功体験をそのまま温存するのではなく、そこからのラディカルな転換（social transformation）を求める政策提言となるということである。そこには、追いつき型近

（2）Bacchi［2000; 2012］が指摘したように、政策言説は問題構築（Bacchi［2012］の言葉を使えば problematization）の言説である。香山の自著には、臨教審での彼の主張につながったと想定できる政策言説がふんだんに開示されている。

代化が完了した時点で、次なる時代へのラディカルな転換（「構造改革」＝過去の成功経験からの脱却）はなぜ必要なのか、その転換には何が求められるのか、を正当化し、理由づける知識が含まれているはずだ。キャッチアップ型近代化の成功という認識を持ったことが、「その後」への移行をどのように見るかという認識や、さらにその移行における失敗の見方を枠づけたのではないかという仮説である。成功体験にこだわったために「その後」への移行がうまくいかない→停滞したまま無為の時間が過ぎていく――このような「失われた時代」という認識を生み出すうえで、その根底に、それ以前の時代を「追いつき型近代化の成功」とみなす時代認識があった、と考えてみるのである。

◆◆Ⅱ 「成功のパラドクス」言説

政策言説を分析する前に、キャッチアップ型近代化とその後の課題設定に関する、典型的とも言える言説を見ておこう。ここで紹介するのは、一九九〇年代において新自由主義的改革の必要性を熱心に説いた経済学者、中谷巌の言説である。バブル経済がはじけた二年後の一九九四年という年に発表されたビジネスマン向け週刊誌での論考である。

規制緩和を考える際に大きな時代認識として必要なのは、日本が欧米に追いつく「キャッチアップの段階」を終えたという認識である。日本人は明治以来これまで、こつこつと一つの山を登ってきた。ひたすら足元を見つめ、まじめに、猛烈に働き、欧米先進国に一刻も早く追いつくこと。ペリー提督が黒船を率いて浦賀に姿を現して以来、一四〇年以上にわたって、われわれの祖先はこのことしか頭になかった。この山の名前は「キャッチアップの山」である。

この山にうまく登るには、それなりの方法がある。欧米の先進的知識を吸収することによって、欧米と日本の知識ギャップを一刻も速く縮小するという明確な目的を遂行するには、国民の教育水準を上げること、国民の労働力をそちらの方向に集中させること、人々の貯蓄を国家が設定した目標のために重点的に投入すること、規制や産業政策によって経済資源が余分な分野に流れないように工夫すること——などである。

しかし、日本は世界有数の経済大国になった。もはやキャッチアップでは世界が許さないし、日本の高い賃金水準を維持しようとすれば、もっと付加価値の高い独創的な産業が出てくる必要がある。(中谷［1994: 43］)

ここで引用したフレーズには、規制緩和の必要性を正当化する前提として、「「キャッチアップの段階」を終えたという認識」が示されている。このように過去を認定したうえで、その次の段階への移行の必要性と、その移行を成功に導く中心的な政策として「規制撤廃」が提唱される。(3) なぜキャッチアップの次は規制緩和

(3) 同様な認識は政府の公式文書でも示されている。例えば二〇〇〇年中央省庁改革によりその長い歴史に幕を閉じることになった経済審議会がまとめた『経済審議会活動の総括的評価と新しい体制での経済政策運営への期待』では、「八〇年代に入ると、欧米先進国へのキャッチアップが終了したと

なのか。中谷は言う。

日本が二一世紀にかけて新たな経済発展を遂げうるとすれば、日本人がこの新しい山〔オリジナリティの山——引用者〕に登ることしか方法はない。「オリジナリティの山」に登り始めるための第一歩は、規制撤廃である。「キャッチアップの山」に登るときには、先進国に追いつくという目標が明確に与えられていた。目標が明確であるときには、国民の経済活動を規制して、ひたすらその目標が速く達成されるように、労働力、経営資源、資本などの経済資源を集中的に投下することが必要である。（中谷［1994: 43］）

「オリジナリティの山」にとりつくには、規制撤廃を推進し、人々が自らのリスクでさまざまな可能性に挑戦することを奨励する仕組みをつくらなければならない。（中略）日本人が自ら新しい価値、新しい知識、新しい技術を創造するためには、日本人の潜在的能力が十分に発揮されるような自由な社会をまずつくらなければならない。そして、そのためにはリスクに大胆に挑戦することを正当に評価する仕組みが必要になる。そして、なによりも必要なのは、われわれ一人一人の規制に依存しようとする甘えの意識からの脱却であると思う。（中谷［1994: 44-45］）

ここでは、「日本人の潜在的能力が十分に発揮されるような自由な社会」の設立が求められ、そのような社会においては、「規制に依存しようとする甘えの意識から」脱却できる個人が求められる。規制のない自由な社会と、それ以前の規制型社会との対比が、キャッチアップの終了という時代の線引きによって区別された結果、移行の必要性が説かれるのである。そしてそこでは、「リスクに大胆に挑戦する」主体的で創造性を備えた自立した個人が求められる。この点については、後の教育政策言説の分析と関連する。

　このような言説が、成功のパラドクスを導くのはなぜか。まずそれまでは欧米先進国という明確なモデルが外在し、そこからの知識・技術の輸入・模倣によってキャッチアップを効率的に行うことができた。それらを計画的・効率的に主導する主体としての国家（規制国家）が重要な役割を果たした。この二つの認識を前提にすれば、キャッチアップが終わり、モデルがなくなった時代には、追いつくことに照準を合わせた模倣も計画的な資源の集中・配分も、それを主導した規制国家もかえって変化を妨げるものとなる。そして、規制緩和を掲げても、過去の成功への固執がその不徹底をもたらすと認識される。

　こうした成功のパラドクスは、例えば経済審議会の報告書では次のように言明された。

> 制度的硬直性の増大　高度成長期から続いた成功体験が、我が国の行政、産業、金融、労働等広範な分野で制度の硬直性をもたらし、総論では理解できる変革の必要性に対しても、自らが関係した分野では、お互いにとって厳しい制度変更なしでも引きつづき状況変化に対応できるという認識を生み出したのではないか。（経済審議会［2000: 12］）

いう認識から、それに代わる新たなビジョンが求められる一方で、行財政改革や規制緩和に代表される構造問題への対応が大きな政策課題とされるようになった」（経済審議会［2000: 9］）との認識が示される。

本章で言説分析の対象とする教育政策に関しては、その主たる言説生産者としてある香山健一が、成功のパラドクスを次のように説く。

教育改革は決して容易なものではない。皮肉なことに、それは明治以来の「追いつき型近代化」の時代の教育がめざましい成功を収めたがゆえにである。「成功の悲劇」という言葉があるように、成功した制度や政策というものを変えることはなかなか難しいものであり、そのために、人はしばしば過去において成功したやり方に固執しつづけることによって失敗の悲劇にいたるという。日本の教育制度もまたいまや「成功者の悲劇」の危機にさらされている可能性ナシとしないのである。（香山［1987: 33］）

Ⅲ 「英国病」と近代

これまで見たように、成功のパラドクスを言い当てた言説では、追いつき型近代化のもとでの経済の仕組みにとどまらず、規制国家や規制への人々の依存、自立や個性や創造性を欠いた日本人の精神構造といったことが問題として指摘された。このような課題に直接応えようとしたのが、「移行期」に立ち上がった教育改革である。

すでに別のところで詳細な分析を行ったが、キャッチアップ後の教育の課題を最初に明確に示したのは一九八〇年代後半の臨時教育審議会（臨教審）であった。そこでの時代認識を示す部分を引用する。

明治以来、我が国は、欧米先進工業国に追い付くことを国家目標の一つとし、教育もこの時代の要請に沿った人材を養成することに努めてきた。このため、政府は学校教育制度を政策的に整備し、すべての国民に共通した基礎学力を身に付けさせ、また、広く人材登用を可能にして、社会を活性化した。このことが、我が国の社会経済の発展のエネルギーになったことは評価すべきである。（大蔵省印刷局［1988: 25］）

明治以来の日本を追いつき型とみなし、教育もまた、追いつき型近代化に組み込まれていたと見る。さらには、そのような教育が人材の育成や登用を可能にし、「社会を活性化」させることで「社会経済の発展のエネルギー」になっていたとの見方が示される。

そして、追いつき型近代化というレンズを通して見ることで、日本の教育の問題は次のように認識され、それを正すことが「教育改革」の目標とされた。例えば次の指摘である。

欧米先進工業国の進んだ科学技術、制度などの導入、普及を急速に推進するために効率性を重視し、全体としてみれば、その内容、方法などにおいて、画一的なものにならざるを得なかった（大蔵省印刷局［1988: 9］）

これまでの我が国の教育は、どちらかといえば記憶力中心の詰め込み教育という傾向が強かったことは

否定できない。（大蔵省印刷局［1988: 14］）

戦前の官公庁、大企業などにおいては学歴に基づく処遇差や賃金格差を設けるといういわゆる学歴社会が形成されたが、このことが学歴が偏重されているとの認識が生まれる歴史的背景となった。（大蔵省印刷局［1988: 25］）

子どもの心の荒廃をもたらした大人社会の病因は、近代工業文明、追い付き型近代化ならびに戦後日本における高度経済成長の「負の副作用」、とりわけ人間の心身両面の健康への悪影響、人間と人間の心の触れ合いなどの人間関係への悪影響、文化・教育面への負の副作用などの発見と対応が遅れたことと深くかかわっているという反省の視点が重要である。（大蔵省印刷局［1988: 50］）

ここに示されるように、「詰め込み教育」や「画一教育」「学歴社会」や「受験競争」が、当時の教育問題とみなされた。そして、その問題構築を支える時代認識が「追いつき型近代化」であった（苅谷［2016］）。そこでは欧米先進国からの知識や技術の導入・模倣に順応する人材育成、そのための効率性を重視した教育が求められ、国家の主導によってそれが実施された、それゆえこれらの教育問題が発生したと見る。その結果が、答申が目指した「創造性」や「個性」の育成のための教育改革だった。

それでは、ここにはどのような近代（化）の理解が含まれていたのか。政策文書はその性格上、政策を導く思想的なバックボーンまでは明確に書き込まない。そこで、この教育政策言説を支えた近代（化）の理解に関わる思想的背景を分析するために、一人の論者に着目する。香山健一である。

一九八〇年代の日本の政治状況を分析した政治学者の大嶽秀夫［1994］は、香山を臨教審の中心的論者として位置づける。そしてその影響力の源泉を、大平政策研究会での貢献に求める。[4] 大嶽が指摘するように、香山は大平、中曽根政権におけるいわゆるブレーン政治の中心的な担い手の一人だった。[5] しかも、「香山の議論の新しさは、この目標実現の手段として、教育サーヴィスの「供給サイド」における自由競争の原理と、そのための規制緩和を主張するところにある。学校や教師を市場型の自由な競争の風に当てることで、硬直し、画一化した管理教育の弊害を克服しようという」（大嶽［1994: 168］）点にあった。八〇年代の時代の転換のイデオロギー的支柱であった新自由主義を教育政策に取り入れるうえでの最大の論者が香山だったのである。

香山をここで取り上げるのは、彼が一般向けに執筆した論考に、政策言説を支える近代（化）の理解が明瞭に示されているからである。成功のパラドクスを解くための近代（化）理解の「知識の在庫」（バーガー・

（4）追いつき型近代化言説に関するこの研究会の重要性については苅谷［2016］を参照。

（5）大嶽によれば、香山は大平政策委員会の報告書において教育改革に関わる箇所に「第二臨調の基調になる経済的自由主義の主張――規制緩和、競争原理の導入――が教育改革にも導入されていく」うえで重要な貢献を果たした。しかも大平の死後、その主張は「香山らの『御進講』の努力もあって、総裁選挙に立候補した中曽根の目に止まった」（大嶽［1994: 174］）。また、香山の死後出版された追悼集（香山健一先生追悼集編集委員会［1998］）のなかで大平、中曽根のブレーンを香山とともに務めた浅利慶太は、「中曽根内閣で香山先生が果たした役割は大きいものでした。又先生は中曽根政権のなかで一番苦渋に満ちた臨教審を担当され、大変なご苦労をなさいました。ブレーンのなかで最も総理の信頼が厚かった方が香山先生だったということを今でもしみじみ感じます」（香山健一先生追悼集編集委員会［1998: 311］）との言葉を添えた。臨教審委員を務めた教育学者の高橋史郎は「臨教審答申の骨格を作り、今日の日本の教育の土台を作ったのは香山先生であった」（香山健一先生追悼集編集委員会［1998: 311-316］）と述べた。市川［1995］によっても、臨教審における教育の自由化論をリードした論客の中心が香山であったことは否定しがたい。

ルックマン［1977］）として、格好の論者＝言説とみなせるのである。[6]

教育改革に直接関わる言説の分析に先立ち、彼の近代理解を検討するために、『英国病の教訓』（香山［1978］）の言説を取り上げる。それというのも、ここには「英国病」というかつて世界をリードした西欧先進国の代表格イギリスの長期衰退を通じて、一九七〇年代後半の日本の知識人や政治家、産業界の指導者たちが抱いた西洋近代に関する理解が示されているからである。香山が事実上執筆し、中曽根臨調を主導した土光敏雄に影響を及ぼしたと言われる論文「日本の自殺」（『文藝春秋』一九七五年二月号）とほぼ同時期の論考である。

香山は「英国病の四つの症状」として、（1）経済停滞症状　創意工夫の精神の喪失、（2）財政破綻症状　競争原理の否定、国家の経済活動への介入、（3）慢性的ストライキ、（4）政局不安症状、を挙げる。そのうえで、これらの症状を生み出す原因として西洋近代が発明した「福祉国家の問題」を次のように指摘する。

> 福祉国家というものは、初期においては理想に燃えて、この社会の中でハンディキャップを負っているために貧しい生活をしている人たちがいる、こういうことがあってはならない、その人たちに愛の手を差し伸べなくてはならない（中略）ところが、そういう理想に燃え、夢を実現するための動きの中で、予期せざる重大な副作用が発生し、拡大してくるという大変皮肉な結果がもたらされてきました。（香山［1978: 24］）

これを香山は「文明のパラドクス」と呼び（香山［1978: 24］）、さらに次のように言う。

第一に社会の自由で創造的な活力の低下であり、第二に自立精神の衰弱と国家への依存心の増加、自由な競争原理の崩壊と国家の肥大化であり、第三に、エゴの拡大とモラルの低下であり、第四に国家社会の意思決定能力の低下ということでしょう。（香山［1978: 38］）

香山はホイジンガを引いて、こうした英国病に代表される先進国病を「産業文明の負の副作用」とみなす。つまり、西洋近代が直面するパラドクスである。このパラドクスに、香山はいかに「近代」を見いだしたのか。

そもそも産業文明というのは、とにかく豊かな国家、便利な国家、大変めんどう見のいい国家をつくることが人間性に合致したものであるという大前提で公共サービスの範囲というものを拡大し続けてきたのでした。教育、医療、年金といったような問題から住宅其の他にいたるまで、現代社会は公共サービスの範囲を拡大し続けてきたわけです。ところが直接的には財政の問題と関連してそういう財政肥大化

（6）知識の共有という問題について、香山の近代理解を臨教審のメンバーが共有していたことは検証できない。ここでの試みは、あくまでも前述のキャッチアップ型近代化成功のパラドクスを解くための近代理解の一例として、その論理がたどりやすく、なおかつ一般の読者や政治家にも一定の影響力を持ったと思われる香山の言説を対象にするまでである。

傾向をこのまま持続することができないという財政破綻の問題が出てきましたし、と同時に、すでに詳しく論じてきたようなさまざまな社会学的、心理学的な負の副作用の問題が深刻化してきました。つまり、それが長い目で見ますと、社会の中の複雑な回路を通って結局自立精神を衰弱させ社会の活力を衰弱させるものになる悪循環をもたらすということを、苦い経験を通じて先進国は学ばざるをえなくなったということなんです。（香山［1978: 178］）

産業文明を主語にして始まる文章だが、それが（西欧）近代社会を表していることは疑いない。つまり、産業文明＝近代とは「豊かな国家、便利な国家、大変めんどう見のいい国家をつくることが人間性に合致したものであるという大前提」を原理原則とする。福祉国家を近代性と重ねながら、それがもう一つの近代の原則である「自立精神」を衰弱させ、社会の活力を奪うと、その逆説を説く。そしてこのような近代理解をもとに、次の結論が下される。

自由な社会はあくまで国民の自立自助と自由競争を原則に運営されねばならず、必要以上に国家が市民生活や企業活動に介入し、過保護になってはいけないということです。（香山［1978: 179］）

このことは、第二に、社会保障制度や福祉のあり方についても、従来の西欧、北欧型福祉国家の模倣をしてはならないということを意味します。（香山［1978: 180］）

近代のもう一つの重要な特徴である「自由な社会」を尊重したうえで、それは「自立自助と自由競争を原則」に運営されるものであり、「過保護」を招来する国家の介入（「国家の肥大化」）は避けなければならないと見る。ここに示された香山の近代理解は、まさにその後の「新自由主義」と呼ぶに相応しいものだが、重要なのはその理解が「英国病」のような、極めて印象的でわかりやすい同時代の西欧先進国の福祉国家の行き詰まりを前提にしていた点にある。それ以前の進歩派知識人が西欧先進国の理想像から近代を理解したのとは異なり、同時代の西欧社会の現実のイメージから近代を理解することで、産業化＝福祉国家＝近代の限界を政治的な言葉に変換したのである。

このような成熟した西洋近代の行き詰まりに対し、日本の近代化は、追いつき型とみなされ、しかもそれはすでに完了したという時代認識が下される。香山は言う。

振り返ってみますと、明治維新以来約一〇〇年間、日本は西欧先進国に追いつき追い越せという長期国家目標に従って国を運営してきたと言うことができましょう。そして、このいわば明治維新の時期に設定された、国家百年の計というのは、だいたい一九七〇年（昭和四五年）前後、あえて非常に厳密な言い方をするなら、明治維新から正確に百年目の一九六八年（昭和四三年）に達成されたと考えられます。（中略）ところが、ちょうどその時期から、（中略）日本は一種の目標喪失状態にはいってきたわけです。「地図のない時代」とか、「海図のない航海」とか、あるいは「目標喪失時代」とか、いろいろな表現が登場してきましたけれども、この状態はほぼ〔一九〕七〇年を境にして次第に拡大してきました。その混

迷が今日なお政治、経済、社会、あるいは文化の各領域に広がっているように思われます。（香山［1978: 176］）

「明治百年」と追いつき型近代化の達成とを重ねるところには、保守論壇の旗手としての香山の見方が反映している。それが一定の説得力を持つ言説資源となるのは、元号や明治百年といった近代日本の歴史に関する通俗的な知識を多くの日本人が共有していたことによる。重要なのは、その後で日本が「目標喪失状態」に陥っているという、近代化理解が提出されているところである。他の追いつき型近代化論者の言説にも共通に見られる特徴だが、「西欧先進国に追いつき追い越せという長期国家目標」が明確だっただけに、その達成後に目標喪失が生じたのだと、「その後」の推移を見るのである。

近代化を追いつき型と理解すれば、たしかに追いついた時点で目標は達成されたことになる。そのことで社会変動としての近代（化）（＝近代性の諸価値に基づく社会変動）は、けっして終わることはないのだが、そこに近代・近代化の終わりを見る。そして、西洋近代の行き詰まりを目の当たりにしている日本近代化の「その後」の課題が、次のように接続される。

ところで、過去百年間は日本は伝統的な文化の長所というものを生かしながら、しかし、基本的には西欧先進国モデルを模倣するという方向で、工業化、近代化というものを進めてきました。（中略）しかし、急ピッチで追い上げた日本はやがて昭和三九年にはＯＥＣＤ（経済協力開発機構）のような先進国クラブの一員になるまでになり、先進国グループの一団に伍して走ることができるような位置に到達してきたのですが、そのときには実は先進諸国はいろいろな意味で混迷の状態、病気の状態になりつつあったわけです。そのために、もしもこれまでと同じような姿勢で先進国の後を追うという行き方を日本がすることになりますと、経済成長のテンポが非常に速かったと同じような意味で英国病とか、あるいはスカンディナビア病とかいわれているような先進国社会の病気もかなり速いスピードで模倣するというようなことにならざるをえない。そういう局面にはいってきたというわけです。（香山［1978: 176］）

この「局面」は「歴史的局面」と言い換えられ、文明史的な転換点として理解される。

現在の歴史的局面というものは大きな意味で、三つの転換がたまたま歴史的なある偶然で重なり合った転換期と考えることができますが、それは第一に、産業革命以来の先進国の産業文明のそのものが――これは約二〇〇年の歴史をもっていると思いますけれども――一つの大きな曲がり角にきているということです。（中略）第二に日本は、この西欧先進国の後を追いかける百年間の近代化、西欧化の時期というものを一応終えて、次の目標を再設定せざるをえない時期にきています。さらに第三に、戦後三十年という、はじめての敗戦の経緯から復興と高度成長を経て一つの曲がり角にきている。そういう意味では産業文明の転換期と、明治以来百年の工業化、近代化、西欧化という波のなかでの転換と、戦後三十年の転換と、これが波動で申しますとちょうど三重に重なり合って、非常に複雑な今日の時代的性格をつくりだしていきます。そうなってきますと、どうやらわれわれは過去一〇〇年間のように、西欧先進国モデルをかなり理想的なモデル、あるいは最適モデルに近いものという前提を置いていくという行き方を見直してみなければならない、そういう局面にはいってきているのではないかと思います。われわれは明らかに「モデルなき時代」に入ってきているのです。（香山［1978: 176］）

「たまたま」と言いながらも、三つの転換を重ねることで、当時の日本が、一大画期としての歴史的転換点に立っていることが強調される。とりわけ日本にとっては、キャッチアップ型近代化が終焉した後にいかなる社会をつくりあげていくかという課題への接近方法として、西洋近代＝産業文明そのものの転換＝先進国病という問題構築を重ねるのである。

このような転機の重なり合いが実際にこの時期に生じていたかどうかは、実証的には確証の難しい問題である。本書のなかでは、この主張を支持する実証的な事実や確度の高い研究への言及は行われない。にもかかわらず、これらの主張は、政治性を帯び、政策言説へと接続されていく。とりわけ西洋近代の「大きな曲がり角」を「英国病」を実例として示すことで、印象操作としては、実証抜きでも信憑性を与える言説となっている。事実「日本の自殺」が土光臨調の政策決定に影響を残したことは、その証左の一つである。そして、そのような近代そのものの行き詰まり（普遍）を、日本のキャッチアップ型近代化の終焉がもたらした目標喪失（特殊）とつなげ、日本も西欧先進国もともに直面している「モデルなき時代」のイメージと重ねることで、「その後」が構想される。

その一つは、日本型福祉社会の構想であった。ここでは詳細を述べる余裕はないが、家族や家族的な関係を残した企業への支援を通じて、「自立自助」によって立つ福祉社会を構築する、一種の日本回帰である。それは、「小さな政府」を目指す日本型成熟社会のモデル構想において、家族主義的な組織原理の「強み」を楽観的に評価することで可能となった政策提言と言える。実際に福祉国家の建設より日本型福祉社会の政策が政権与党によって選ばれることとなる（自由民主党［1979］）。他方で、この自立自助によって立つ日本型福祉社会を構築するためには、そのような個人を育成する課題が立ち上がる。それが教育改革を通じた新しい日本人の育成という教育政策言説につながっていく。

◆◆Ⅳ 香山健一の近代理解と教育改革論

以上の分析によって取り出した香山の近代（化）理解は、彼の教育改革論にどのような影響を与えたのか。臨教審での香山の教育自由化論につながる主張の根底にはどのような近代理解があったのか。

ここで取り上げるのは、『自由のための教育改革』（香山［1987］）である。本書は香山が臨教審の委員中に発表した論考を集め出版した著作であり、香山の教育に関わる思想を同時代的に表明する第一級の資料と言える。

代表的な問題構築の言説を最初に取り上げよう。香山は八〇年代半ば時点での日本の教育の問題点を次のように指摘する。

我国学校教育の三つの問題点――（1）画一性の弊害、（2）閉鎖性の弊害、（3）非国際性の弊害を打破していくためには、これらの弊害の根本原因を正確に認識しておく必要があるであろう。総括的な言い方をするならば、この三つの弊害はいずれも明治以来の我国の「追いつき型」近代化時代の教育の弊害に集約されたものである。

（中略）

第一に、そもそもの明治以降の我国の急速な追いつき型近代化、工業化、西欧化の過程において、我国が欧米から輸入した近代学校の学校制度というものは、本質的に国家統制と画一主義の性格を強く帯びているものであり、その理念として近代合理主義とインダストリアリズムを中心とするものであった。

このような近代学校制度は、我国を含め今日の工業先進国において大きな成功を収めたものであるが、成功することによってすでにその制度としての耐用年数を終えて陳腐化し、近代の終焉、工業社会から脱工業社会への転換の中で様々な先進国病の病理症状を顕在化するに至っている。（香山［1987: 24-25］）

ここには先に検討した、先進国病を病んでいる近代の理解、さらには、キャッチアップ型近代化の時代を通じて日本の教育がいかなる問題を抱えるようになったかが示されている。キャッチアップのためにつくられた「近代学校の学校制度」は、「本質的に国家統制と画一主義の性格を強く帯びる」といった日本に特定した問題認識（特殊）と、近代の終焉という「文明史的転換」（香山［1987: 118］）期に近代社会が直面する課題設定（普遍）とが重ねられ、問題が構築される。

この歴史的転換や文明史的転換という画期による近代理解は、この時期の教育改革の必要性とその内容を確定するうえで重要な言説資源となった。まず時期の問題について、香山は「四六答申」と呼ばれる文部省の一九七一年中央教育審議会答申に言寄せて次のように述べる。

〔四六答申は〕（1）「第三の教育改革」といいながらも、近代を越え、工業社会を越えていくための、改革の文明史的な展望に欠けるところがあり、改革の新しい理念上の裏付けが必ずしも十分でなかったこと、（2）追いつき型近代化時代の終了、工業社会から脱工業社会への転換という時代認識がまだ成熟しておらず、改革への教育界ならび世論全体の成熟がまだ十分進んでいなかったこと、（3）行財政改革以前の時期であったため、先導的試行を推進するうえで不可欠な前提条件としての、文部行政の許認可、規制等の緩和という教育の自由化、民間活力の導入、官民の役割分担、国・地方の役割分担の見直し等の基本的視点が欠けていたことなどであったと判断される。（香山［1987: 29-30］）

このように追いつき型近代化時代の終了という時代的背景ならびに戦後四十年という時間の経過と、それによる国際社会との相互依存関係の深化によってはじめて、我が国は比較文化論的な広い視点に立って、また近代を超えるというより広い歴史的視野に立って「普遍的にしてしかも個性ゆたかな文化の創造をめざす教育」について現実的に考えることができる時点に到達したのだということができるであろう。（香山［1987: 49-50］）

ここでの指摘は、臨教審でなぜ、追いつき型近代化の終了が強調されたのかを理解するうえで重要な論点を示している。新自由主義思想を受け入れるには、七〇年代初頭では時期尚早だった、八〇年代のキャッチアップ終了を実感できる時間の経過が必要だったと言うのだ。それゆえ、キャッチアップの終了という近代化理解が、問題構築の要として有効な言説資源となった。しかもその転換は、西洋近代の転機と重ねられた。曰く、「我が国における『追いつき型近代化時代の終了』は、欧米工業先進国における産業革命以来の産業文明時代の終焉と時期的に重なり合うこととなった」（香山［1987: 232］）。西洋近代の普遍的な画期と日本に特殊な近代化の画期との重複である（この普遍と特殊の問題については後述する）。だから、改革の時宜は七〇年代初頭ではなく、いまとなる。

では、教育改革では何を目指すべきなのか。臨教審答申の内容と重なる香山自身の言説は次のものだ。

> 明治、大正、昭和の日本の追いつき型近代化は、成功のうちにその百余年の歴史的役割を終えた。同時に、世界、人類も、近代工業社会から二一世紀の高度情報社会への文明史的転換期を迎えている。模倣と物量と画一の時代は終わった。創造力と質の充実と個性の発揮が新たな時代の要請である。教育はこの要請にこたえなければならない。過度の学歴社会意識や偏差値偏重の受験競争、校内暴力、青少年非行などにみられる教育荒廃は、画一主義と硬直化がもたらした病理現象であることを認識し、これまでの画一性、閉鎖性、非国際性を打破し、多様性、開放性、国際性を実現する抜本的改革を進めなければならない。（香山［1987: 75］）

ここでの指摘は、新自由主義的な思想に立ち、先進国で進められている「行財政改革」に連なるものであるが、「決して単なる財政問題とか行政の制度いじりだけの話ではない」。「人間関係の崩壊、宗教心、道徳心、情緒の衰退、自立自助の精神の喪失をもたらした『先進国病』への深い反省に基づくもの」（香山［1987: 118］）だというのだ。それゆえ、それは日本だけに限らない、「近代を超える」課題として次のように正当化された。

この点で、私は今次教育改革は文明史的に見ても、追いつき型近代化の百年、産業革命以降数百年におよぶ全世界的な近代化、工業化時代を終えて、近代の成果を継承しつつも、いわゆる「先進国病」などをはじめとする近代工業社会の限界を超えるという一大転換期における教育改革という性格を持っており、そのなかには当然のことながら、近代国家にビルトインされた制度としての「義務教育制度」や「公教育制度」「学校という制度」などの抜本的見直しも含まれると主張し続けてきた。（香山［1987: 103］）

近代の終焉を経て、近代を超える時代を迎えつつある現在、「義務教育」の全面的見直しを行うということは、実はこの近代国家における国家独占教育の功罪を問い直すことであり、国家による強制の範囲について再検討することでなければならない。（中略）いまや、日本は達成した高い文化・教育水準の基礎のうえに、文化や教育を行政に従属させるという悪しき国家統制主義、配給教育時代の残滓に完全に

訣別しなければならない。（香山［1987: 106］）

ここで言う文明史的転換は、日本だけでなく先進工業国に共通の課題＝「先進国病」の回避である。それに対する処方は、自立自助、自己責任への回帰である。「悪しき国家統制主義、配給教育時代の残滓」からの「完全」な「訣別」――この主張は、教育の自由化論として臨教審の場に持ち出され、個性や創造性を尊重する教育への転換という政策言説として結実する。

このような教育課題の設定＝問題構築には、しかしながら、当初から困難をともなうものであった。なぜなら、香山の近代（化）理解によれば、先進国においても、キャッチアップを終えた日本においても、「自立自助の精神」は衰退の危機にさらされていたからである。回帰すべき日本の現状は、悲観的な状態にあったと香山は見る。「日本病」である。『英国病からの教訓』から引用しよう。

敗戦の結果、戦前の修身を初めとする伝統的倫理規範は、全て頭から封建的、前近代的、軍国主義的、反民主主義的なるものとして全面否定され、そのために「甘えの構造」の自制メカニズムの役割をはたしていた「恩の構造」もまた傷つき、崩れてしまいました。（中略）そのうえ、誠に運の悪いことに、戦勝国である西欧諸国から、これまた個人主義的組織原理の一部をなすはずの「権利意識」だけが、中途半端に輸入・移植されて抑制を欠いた甘えの心理と癒着、結合することになってしまったのです。その結果、自制を欠いた甘え、無責任なエゴ、極端な依存心が、すべて「権利」の美名のもとに正当化されてしまうという最悪の「二つの文化の化学結合」が生じることとなりました。（中略）（これは）西欧化でもなければ、個人主義化でもありません。むしろ、組織原理の異なる二つの文化が接触した結果、最も望ましくない形での部分文化の癒着と奇型化が発生したとみるべきではないでしょうか。（香山［1978: 93-95］）

キャッチアップ型近代化によってもたらされた豊かさと、西欧からの「中途半端」な輸入を通じて導入された「権利意識」や「個人主義」といった西洋近代の諸価値との結びつきが、「最も望ましくない形での部分文化の癒着と奇型化」を発生させたというのである。

「英国病」と「日本病」によって例示された近代という病は、西欧をモデルにすることもできず（「モデルなき時代」）、日本の現状にも回帰できない。とすれば、解決の糸口はどこに求めればよいのか。その政策手段とみなされたのが、日本病を生み出す元凶とみなされた教育の画一性や国家統制の撤廃であり、自由な競争を促す教育自由化論であった。

しかし、ここには奇妙な論理が組み込まれている。自立自助の衰退に直面する日本において、自由な競争を促すことで自立自助する個人を生み出すというのだが、日本病に罹り、先進国病の危険にもさらされているキャッチアップ終了後の日本には、自立自助できる個人は欠如したままだ。それを、「依存心」を取り払うために、自由な競争を持ちこむことで、依存してきた仕組み自体を取り除く、そのことで、自立自助が可能になると見たのである。だが、卵が先か、鶏が先か。

「中途半端」に輸入された「個人主義的組織原理」のもとでは、そもそも西洋近代が前提とした自立した個人は、日本には存在しなかった。香山が探し求めたのは、日本の伝統にねざす自立自助だった。ところがそれも戦後日本では衰退の危機に瀕していた。その欠如態としての自立自助した個人を育てるために、教育の自由化（教育における規制撤廃＝市場における競争の導入）が求められたのである。

ここには本章の冒頭で引用した中谷の規制撤廃論と同様の論理構成が見てとれる。規制を撤廃し市場での自由な競争を促すことで、個人も企業も主体性・創造性を備える。自由な競争の導入と、その自由になった競争空間において主体的な自立自助を図る個人の誕生とを同時に行おうというのである。それが「モデルなき時代」、「近代を超える時代」の日本の教育の課題であった。

もはや先進国にモデルを求めることはできない。下手な模倣は先進国病を招くだけだ。こうして日本独自の道が「近代を超える」課題として設定された。そしてそれを可能にするのは、西欧的・近代的な個人主義によらない自立自助のできる日本人の育成であった。

ところが、十分な準備や資源の投入がなければ、自由な競争空間をつくり出しただけでは、主体性・創造性を備えた個人は育たないだろう。ところが、そのような失敗は、改革が不徹底だったという、改革の不十分さに求められた。教育政策で言えば、今日のアクティブラーニングにまで脈々とつながる、学ぶ側の個性や主体性に任せた、個性や主体性の育成という政策である。ここにおいても、その失敗は個人の側に帰されるか、「主体的な学び」の環境づくりの不徹底に帰責される。

◆◆Ⅴ 結　論

香山にとって一九八〇年代は、いくつかの時代の終焉が重なる同時性によって特徴づけられた。追いつき型近代化の時代の終わり、工業社会の終焉による脱工業社会・高度情報社会への転換、そして「先進国病」からの脱却（日本の場合は予防）の重なりである。

香山に代表される当時の知識人や政策担当者の近代（化）理解の特徴の一つは、近代化を産業化や西欧化として見る視点であった。とくに日本のキャッチアップ型近代化の完了という場合には、産業化の達成が前景化した。たしかに、近代化を産業化の側面に限定して見れば、当時ＧＮＰとして示され、それに基づいて日本の経済力が世界第二位になったこと、ＯＥＣＤへの加盟が認められたことなど、国際比較可能な外在する指標に照らせば、日本のキャッチアップはすでに終わったと実感できたのだろう。

彼らは、経済成長、経済規模、それを可能にする産業構造の確立をもって日本のキャッチアップの完了を見た。しかも、それを可能にしたのは、外部からの知識や技術や制度の導入・模倣であった。産業化としての近代化は、外部に明確なモデルがあったことを前提とする認識だった。それゆえ、それに準拠して資源を計画的、効率的に配置することで、産業化のキャッチアップとした。規制国家の働きである。

キャッチアップ型近代化が終わったことと産業化の達成は重ねられて理解された。しかも達成の時期は、先進国もまた脱産業化や脱福祉国家化に向かう時期と重ねて理解された。この二重の転機の認識は、そこからの移行＝脱却の必要性という認識を強めた。そして、その移行において、過去のキャッチアップ型近代化は、成功のパラドクスを生むと認識された。それは規制国家によって主導され、知識の輸入や模倣という外部のモデルに頼ることで達成できたと理解されたからである。しかし、いまや「モデルなき時代」＝脱産業化に向かう転機においては、それは効力を持たないだけでなく、変化を阻む桎梏とみなされるようになった。

こうした近代理解において、キャッチアップ型近代化は外生的な力によると認識されたことに留意しよう。しかも、比較可能な外部の参照点によって、その達成を観察・判断できると見た。この認識を導くうえで、「GNP神話」が当時、広く日本に定着していた。このような見方に立てば、キャッチアップが終わりを迎えた以上、その後の社会の変化は、内生的な力に頼らざるを得ない。「モデルなき時代」への突入という時代認識がそうした変更を迫る。しかもその転機は、日本だけではなく、西洋近代にも同時に訪れるものとされた。それゆえキャッチアップ型近代化の終焉を、近代の終焉と重ねて見る認識が登場し、力を得たのである。

しかも、近代の終焉という言説は、日本では八〇年代後半以降に流行するポストモダンの思潮と共振することで、その印象を強めた。近代の終焉に際し、「近代を超える」ことが文明史的課題とみなされ、さらには脱産業社会への移行と重ねて論じられた。

考察をさらに広げれば、これらの転機に関する認識の定着は、二重の空洞化を日本社会に生み出したと言える。一つは、その後に実態として生じた産業の空洞化である。サービス産業化が進展した。だが、それは香山が予見した脱工業社会とは似て非なるものだった。経済のグローバル化や雇用制度の規制緩和とともに、企業の海外移転が進み、非正規雇用が拡大し、産業と雇用の空洞化が生じた。

もう一つは、近代の空洞化と呼びうる事態である。時代認識において近代を終わらせることで、近代（性）modernityという、社会やその変動を理解するための座標軸の一つであった世界観を失うこととなったのである。「近代」や「近代化」は、日本語では過去を示す言葉となった。英語では、いまでもmodern、modernise、modernisationという言葉が日常語としても使われる。あえて日本語に訳せば「現代（化）」となるが、そこにはいまだにmodernの意味が残る（例えば「合理化」）。それに対し日本語では、近代という言葉は歴史用語、時代区分以外ではほとんど使われなくなった。それに代わって使われる「現代」には、近代modernの匂いが消されている。

「近代」に終わりを告げ、「近代」を消すことで、近代性として理解可能な社会や社会変動の座標軸を九〇年代以後の日本は失っていく。それが日本で容易に生じたのも、近代とは外来のもの、近代化とは外生的な力によって生じたもの、という理解が浸透していたからだろう。外在する近代である。それを反転させたのが、「モデルなき時代」に内生的な力に恃む、（日本的な）自立自助であった。

ところで、日本の知識人は長年、日本の自己像を描き出すうえで、西洋近代＝普遍、日本＝特殊という二分法（ダイコトミー）がもたらす緊張関係に悩まされてきた。過去の日本を「後進的」と見る見方は、西洋近代＝普遍からの偏差として問題にされた。その普遍を否定する場合には、日本特殊性論となった。日本のキャッチアップ型近代化の終焉と、西洋近代の転機（先進国病とその回避）とを重ねた香山の近代・近代化理解は、その後ポストモダンの思潮と共振しつつ、このダイコトミーがもたらす緊張を解毒する見方を提供した。普遍と特殊を重ね合わせ、両者がともに求める時代の要請が「その後」への移行（文明史的転換）構想を支持する知識の基盤となったのである。

キャッチアップ型近代化の成功経験からの転換が求めた規制国家からの脱却（日本型「小さな政府」）は、日本にとっての「その後」の課題だったが、それが西洋近代の終焉が直面する課題（福祉国家からの脱却＝「小さな政府」「市場化」）と重ねられた。国家（公）に依存しない、自立自助が奨励された。教育言説に引きつければ、自立自助する日本人を育てるための画一性や国家統制を排除した教育の自由化である。

ただし、そこで求められたのは、西洋近代が前提とした個人主義的な意味での自立した個人ではない。個人主義という思想的基盤を欠いた個人の析出と呼んでもよい、日本の伝統（「家族主義的組織原理」）に馴染んだ、自立自助する日本人である。しかも、それは個人主義的個人と同様に「欠如態」であった。香山の理解に従えば、日本病に病んだ戦後の日本には、自立自助する個人は存在しないはずなのである。それゆえ、依存の対象となる画一性や規制を取り払い、自由な競争空間をつくり出すことが、自立自助する日本人の育成（「自制を欠いた甘え、無責任なエゴ、極端な依存心」からの脱却）と重ねられた。

それはグローバルに登場した個人化（自己選択＝自己責任＝個性化）やneo-liberalism（似て非なる「新自由主義」として翻案されたが）を易々と招き入れる知識の地ならしとなった。福祉国家としての成熟を体験することなく、八〇年代以後の日本は、香山らが提唱した活力ある福祉社会（国家の介入を最小限とし、家族や企業のなかでの「自立自助」による福祉を目指す日本型福祉社会）へと向かった。雇用政策での大胆な規制緩和は、セーフティネットを欠いた「自由な市場」の競争空間に放り出される個人を析出した。不安定で低賃金の非正規雇用の拡大は、自由な競争空間が生み出した結果である。自立自助する個人の基盤となるべき家族や家族主義的組織原理を持った企業組織は、とくに雇用面での大きな変化に晒された。それに棹さしたのが、「近代を超える」試みとして自立自助する日本人を生み出そうとした教育や福祉の改革であった。

教育においては、臨教審以後の教育改革は、創造性や主体性や個性を備えた自立した個人という欠如態を前提に、その育成を政策課題としつづけた（「自ら学び自ら考える」・「グローバル人材」・「主体的な学び」を通じた主体性の育成！）。近代（化）の理解が生みだした、自立した個人の欠如（「自制を欠いた甘え、無責任なエゴ、極端な依存心」）という認識が、政策を支える知識の基盤となった。それがますます社会全体の個人化を進め、それがもたらす結果（例えば個性化教育による不平等の拡大）を正当化する知識（例えば自己責任論）を提供した。

追いつき型近代化の成功を強調すればするほど、そこからのラディカルな移行の必要性が強調される。その移行過程で求められる政策課題がうまく解決できないのは、それ以前の成功体験にこだわるからだと言われ、課題設定の当否や、解決するための政策の妥当性の検討にはなかなか及ばない。そのような認識枠組みに導かれた政策自体が、課題解決ではなく、より困難な問題を生み出すことになっても、政策自体の問題点は問われなかった。成功のパラドクスの論理が、それを妨げた。反省や批判の基点となるべき内部の参照点は、消された近代とともに消失した。それを引き戻すためには、もう一度「近代（化）」とは何であったのかを、私たち自身が内部の参照点に依拠しつつ見つけなければならない。

参考文献

市川昭午 1995『臨教審以後の教育政策』教育開発研究所

大蔵省印刷局（編）1988『教育改革に関する答申―臨時教育審議会第一次～第四次（最終）答申』大蔵省印刷局
大嶽秀夫 1994『自由主義的改革の時代』中央公論社
苅谷剛彦 2016「追いつき型近代化の教育とその終焉」佐藤学ほか（編）『岩波講座教育　変革への展望　第六巻』所収、岩波書店
経済企画庁 1980「昭和五五年度年次経済報告―先進国日本の試練と課題」『エコノミスト』58(35): 89-245
経済審議会 2000『経済審議会活動の総括的評価と新しい体制での経済政策運営への期待―経済審議会報告』経済企画庁
香山健一 1978『英国病の教訓』ＰＨＰ研究所
――― 1987『自由のための教育改革』ＰＨＰ研究所
香山健一先生追悼集編集委員会 1998『天籟を聞く』香山健一先生追悼集編集委員会
自由民主党 1979『日本型福祉社会』自由民主党広報委員会出版局
中谷　巌 1994「欧米キャッチアップ終了後日本社会最大の政策課題」『週刊ダイヤモンド』1994-4/23: 43-45
バーガー、ピーター・L&トーマス・ルックマン／山口節郎（訳）1977『日常的世界の構成』新曜社［原著：*The Social Construction of Reality*（The Penguin Press, 1967）］

Bacchi, Carol. 2000. “Policy as Discourse.” in *Discourse: Studies in the Cultural Politics of Education* 21: 1, 45-57.
――― 2012. “Why Study Problematizations? Making Politics Visible.” in *Open Journal of Political Science* 2(1): 1-8.
Beck, Ulrich & Elisabeth Beck-Gernsheim. 2002. *Individualization* [electronic resource]. SAGE.

第3章 つまずきの石としての一九八〇年代
――「縮んだ戦後体制」の人間再生産

落合恵美子

◆◆ I はじめに――一九九〇年代の日本は一九七〇年代の欧米先進諸国

欧米先進諸国と日本の社会状況を比較すると、ひとことで言えば、日本の一九九〇年代は欧米諸国の一九七〇年代にあたる、とわたしは考えている。六五歳以上の高齢者が全人口に占める割合が一四%を超えて「高齢社会（aged society）」と呼ばれる段階に進んだのが、欧米先進諸国では一九七〇年代、日本では一九九〇年代のことだった（図3―1）。経済に目を移すと、「高度大衆消費社会」「ゆたかな社会」と呼ばれた欧米先進諸国の未曾有の繁栄は、一九七〇年代の石油危機といわゆる「ニクソンショック」、すなわちブレトンウッズ体制の崩壊を契機に終わりを告げた。同時期、石油危機の打撃も乗り越えて安定成長を続けた日本は、一九八〇年代には「ジャパン・アズ・ナンバーワン」と言われた繁栄の頂点を極めたが、一九九〇年代初頭のバブル崩壊以降、長期の不況に苦しんだ。欧米先進諸国にとっては日本、日本にとっては中国等、後発国

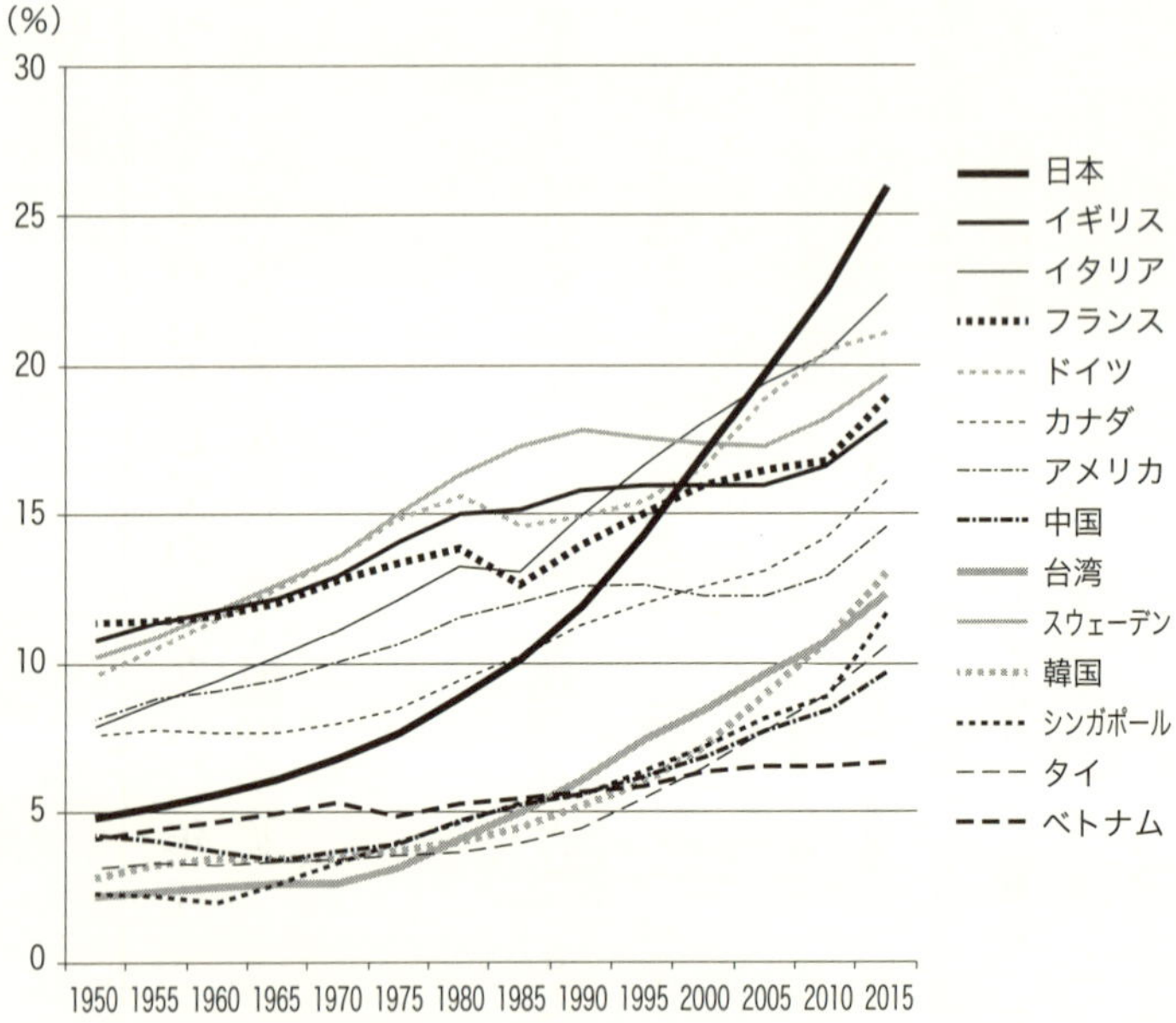

図３－１　高齢人口割合の推移（65 歳以上人口の割合）

出所：World Population Prospect 2017

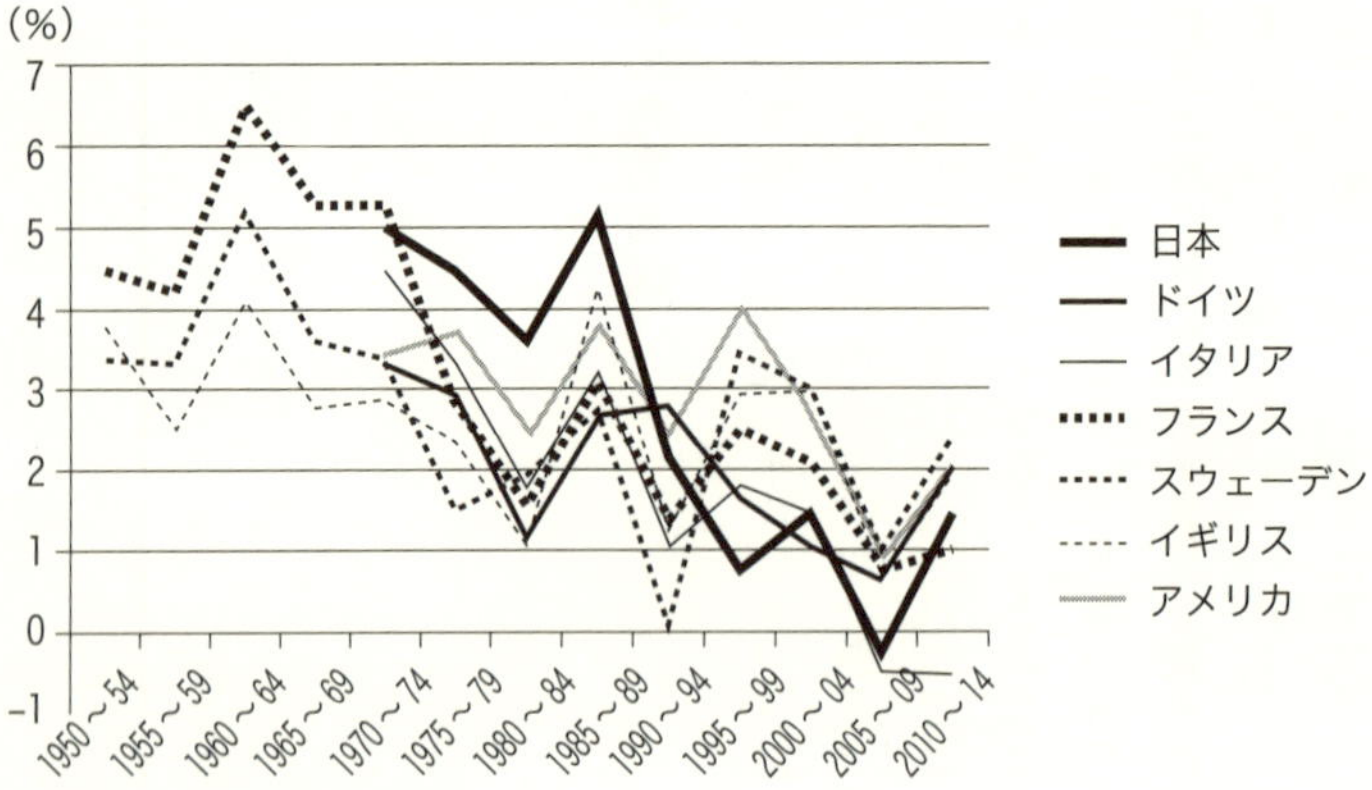

図３－２　GDP 成長率の推移

出所：OECD Stat

の経済的追い上げが背景にある。すなわち一九九〇年代の日本は、一九七〇年代の欧米諸国と共通の外的内的・環境の変化とそれにともなう問題状況に直面していた。しかし、それに対応して欧米先進諸国が制度改革を進め、一九九〇年代後半には経済状況も立ち直りを見せたのに対し、日本では一九九〇年代以降も改革が進まず、経済も最近まで低迷を続けた（図3―2）。この違いはなぜ、いかにして生じたのだろうか。またこの数年、久々の活況を呈している日本経済は危機を脱したと言えるのだろうか。一九七〇年代と一九九〇年代の間に挟まれた一九八〇年代の日本で起きたこととその結果に焦点を当てることで、これらの問いへの答えを探りたい。

◆◆Ⅱ 「二〇世紀システム」とその転換

1 「二〇世紀システム」の国家・経済・家族

日本の一九九〇年代は欧米諸国の一九七〇年代にあたる、と述べた。これらの時期に両地域は同様の環境変化に直面していたと書いたが、それはどのような変化だったのか、理論的にとらえ直してみよう。

一九七〇年代以降の欧米先進諸国では、社会の様々な変化を人々が感じ取っており、その変化をとらえるための概念化がなされた。「脱工業化社会」「脱近代」「サービス経済化」「情報化」「ポスト・フォーディズム」「ニューリスク」「後期近代」「高度近代」「第二の近代」「再帰的近代」などである。では何から
の変化かと言うと、「ゆたかな社会」「大衆消費社会」「フォーディズム」などと呼ばれた欧米先進諸国の未曾有の

繁栄と安定の時代、ということだろう。
政治学者の大嶽秀夫はこれらの議論をまとめて、一九世紀末から二〇世紀前半に生み出され、第二次大戦後に全面開花して、低成長に転換する一九七五年までの約一世紀にわたって当時の先進諸国に共有された政治経済体制を「二〇世紀アメリカン・システム」と名づけた（大嶽［2011］）。大嶽はこのシステムの「三つの柱」として「ケインズ型福祉国家、フォード的生産様式、大量消費社会」を挙げている。政治のレベルでは、参政権を国民全体（労働者、女性を含む）に拡大し、福祉政策の拡充によって社会保障制度を国民に保障する、ケインズ型需要管理政策を通じて恐慌の回避と完全雇用実現のための経済の政治的管理を実現し、さらに成長促進的政策運営を行う。その結果、共産主義運動を未然に防ぎ、大衆国家のナショナルアイデンティティを確立するのである。経済のレベルでは、フォード型労使和解システムを成立させ、大量生産によって大量消費社会を生み出して、経済成長を加速させる（大嶽［2015: 38-39］）。[1]
この体制は、生産の方式に結びつけて論じられがちだが、（人間の）再生産の体制でもあったことをわたしは一貫して強調してきた。旧著からの引用となるが、「一九世紀の後半から次第に輪郭を現わし二〇世紀の初めに確立し一九六〇年代の半ばからまたゆらぎつつあるひとつの時代」（落合［1989: 232］）があり、それは「産業化の影響が全社会領域を支配した時代」（落合［1989: 232］）すなわちフォーディズムの時代であると同時に、「『近代家族』と『近代国家』の全盛期でもあった」（落合［1989: 233］）。一九世紀には中産階級にのみ成立していた近代家族が、二〇世紀には大衆化し、皆が同型的な家族に暮らしているという想定が初めて可能になったのである。これを「二〇世紀近代家族」と呼ぶ（落合［1994: 108］）。

「近代家族」とは、公共圏から分離された親密圏において、「男性稼ぎ主―女性主婦」型の性別分業をした父母が少人数（二、三人）の子どもを育てる情緒的つながりの強い家族である。当たり前の家族のように思われるかもしれないが、社会のすべての人が同型的な近代家族をつくるためには、結婚しない／できない人はほとんどおらず、皆が子どもを持たねばならない。また死別や離別もほとんどなく夫婦は高齢期まで添い遂げることが想定される。二〇世紀の初めに欧米先進諸国において人口転換が終了し、死亡率と出生率が低下したことが「二〇世紀近代家族」成立のための条件であったが、それだけでは十分でない。ケインズ政策とフォード型労使和解システムに支えられた安定した完全雇用と、男性稼ぎ主の退職後の生活を保障する年金制度など、経済と国家の条件整備も必要であった。他方、家族は男性労働者と次代の労働者である子どものケア――マルクス主義の用語では「労働力の再生産」――を行って、彼らを公共圏へと送り出す機能を担った。家族と経済と国家が三位一体となった体制がつくられた。

そこでわたしは前出の大嶽の「三つの柱」に「男性稼ぎ主―女性主婦型近代家族」を加え、

（1）ケインズ型福祉国家
（2）フォード的生産様式と大量消費社会
（3）男性稼ぎ主―女性主婦型の近代家族

（1）大嶽は三番目に社会のレベルに触れ、「近代家族」の成立と専業主婦化についても述べ、参考文献に挙げられた拙著（落合［1989］）に依拠した解説を加えている（大嶽［2015: 39, 27］）。

というかたちで、二〇世紀の先進諸国に成立した国家、経済、家族の三セクターの三位一体構造を表現しておこう。大嶽はこのシステムは米国起源であるとして「アメリカン」をつけているが（大嶽［2011］）、このシステムはヨーロッパにも日本にも成立したので、ここでは「二〇世紀システム」と呼んでおこう。すなわち「二〇世紀システム」とは二〇世紀の――正確には一九二〇年前後から一九七〇年頃までの――先進諸国の社会を特徴づける国家・経済・家族のあり方、すなわち社会システムのことである。

2 「二〇世紀システム」の転換と長寿革命

「二〇世紀システム」の開始と終了の時期には印象的な社会現象が起きている。一つはフェミニズム運動である。フェミニズムには二つの波があったと言われる。一九世紀から二〇世紀初頭まで続いた「第一の波」と一九七〇年代末に起きた「第二の波」である。すなわち「二〇世紀システム」はフェミニズムの二つの波に挟まれている。社会の変動期には互いに矛盾する規範が拮抗しつつ併存する。これが社会運動の根拠となる。一方の規範の優位が定まると、社会運動は力を失い、規範に同調できない者は単に逸脱者と呼ばれるが、再び変動期が訪れた時、新たな運動の波が始まる。「二〇世紀システム」は男性稼ぎ主―女性主婦型の性別分業という特徴的なジェンダー規範を構成要素としていたため、そのシステムの誕生と転換にはジェンダーが争点となったのである。

もう一つは人口転換である。死亡率と出生率の低下、すなわちいわゆる多産多死から少産少死への変化により、合計出生率が二程度に収束するのが第一次人口転換である。欧米先進諸国では一九二〇～三〇年代にはこの転換が終了している。これに対し、一九六〇年代末からさらなる出生率低下、婚姻率低下や離婚率上昇などの新たな人口学的変化が始まった。これを第二次人口転換と呼ぶ（Lesthaeghe［1991］）。人口学的側面に着目すれば、第一次と第二次の人口転換の間に成立したのが「二〇世紀システム」であると言うことができる。前述のように第一次人口転換は近代家族が大衆化して「二〇世紀近代家族」となるための必要条件であったが、第二次人口転換はその条件を掘り崩した。すべての人が結婚するわけではなくなり、子どもを持たない人や婚外で子どもを持つ人が増加した。ほとんど全員が結婚して生涯添い遂げ、二、三人の子どもを持った「二〇世紀近代家族」は「再生産平等主義」（落合［1994］）を実現した。しかし第二次人口転換以後の時代には、人々は再び結婚や出産機会の不平等を経験することになった。一部は個人の選択によるとしても、完全雇用の崩壊や雇用の流動化により経済的格差が拡大したという政治経済的変化と関わっているのは明らかである。

「二〇世紀システム」からの転換の原因について、これまでなされてきた説明は意外と場当たり的なものが多い。例えばエスピン・アンデルセンをはじめとして多くの論者が挙げている「就労女性の増加」は、原因というより結果ではなかろうか。このような大きな社会の変化には、より深く大きな構造的要因があるはずである。二〇世紀に繁栄した先進国の高齢化と世界システム内における相対的地位低下が根本的な要因であろうとわたしは考えている。

人口高齢化は第一次人口転換の結果であり、第二次人口転換により助長される。人口高齢化とは単に高齢者が増加することではなく、人口の年齢構造の全体的変化である。生産年齢人口割合の低下は労働力人口の

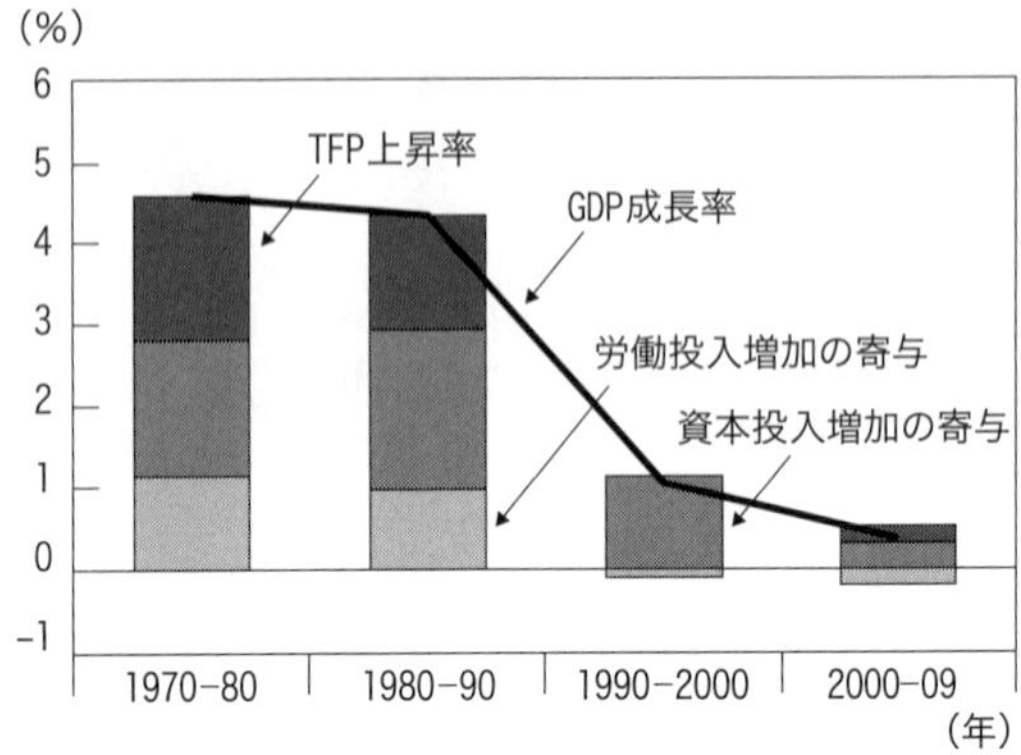

図3－3　実質経済成長率の要因分解（厚生労働省 2013）

出所：（独）産業経済研究所「日本産業生産性（JIP）データベース 2012」をもとに厚生労働省労働政策担当参事官室にて作成

減少につながり、経済に負の影響を与える。高度成長期の日本や一九八〇年代以降のアジア諸国のような経済成長期にある社会では生産年齢人口割合の高さが経済発展を後押ししたが、人口高齢化はそのちょうど裏返しの効果をもたらした。経済成長は労働の増加、資本の増加、それらによって説明できない技術進歩等の全要素生産性の向上の三要因に分解できる。**図3―3**は一九七〇年代以降の日本の実質経済成長への各要因の寄与を分解してみたものである。労働の寄与は一九七〇年代・一九八〇年代には一％程度あったが、日本が急速に高齢社会に突入した一九九〇年代以降、マイナスとなった（**図3―3**）。年齢構造の変化により、人口の効果は「人口ボーナス（配当）」から「人口オーナス（負担）」に変化する。

先進国の発展の成果である人口高齢化は、労働力人口減少を通じて経済成長を鈍化させ、人件費を上昇させ、国際的競争力を弱める。一九七〇年代に石油危機とニクソンショックが世界経済を襲ったとき、人口高齢化にともなう構造変化の時期を迎えていた欧米先進諸国がなかなか回復できなかったのはこのためだろう。他方、当時の日本はまだ若い社会であり、安定成長を続けてひとり天下を謳歌した。日本が同じ問題に直面したのは二〇年後だった。

人口高齢化と言うと、暗い印象を持たれるが、これは「近代化」の不可欠の要素である第一次人口転換の帰結であり、むしろめでたいことと言うべきだろう。乳幼児死亡が減り、生まれた人はほぼ成人し、高齢期を迎えることができる社会が実現したのだから。長寿という夢を人類はついに実現したのである。人口転換が不可逆の変化であるなら、高齢社会や超高齢社会はこれからの人類社会の普通の姿である。思えば「近代」とは経済成長と人口増加の時代を経て成長が鈍化し定常社会にいたるまでの全プロセスからなるのかもしれない。この世界規模の社会変動を生産ではなく再生産、もしくは人間の側からとらえ、「長寿革命」と呼ぶことにしてはどうだろう（Ochiai [2017]）。われわれは長寿革命に適応した社会の仕組みをつくり出すという人類史的課題に挑戦しているのである。

3　人間再生産を含めた「社会システム」

前項では人口構造の変化が経済成長に及ぼす効果について触れた。しかし「二〇世紀システム」は再生産の体制でもあった。「人口ボーナス」や「人口オーナス」は再生産に投入される労働力にも影響を及ぼす。再生産労働は子どもや高齢者、その他の成人に対する日常の世話（ケアと呼ぶこともある）を中心としており、世代間の人口比に影響を受ける。生産年齢の人々がケアの主要な与え手であるとすれば、生産年齢人口割合が大きければケア負担は軽く、その割合が低下すればケア負担は重くなり、再生産力に負の影響を与える。

個々の家族にとっては、成人した兄弟姉妹が多ければ助け合って老親の世話を分担することができ、互いに子育てを手伝うこともできるが、兄弟姉妹がいなければ助け合えないということである（落合［1994: 第4章］）。

「二〇世紀システム」の三位一体構造において、人々の再生産はもっぱら近代家族が担っていた。しかしそれが可能であったのは、生産年齢人口割合が十分に大きい人口構造のため、家族が高い再生産力を持っていたからだということに、もっと注目しなくてはならない。人口高齢化が進み、「二〇世紀システム」が揺らぎだすと、事情は変わってきた。少数の子どもたちが老親を世話し、子育てを助け合う兄弟姉妹もいないという状況になり、家族にとってケアの負担は重くなった。さらに生産年齢人口割合縮小による労働力不足を補うため、家族外での仕事に女性が駆り出され、家族の再生産力低下に拍車をかけた。またこれらの国々の経済力の低下は若年層の失業や不安定雇用の割合を高め、家族形成自体が困難な人々が増加した。家族に所属しない個人が増え、家族のあり方も多様化して、同型的な家族を社会の最小単位とするには無理のある現実が生まれた。晩婚化、生涯未婚率上昇、超低出生率などの再生産の危機が起こり、社会全体は人口減少、人々は生活崩壊に苦しむことになったのはそのためだろう。再生産コストを経済、国家、家族の三セクターで分担し、生産労働と再生産労働の両方を含めた労働の適切な再配置がなされるよう、注意深く社会システムの再構築を行わねば、社会が維持できなくなった。

フェミニスト経済学は「経済」の概念を拡張し、再生産も含めることを提案している。シルヴィア・ウォルビィは「経済とは人間の生を支えるための財とサービスの生産・消費・分配・流通に関わる関係・制度・過程のシステムである」（Walby［2009］）と定義している。初期マルクスに戻ったかのように「人間の創造」

（＝再生産）を経済の究極の目的としている（Marx［1844］；大熊［1974］）。再生産を経済から切り離して家族に丸投げするのではなく、広義の「経済」の全体を一つのシステムとして可視化し運営しなければならなくなった。「二〇世紀システム」の二つのセクター、経済と家族が合体したかたちだが、ここで三つ目のセクターである国家の登場が要請される。保育所建設などにより自ら再生産に関わる社会的サービスを提供するばかりでなく、制度改革を実施して新たな条件に適応した社会システムの再構築に主導的役割を果たせるのが国家である。「経済という概念は市場化された活動のみでなく、家事労働や国家による福祉を含むように拡張されねばならない」とウォルビィは続ける（Walby［2009: 102］）。このように再定義され拡張された「経済」という概念は福祉国家研究から発展した拡張概念である「福祉レジーム（welfare regime）」とほとんど重なる（Ochiai［2017］）。「二〇世紀システム」とは経済・国家・家族を含む全体的な社会システムという意味で使ってきたので、二〇世紀先進諸国における「（広義の）経済」や「福祉レジーム」と言い換えることもできる。

本章の後半では、「二〇世紀システム」の転換後、どのような「社会システム」（もしくは広義の経済、福祉レジーム）がつくられつつあるのかを、制度改革に注目しながら見てゆこう。「狭義の経済」に比べてこれまで看過されがちであった再生産にとくに注目し、長寿革命に適応した社会の構築がいかに進められているか／いないかを検討したい。本章の関心の中心は日本だが、一つの社会を分析するのに他の社会との比較を行わないのは不可能である。欧米諸社会と日本以外のアジア社会と適宜比較しながら、一九八〇年代の日本が何をしたのか、その結果として何が生み出されたのかを考察する。

◆◆ Ⅲ 転換期の選択──制度改革の岐路

1 欧米諸国における再生産の脱家族化

エスピン・アンデルセンは、「初期の段階では、現代福祉国家はいずれも家族主義を前提としていた」と言う（Esping-Andersen［2009: 80＝2011: 82］）。「家族主義」とは「家族がその成員の福祉に対して最大の責任を持つ」ことを前提とした福祉レジームである（Esping-Andersen［1999: 51］）。「戦後の社会政策は、男性稼ぎ主と主婦からなる家族を前提としていた。最近まで、福祉国家があまりにも所得維持（金銭給付）に偏り、子どものためにであれ要介護高齢者のためであれ、社会サービスの供給の面では未発達だったことの理由は、家族主義の前提から説明される」（Esping-Andersen［2009: 80＝2011: 82］）。われわれの言葉では、エスピン・アンデルセンは「二〇世紀システム」において社会政策は男性稼ぎ主が職を失ったときの所得保障に特化し、それ以外の家族成員の福祉（well-being）は家族に任せていたと述べている。

変化がもたらされたのは、一九七〇年以降のことである。北欧諸国において女性の雇用が急増したのにともない、家族向けサービスが重視されるようになった、とエスピン・アンデルセンは言う。また北アメリカとイギリスでは、家族サービスのかわりに部分的税控除により市場を促進する政策が選択された。ベルギー、フランスでも保育サービスが発達した（Esping-Andersen［2009: 80＝2011: 82］）。国家による社会サービスの供給か、市場化の促進か、方向は異なるものの、多くの欧米諸国でケアの「脱家族化」が進行した（Esping-Andersen［2009＝2011］）。「脱家族化」とは、見方を替えれば、経済と国家が構成する政治経済システムに「内部化」することである。

前述のようにわたしは女性の雇用の増加はこの時代の変化の原因ではなく、結果だったと考える。では何の結果だったかというと、離婚の増加についてと同じく、説明は二通りに分かれる。自由な価値観の持ち主が主体的に選択したのか、あるいは経済的な要因などによりやむを得ずそうなったのか、である。第二次人口転換論の主唱者たちはその原因を個人主義という価値要因により説明してきたが（Lesthaeghe［1991］）、おそらくそれは変化の始期だけで、一九七〇年代にこの傾向——離婚や女性の就労のみならず出生率低下、同棲や婚外出生の増加も——が拡大したのは経済的困難によるところが大きいだろう。ヨーロッパのいくつかの研究では、価値要因が想定される高学歴な女性ほど離婚しやすいという傾向が初期には見られたが、この傾向は次第に弱まったことが見いだされている（Hoem［1997］; Härkönen & Dronkers［2006］）。また福祉国家が離婚を容易にしたという俗説と反対に、家族政策のための公的支出が大きければ低学歴層の離婚が抑制されることがわかった。経済的要因による夫婦間のきしみを取り除くことができるからだと説明される（Härkönen & Dronkers［2006］）。一九七〇年以降の欧米諸国において家族に起きた変化は、経済の長期的不調と関わっており、福祉国家の政策的介入により緩和されたという結果である。「二〇世紀システム」の転換期には家族、経済、国家の変化が相互に絡まり合いながら進行したことがうかがえる。

このように述べると、価値要因は重要でないという印象を与えたかもしれないが、制度改革の方向性を定めるとき、価値要因が大きな力を発揮したとわたしは考えている。公民権運動、カウンターカルチャー運動、フェミニズム運動、反差別運動など、一九六〇年代から七〇年代に盛り上がったあらゆる種類の社会運動が生み出した新しい価値観が、従来の価値観からは「負け犬」とか逸脱とかとネガティブに見られていたような生き方——生涯独身、シングルマザー、共働き等々——をポジティブに見ることを可能にし、個人化、多様な家族の承認、ジェンダー平等などの新しい価値を根拠にした新たな制度づくりを後押ししたと考えられないだろうか（Ochiai［2014］）。ウルリッヒ・ベックのいう「制度化された個人主義（institutionalized individualism）」（Beck & Beck-Gernsheim［2001］）やフェミニズムが主張してきたケアの社会化を推進した人々は、青春時代に新しい社会運動と新しい価値観の洗礼を受け、社会の各所に地位を占めるようになった世代であった。変化を先導した層の理念が、多様なライフコースを歩まねばならなくなった人たちが生きやすい社会の仕組みをつくったのではなかろうか。

この時期の欧米諸国で発達した多様な家族政策については多くの研究がある（例えばDaly［2001］）。よく引用されるライトナーは、育児休暇などを含む時間権（time rights）の保障、ケア提供者への現金給付などを「家族化政策」、公的ケアサービスの提供、ケア市場利用への公的補助金などを「脱家族化政策」と呼び、前者が強く後者は弱い「積極的家族主義（explicit familialism）」、前者が弱く後者が強い「脱家族主義（de-familialism）」、両者とも弱い「消極的家族主義（implicit familialism）」、両者とも強い「選択的家族主義（optional familialism）」を区別している（Leitner［2003］）。人々の「家族からの脱出（exit out of family）」（Hobson［1990］）を可能にする脱家族化政策だけでなく、自らケアを行う権利を保障するような家族化政策もまた家族政策だからである。

しかしわたしはライトナーの用語法に不満がある。ライトナーのいう「家族化」政策は、家族によるケア

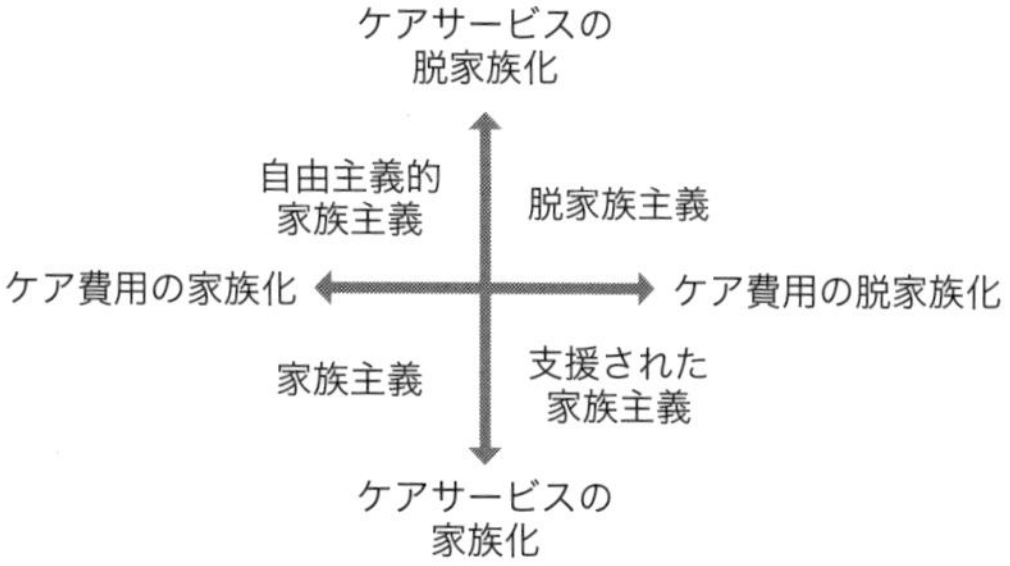

図３－４　ケアの脱家族化と家族化

出所：Ochiai [2017]

サービスの対価を国家が支払ったり、規制によりケア時間を保障したりするという意味では、再生産コストの「脱家族化」政策でもあろう。そこで、わたしは「ケアサービスの脱家族化」と「ケア費用の脱家族化」を二つの軸として、「家族主義」と「脱家族主義」、その混合形態である「自由主義的家族主義」と「支援された家族主義」（ライトナーの積極的家族主義）の四つのタイプを区別することを提案したい（図3—4）。保育所などの公的ケアサービスの提供は国庫からの財政的補助も相当程度投入されるので、ケアサービスもケア費用も脱家族化される「脱家族主義」に位置づけられる。地域的には北欧が典型であろう。「自由主義的家族主義」とは「ケアの市場化」であり、ケアを購入することはできるが、費用負担は家族の肩にかかる。米国が典型である。「支援された家族主義」は家族がケアを提供するが、その労働に対して支払いを受けるという場合をさす。フィンランド、英国、フランス、ドイツなどでは「脱家族主義」と併用して採用している。左下の象限の「家族主義」は、ライトナーの定義とは異なり、家族がケアサービスを提供し、そのサービスに対して対価も支払われない状況を意味する。西欧・北欧および北米では、国家もしくは経済セクターにより、左下以外のいずれかのタイプの再生産の分担が行われたが、南欧・東欧、そして日本を含む東アジア等では左下の「家族主義」状況がいまだに強いと言われる(2)。

2　日本における家族主義の再制度化

では、日本はどのように「二〇世紀システム」の転換を経験したのだろうか。日本と欧米諸国の第二次人口転換を比較すると、出生率低下、離婚率上昇、晩婚化などの変化は日本でもほとんど同じように起こった。北欧や西欧諸国より数年遅れたが、南欧諸国と同じくらいの一九七〇年代初めに、日本でもこれらの変化が始まった。なかでも出生率低下は甚だしく、ヨーロッパでも低水準のドイツ語圏や南欧と同等の「超低出生率」と呼ばれるレベルに低迷している。しかし、欧米諸国の第二次人口転換ではこれらとセットで起きる同棲経験率、婚外出生率の上昇は日本では目立たない。男女が一緒に暮らすなら結婚する、子どもを持つなら結婚してから、という結婚制度の根幹は揺らいでいない（Ochiai [2011]）。また、ジェンダー役割の変化も緩やかであり、一九七〇年代以降、女性の労働力率が急上昇した欧米諸国と対照的に、日本では上昇幅も小さく、年齢別労働力率のM字型も残っている。二〇一七年のジェンダーギャップ（男女格差）の国別順位では、日本は一四四ヶ国中一一四位となり、過去最低を更新した(3)。この半世紀近くの間、日本は何をしていたのだろうか。

欧米諸国が構造転換に直面し制度変革を実施した一九七〇年以降、日本でも「家族」や「女性」が政治課題となった時期が二回あった。一九八〇年代の中曽根政権時代と、戦後の自民党単独政権時代が終焉した一九九〇年代以降である。この二つの時期にとられた政策は対照的だった（落合・城下［2015］）。

中曽根政権は、大平政権の打ち出した「日本型福祉社会」建設の方向を受け継ぎ、欧州型の福祉国家とは異なる方向をとることを明確にした。中曽根政権がこのような選択をした背景には、グローバルな要因とナショナルな要因の両方がある。グローバルな要因は、英国のサッチャー首相、米国のレーガン大統領が主導した新自由主義の高まりである。一九七〇年代以降の経済的不調の原因を福祉国家の肥大に帰そうとしたこの流れに同調して、中曽根政権は日本の福祉国家を育てる前に抑制する方向へ舵を切った。新自由主義を生んだ要因であった経済的不調も福祉国家の肥大も当時の日本には無縁であり、ヨーロッパ並みの福祉国家を整備する経済的余裕があったにもかかわらず。余裕はバブルとなって水泡に帰した。他方、ナショナルな要因は、第一に改革の必要などないような絶好調の経済である。将来予測をすれば人口学的要因等の近々の悪化は予測できたので、次の一手を打つための布石をすべき時期だったのに、改革は不要という判断になったのはなぜか。それが第二の、日本文化の特殊性が日本の経済的成功の理由であるとする文化的な自信である。日本社会は欧米社会とは異なるということをアイデンティティにした「自己オリエンタリズム（self-Orientalism）」（落合［2012: 14］）（酒井直樹（酒井［1996］）の用語では逆オリエンタリズム）がその背景にある。それまで欧米諸国の政策の後追いをしてきたのをやめ、日本独自の政策を打ちたい、打つべきだという欲望に当時

（2）とはいえ、日本、韓国、台湾の介護保険、韓国の乳幼児保育の無償化のような政策が実施され、家族主義からの転換の方向も見られる（Ochiai & Tsuji［2018 forthcoming］）。
（3）朝日新聞デジタル二〇一七年一一月二日。

の政治家は抗せなかった。世界的潮流となった文化主義的な日本研究（Vogel［1979］など）と、それに呼応するかたちで形成された国内の日本社会論（村上ほか［1979］など）が後押しをした。

実際に中曽根政権が実現したのは、夫に経済的に依存する主婦であることを前提とした女性の年金権の確立（第三号被保険者）など、男性稼ぎ主─女性主婦型の近代家族の制度的強化であった。個人単位と共働きの制度化──「制度化された個人主義」（Beck & Beck-Gernsheim［2001］）──に向かっていた欧米諸国と反対に、家族単位と性分業の制度化、言わば「制度化された家族主義（institutionalized familialism）」を実現したこの「改革」は「家族主義的改革」であった（落合・城下［2015: 212］）。

強調しておきたいのは、男性稼ぎ主─女性主婦型の家族は、中曽根が依拠したつもりの日本の伝統ではないということである。東南アジア的な親族構造を持つ日本の伝統は共働き家族であった。日本女性の労働力率は明治初期には現在のスウェーデン並みに高く、その後低下したものの、一九七〇年まではほとんどの欧米諸国よりも高かった（落合［1994: 26］）。欧米諸国の影響を受けて男性稼ぎ主─女性主婦型の家族が日本で多数派になったのは第二次世界大戦後であり、ピークは一九七〇年代以降であった。日本では性別分業型の近代家族が欧米諸国よりも遅れて成立し、欧米諸国で近代家族の揺らぎ出した時代に近代家族の制度化が完成するという皮肉な現象が起きたのである。「二〇世紀システム」は日本では第二次大戦後に成立し一九七〇年代に完成した（落合［1994］）。しかし中曽根ばかりでなく、日本人の多くが男性稼ぎ主─女性主婦型の家族は日本の伝統だと勘違いしているのは、一九七〇年代以降の欧米社会の個人化と対比して、「二〇世紀システム」のグローバルな影響のもとに成立した近代家族を自らのアイデンティティにするという倒錯が起きたからである。ここでも「自己オリエンタリズム」が作用したと考えられる。このような「近代の伝統化」は、アジア社会に広範に見られる知の地政学である（落合・城下［2015］）。

一九八〇年代とは対照的に、一九九〇年代の政策は欧米諸国とほぼ同じ方向を目指したものだった。エンゼルプランや新ゴールドプランを推進し、介護保険制度の筋道をつけるなど、一九九〇年代の改革を中心になって進めた橋本龍太郎首相は、みずから国会で「世帯単位から個人へ」（一九九七年）、「男女がともにバランスのとれた職業生活と家庭生活を送ることができるよう」（一九九七年）という発言をしている。橋本は「日本型福祉社会」の元祖である大平内閣の厚生大臣を務めており、その当時は家族主義的方向を志向していた。しかし、その後の想定しなかったほどの出生率低下や介護問題の深刻化を見て、「家族の機能を社会的にバックアップしていく必要」を痛感したと一九九六年の国会答弁で述べている（落合・城下［2015］）。客観的情勢の変化に加え、フェミニスト研究者、厚生省などのフェミニスト官僚（フェモクラット）、「高齢社会をよくする女性の会」などの女性運動など、いわゆる「ビロードの三角形」の影響力も強かった（レンツ［2015: 140］）。しかし一九九〇年代末の経済危機により橋本内閣は退陣して改革は不完全に終わり、バックラッシュへの流れが変わった。

一九八〇年代、九〇年代の日本の情勢の変化とそれへの政策的対応は対照的で、しかも皮肉に満ちている。一九八〇年の日本にはヨーロッパ並みの福祉国家建設を進め、ポスト「二〇世紀システム」に向けた制度改革を実行するだけの経済的余裕は十分にあった。しかし逆に変革の動機となる危機感がなかった。経済的好調は日本の文化的強さによるものと過信し、同時代の欧米社会で進められていたポスト「二〇世紀システム」に向けた制度改革とは反対に、「二〇世紀システム」を再強化する時代錯誤の改革を行った。一九九〇年代になると日本でも高齢化と不況という欧米諸国と同じ条件が生まれ、真剣に構造改革が試みられ、一定の成果は得たものの、完遂することができなかった。

一九九〇年代の改革を阻んだのは、経済危機に加え、一九八〇年代に再制度化され固定された家族主義的な制度であった。欧米諸国が苦悶しながら改革の道筋をつけようとしていた一九八〇年代、日本が束の間の繁栄に浮かれて「二〇世紀システム」を再強化したことが、その後の改革を阻み「失われた二〇年」を招来した。すなわち日本の「失われた二〇年」の原因は一九八〇年代につくられた。繁栄のなかにつまずきの石が隠されていた。

◆◆Ⅳ 日本社会の現在——家族主義的改革の帰結

1 縮んだ戦後体制

では、欧米諸国と二〇年ほどずれた時間軸を生きてきた日本の独特の改革は、何を生み出したのだろうか。日本の現状にポスト「二〇世紀システム」は見えるのだろうか。

雇用について見ても、日本の独自性が固められた画期は一九八〇年代だった。一九七〇年代の経済危機から日本は雇用を維持したままで回復したと言われるが、維持されたのは男性の雇用であった。当時の日本は、女性差別撤廃条約批准のために労働法制の見直しと女性の年金権の確立を迫られていたが、ジェンダー平等の社会制度づくりを求めるこのグローバルな要請に、日本は巧妙にジェンダー分業を維持する仕組みをつくって応えた。一九八五年には男女雇用機会均等法が制定されたが、その後も総合職と一般職を区別するコース別雇用管理と名を変えて、ジェンダー別雇用管理は実質的に維持された。一九八五年は労働者派遣法が制定された年でもある。通訳・翻訳、秘書、事務用機器操作、添乗など、専門的な技術や知識を必要とする職種等に限定したものであったため、高い能力を持つ女性を惹きつけることとなった。また女性の年金権確立のためという理由で、年収一三〇万円までなら配偶者の被扶養者として基礎年金制度に繰り入れる「第三号被保険者」制度が成立したのも、同じ一九八五年のことであった。日本の税・社会保障制度は原則として個人単位であったが「家族単位」的扱いが強められた。「第三号被保険者」制度は無職か低収入の配偶者を世界でも稀なほどに優遇する制度なので、派遣法や当時増加しつつあったパートタイム雇用と相まって、女性の非正規労働者化を促進する絶大な効果を発揮した。一九八七年には三〇代後半から四〇代の女性の半分は非正規雇用であった（図3―5）。一九八五年の法制定・改正により、日本の女性は「主婦」「キャリアウーマン」「パート・派遣」に三分割されたと言ってよい。これを「ジェンダーの八五年体制」と名づけよう。男性社員の妻となる「主婦」、男性並みに働く「キャリアウーマン」、流動的な周辺労働力である「パート・派遣」に支えられて、日本的経営は生き延びた。「ジェンダーの八五年体制」は日本社会の八五年体制でもあった。

一九九〇年代の改革が中途半端に終わり、二〇〇〇年代に入ると雇用状況も大きく変貌した。図3―5に示したように、一九九七年から二〇〇七年までの一〇年間で男女とも非正規労働の割合が明らかに増加した。

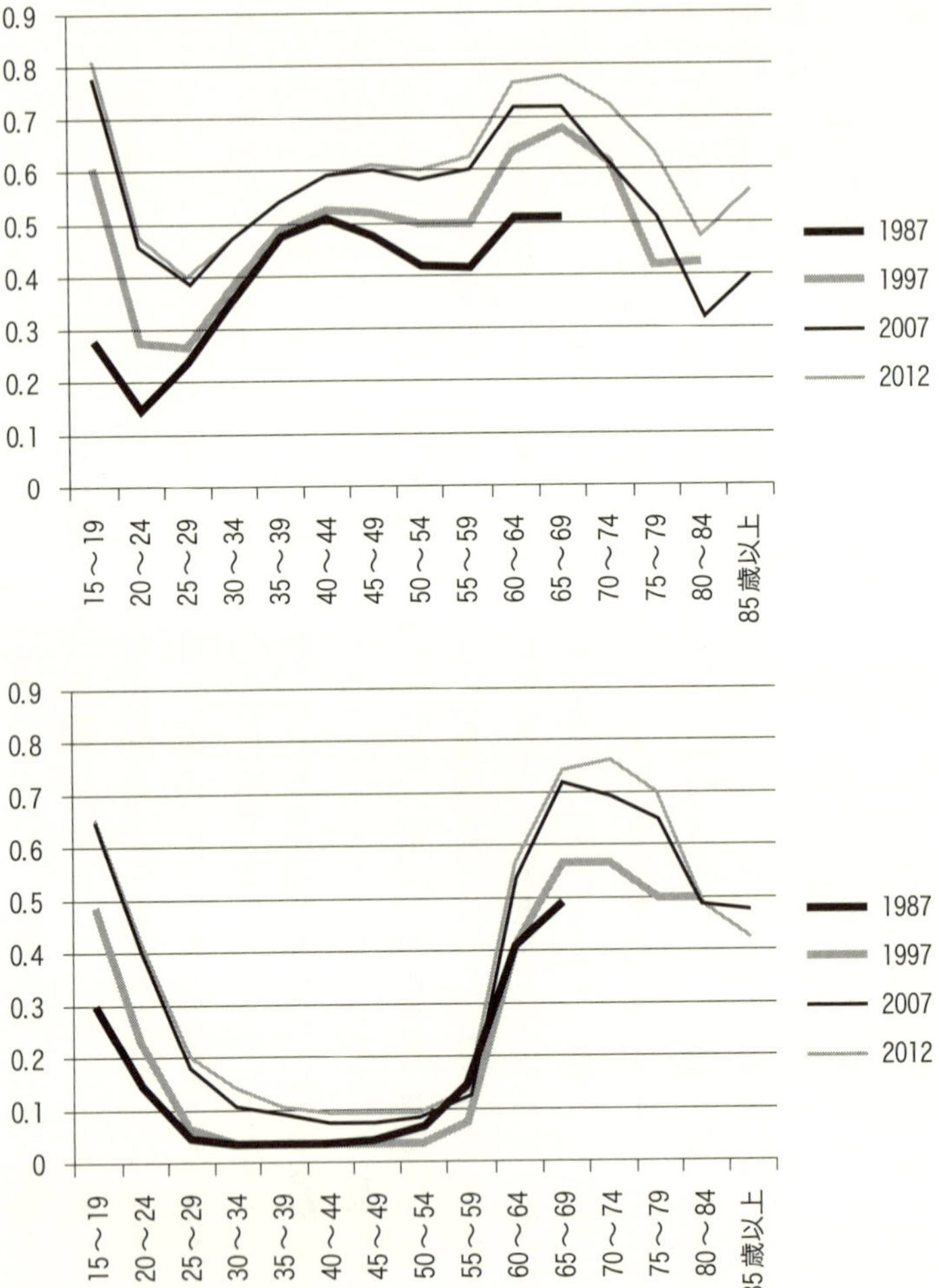

図３－５　年齢別非正規職員・従業員割合（上：女性、下：男性）

出所：総務省統計局「就業構造基本調査」

しかし女性の非正規割合が全年齢層で上昇しているのに対し、男性は三〇代までと六〇代以上での上昇は目立つが、その間の時期には一〇%を下回る。「新時代の日本型経営」（日本経営者団体連盟［1995］）という呼び方に象徴されるように、正規雇用の正社員は削減されたが、相変わらずコアでありつづけており、そのほとんどは男性である。拡大した周辺部分をなす非正規労働者は女性と一部の若年男性・高齢男性である。周辺部分は「パートタイマーの基幹化」と言われるほど必要不可欠な労働者であるが、多くは社会保障から排除されている（服部［2015］）。正規労働者を想定して設計された社会保障制度が、現実の変化に対応していないのである。では正規労働者は安泰かというと、コア部分はいっそうの長時間労働でメンタルヘルス問題が多発している（服部［2015］）。過労死も報道されているのは氷山の一角だろう。

労働の非正規化と流動化はグローバルな趨勢であるが、日本型経営のコアが縮小しても残っているところが日本的特徴である。企業別組合が経営者とともに日本企業を懸命に支えれば支えるほど、「新時代の日本型経営」が固定化されるという皮肉がある。労働が全体的に流動化するなら、「多様な正社員」制度を設ける（久本［2003］）、短時間勤務の普及によるワークシェアリングを図るなどの方向もありえようが、正社員はそれを望まない。いまだ「二〇世紀システム」のなかで生きている正社員とその妻と、そこから排除されて周辺化した人たちとの身分制度のような格差が生まれている。日本社会の「新二重構造」と呼べるだろう（図3―6）[4]。

（4）図3―6は二〇一二年八月に開催されたアメリカ社会学会日本セッションにおける小林盾と佐藤嘉倫の報告にヒントを得たものである。小林らは数量調査の分析から戦後的システムの収縮を指摘した（Sato & Kobayashi［2012］）。

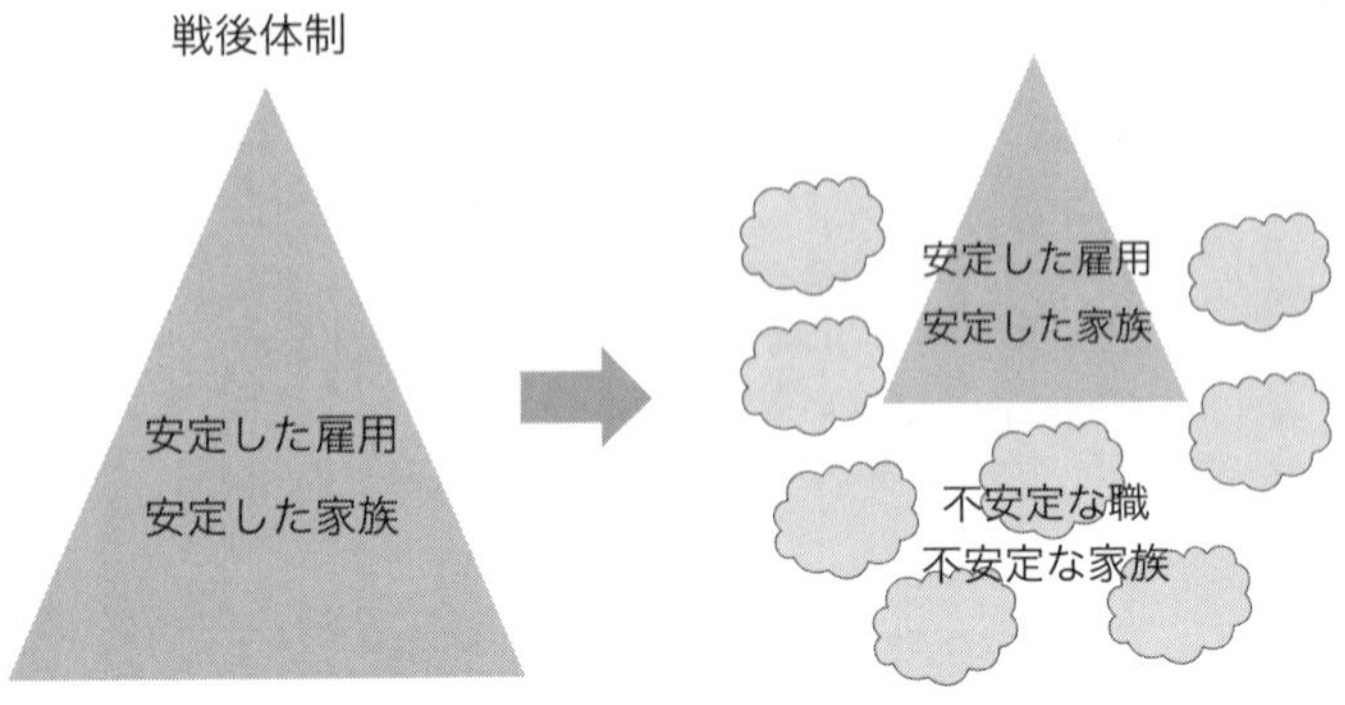

図３－６　縮んだ戦後体制の生む新二重構造

家族にも二重構造が生じていることは調査結果も裏づけている。日本家族社会学会の全国家族調査（一九九八、二〇〇三、二〇〇八年）を用いて日本家族の趨勢的変化を分析した稲葉昭英によれば、夫婦と子どものいる家族では母親の就業状況、夫の家事育児分担状況、結婚満足度に変化はなかった。この層では戦後体制そのままのジェンダー分業家族が維持されているということである。しかしその一方、初婚継続家族という標準型からはずれた「初婚を継続している夫婦関係が世帯に一組も含まれない家族」、例えば母子世帯、無配偶の成人子と老親の同居、離別や再婚のケースなどが増加しており、子どもの教育達成などで不利な状況に置かれている（稲葉［2011］）。こうした現実の格差を反映してのことであろう、一九六〇年代末以来メディアから消えていた「素敵な主婦」像が二〇〇〇年代初めに復活した（落合［2010］）。誰もがなれるわけではないから主婦に憧れるとは、高度成長初期に戻ってしまったようだ。

市場から生じた問題を是正するのが社会政策の機能であるはずだが、日本の社会政策はその機能を十分に果たしていないばかりか、「逆機能」を起こしているという衝撃的な分析結果がある（大沢

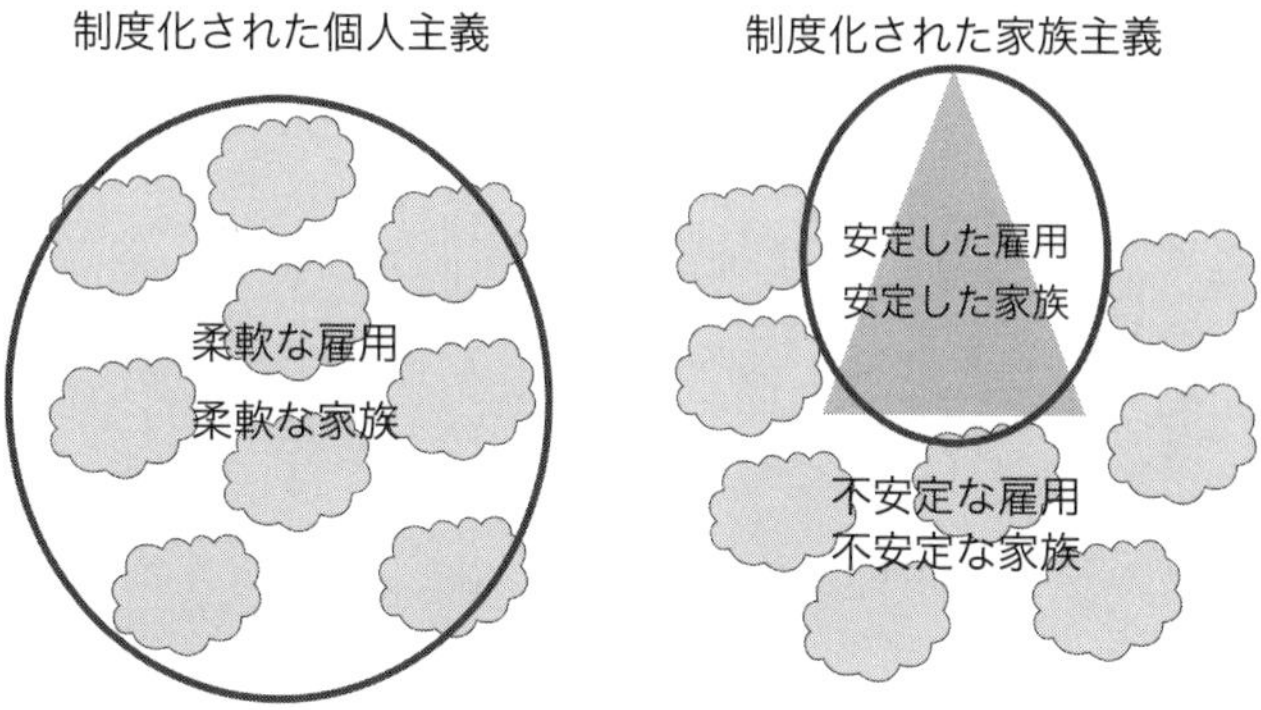

図３－７　制度のタイプと包摂される範囲

〔2015〕）。社会政策の効果を世帯のタイプ別に比較すると、共稼ぎ世帯や働くひとり親世帯の貧困削減率はマイナスだった（大沢〔2015〕）。これに対し「男性稼ぎ主」（カップルの一人が就業）世帯の貧困削減率はプラスである。日本政府による所得再分配では、ひとり親世帯や共働き世帯から徴収した税や社会保障支出を「男性稼ぎ主」世帯に与えているのである。日本の生活保障システムは正社員の「男性稼ぎ主」世帯を標準モデルとし、そうした世帯の生活を保障するものとして設計された「二〇世紀システム」のままだからである。非正規雇用であったり、共働きやひとり親など「標準的」でないライフスタイルを選んだりしたら、現在の税・社会保障制度の恩恵を受けられないか、反対に罰せられてしまう。一九九〇年代に欧米諸国で推奨された個人単位の社会制度――制度化された個人主義――とは、家族が多様化し、個人のライフコースも柔軟になって、標準的な家族を持つ人ばかりではなくなった社会で、制度から取りこぼされる人が出ないようにするくふうであった。家族単位の社会制度との包摂範囲の違いは明らかだろう（図3―7）。

一九八〇年代の日本の家族主義的改革は「二〇世紀システム」を、

日本で言えば「戦後体制」を固定する、後ろ向きの制度改革だった。しかしそれは「二〇世紀システム／戦後体制」が変わらず維持されたということではない。従来型のシステムは構造を変えないまま、縮んで小さくなった。その外には、システムに入れない人々が溢れることとなった。身分制度のような格差を感じながら。経済の領域でも家族の領域でも「戦後体制」は縮んだが終わっていない。国家の制度は縮んだシステムのなかにいる人々だけを対象とする「戦後体制」のままであり、外にいる人を包摂できていない。ポスト「二〇世紀システム」を目指すかわりに「二〇世紀システム」を固定した一九八〇年代の家族主義的改革は、二一世紀の日本をいまも強く呪縛している。

2　人間再生産の持続可能性

「二〇世紀システム」からの転換は「長寿革命」という人口学的変化に対応するために必要な変化だった。しかし日本では「二〇世紀システム」を固定する制度改革を断行し、旧来のシステムが縮んだまま残り、包摂されない人々を置き去りにしている。ではこの社会は自らを再生産して持続することができるのだろうか。日本の人間の再生産はどのような状況にあるのだろう。

前述のように、一九七〇年代以降の福祉国家の特徴は、所得保障のみでなく再生産コストの分担と社会的サービスの供給も重要な機能とするようになった点にある。「二〇世紀システム」では家族に「外注」されていたケアを、国家が分担するようになったのである。

日本ではケアの公的分担が遅れていると言われるが、保育に関するかぎり必ずしもそうは言えない。一九四八年に児童福祉法が施行された当時は一三万五〇〇〇人ほどであった保育所入所児童数は一九六〇年代と一九七〇年代に順調に増加し、一九八〇年頃にはほぼ二〇〇万人に達している（図3―8）。しかしその後、なんと減少に転じる。欧米諸国はケアの脱家族化に転換していた時期であることを思うと奇怪な動きである。二〇年以上も女性の就労の増加と保育所不足について書きつづけてきた厚生白書は一九八五年には「全国的にみれば保育所はほぼ充足しており」と書いている。一九七〇年代から出生率が低下し、該当年齢の子ども数が減少していることを考慮しても、女性の就労は増加傾向にあり、需要の判断が正しかったか疑問を持たざるを得ない。日本の保育所は第一次産業従事者の多い地域から発達し、極端な地域差が生じたことが厚生白書でもたびたび問題視されていた。都市部の保育所不足は一九八〇年代にも深刻であった。一九八〇年代に反動的な動きがありその後に憂いを残すことになったという構図は保育にも当てはまる。その少し前から、保育所増設より育児休業制度により母親自身が世話をできるようにすべきではないかというコメントが厚生白書にも登場している。

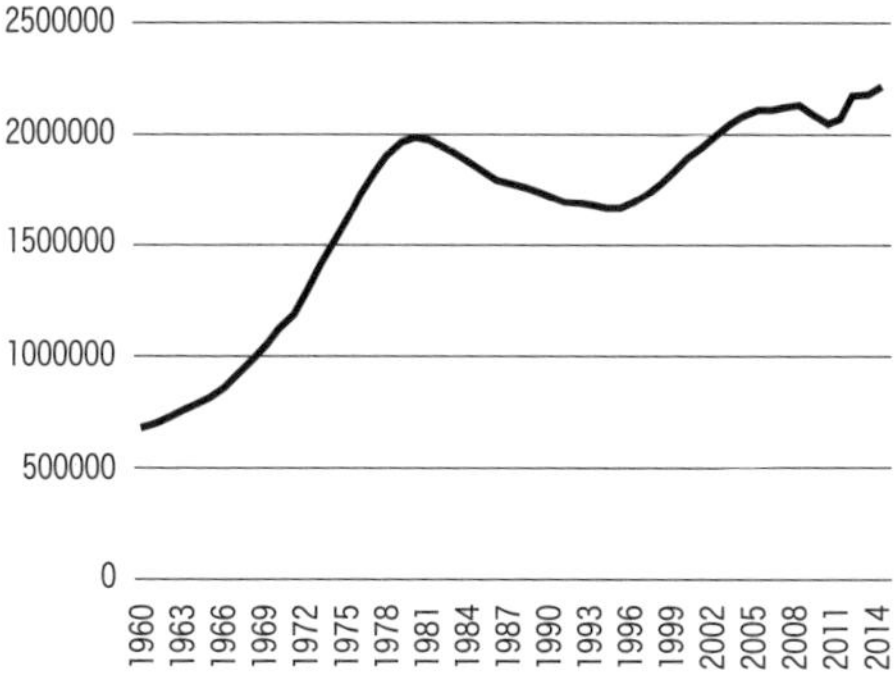

図３－８　保育所入所児童数の推移

出所：厚生白書、厚生労働白書

　一九九〇年代の改革志向を代表する橋本政権時代、および「待機児童ゼロ作戦」を掲げた二〇〇〇年代初頭の小泉政権時代に保育所入所児童数は再び増加傾向に転じた。それでも需要に追いつかないのは周知のとおりである。一九九〇年代以降の日本では一九七〇年代以降の不況期に急速に共働きが広がった欧米諸国と同じ構造変動が起きているのに対策が追いつかないのである。ネックとなっているのは財政負担に加え、家族責任の扱いについての合意の不在だという（下夷［2015］）。保育所は（家庭）「保育に欠ける」子どものための施設でありつづけており、二〇一五年度から開始した「子ども・子育て支援新制度」のために制定された「子ども・子育て支援法」でも、基本理念として「父母その他の保護者が子育てについての第一義的責任を有する」と明記している。「社会の子ども」という発想から出発したはずの制度に、育児の社会化に歯止めをかけるような家族責任の規範の強化が埋め込まれている（下夷［2015］）。

他方、介護の脱家族化は、一九八九年のゴールドプラン、一九九四年の新ゴールドプランを経て、二〇〇〇年に始まった介護保険により急速に進んだ。ただし日本では在宅サービスの利用が中心で、施設サービスの利用は限定されている。介護保険は法律上は家族介護者の有無を問わず、家族は介護責任から解放されることとなっているが、「実際には家族介護にフリーライドした在宅介護の制度設計となっている」（下夷［2015］）。さらに二〇〇五年の介護保険法改正では、拡大する財政支出を抑制するため、要介護度の低い人への生活援助が大幅に削減された。藤崎宏子はこれを「介護の再家族化」と呼んでいる（藤崎［2009］）。

では、ケア政策において家族によるケアはどう位置づけられているのか。介護における家族ケアに現金給付をすべきかどうかは介護保険導入時に大きな議論を呼んだ。わずかな現金給付により性別分業を固定することになるという危惧からの反対論が強かった。結局、家族への現金給付は例外的な場合を除いて見送られたが、諸外国では認めている例もある。親による家庭保育に対しても現金給付を行う国が少なくない。日本では児童手当がこれにあたる。一九七二年の導入以来、金額が低く、二〇〇〇年代初めには廃止論もあったが、その後は少子化対策として増額され、民主党政権の子ども手当を経て、再び児童手当に戻った。**図3―4**の「支援された家族主義」は日本では長らく弱く、保育についてはようやく実質的に始まったところと言うべきだろう。

日本を含めたアジア諸国では家族的責任は義務として強調されるばかりで、支援は薄いかほとんどないのが一般的だった。中国やシンガポールの老親扶養の法的義務化はその例である。こうした「義務的家族主義」とでも言うべきものと、ヨーロッパ諸国で見られる支援付きの「積極的家族主義」すなわち本章でいう「支援された家族主義」とを混同してはいけない。もっとも近年では、日本の子ども手当（二〇一〇年）、児童手当増額（二〇〇七年、二〇一二年等）ばかりでなく、家族介護者に報酬を支払う韓国の介護保険制度（二〇〇八年施行）、韓国の児童養育手当（二〇一三年改正）など、「義務的家族主義」から「支援された家族主義」への転換がアジア諸国でも徐々に広がりつつあるようだ。

さらに近年では、**図3―4**の「脱家族主義」を推し進めるような政策がアジアでも実施ないしは計画されている。韓国の保育費支援制度（二〇一三年）は、〇～五歳の子どもを育てる全世帯が無料で施設保育を利用できるようにしたものである。日本の安倍政権の公約である幼児保育無償化が実現されれば、三～五歳については韓国と同じ状況になる。日本（二〇〇〇年）に続いて韓国（二〇〇八年）も導入した介護保険は、在宅介護のためにケアワーカー（日本ではホームヘルパー）を雇用する費用を公的保険により補助する制度であり、施設ではないものの、**図3―4**の「脱家族主義」にあたると言えよう。在宅介護のためにケアワーカーを雇用

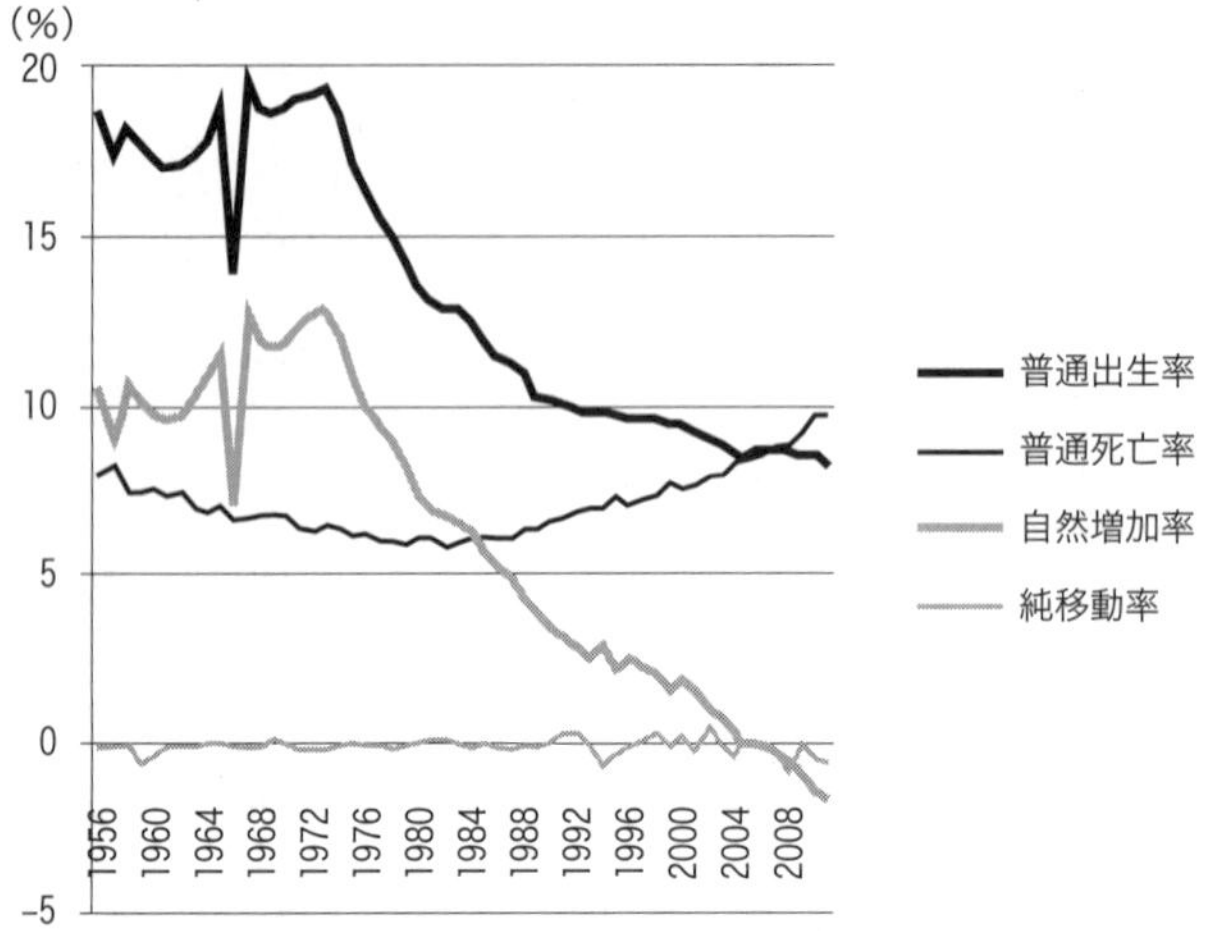

図３－９（1）　日本の人口動態

出所：OECD Stat（以下、図３－11まで同様）

するのは同じでも、公的補助がないシンガポールなどの「自由主義的家族主義」とは異なる、ヨーロッパ型の「準市場」が形成されている。

　では、現在の日本の社会システムにおいて、人間の再生産は持続可能なのだろうか。**図３―９⑴**に日本の普通出生率（crude fertility rate）、普通死亡率（crude mortality rate）、その差である自然増加率（natural increase rate）、および純移動率（net migration rate）を示した。自然増加率は二〇〇六年以降、マイナスになった。「二〇世紀システム」からの転換が進んでいない日本の社会システムは人口を維持できるだけの再生産力を持っていない。比較のために**図３―９⑵**のフランスの例を見ると、出生率が十分に高く、自然増加率もプラスに保たれている。フランスは北欧と並んで子どものケアの脱家族化が進んだ国である。他方、**図３―９⑶**に示したように、一九七〇年代から出生率の低いドイツではその時期から自然増加率がマイナスにな

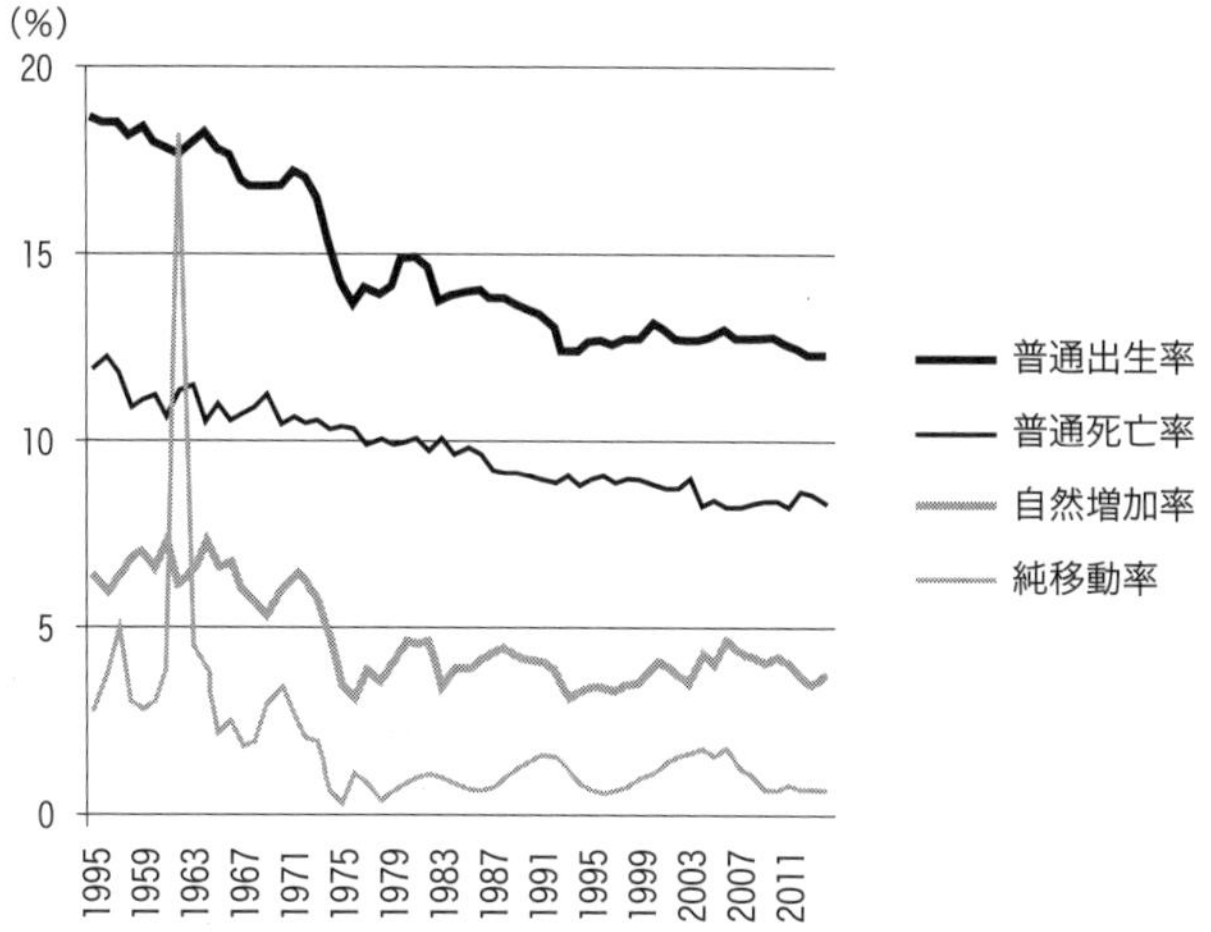

図３－９（2）　フランスの人口動態

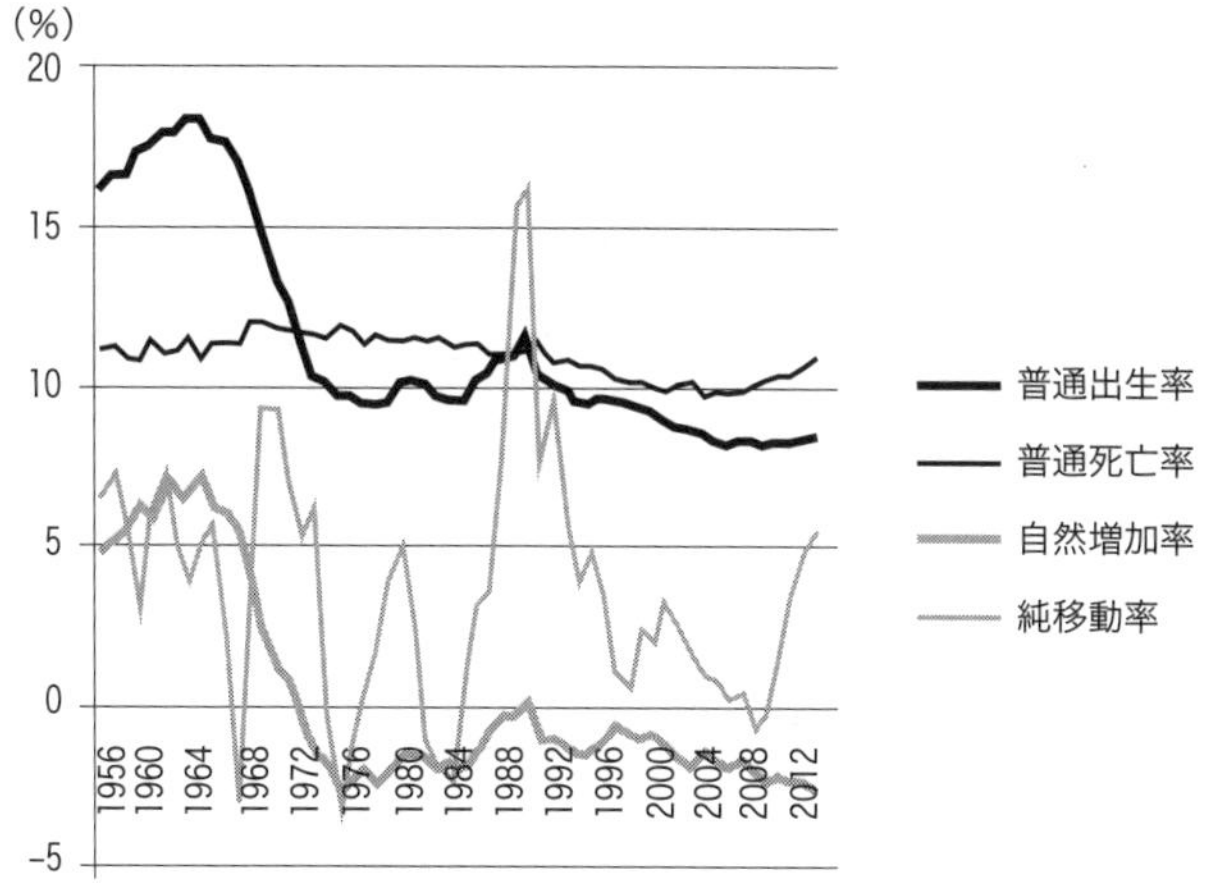

図３－９（3）　ドイツの人口動態

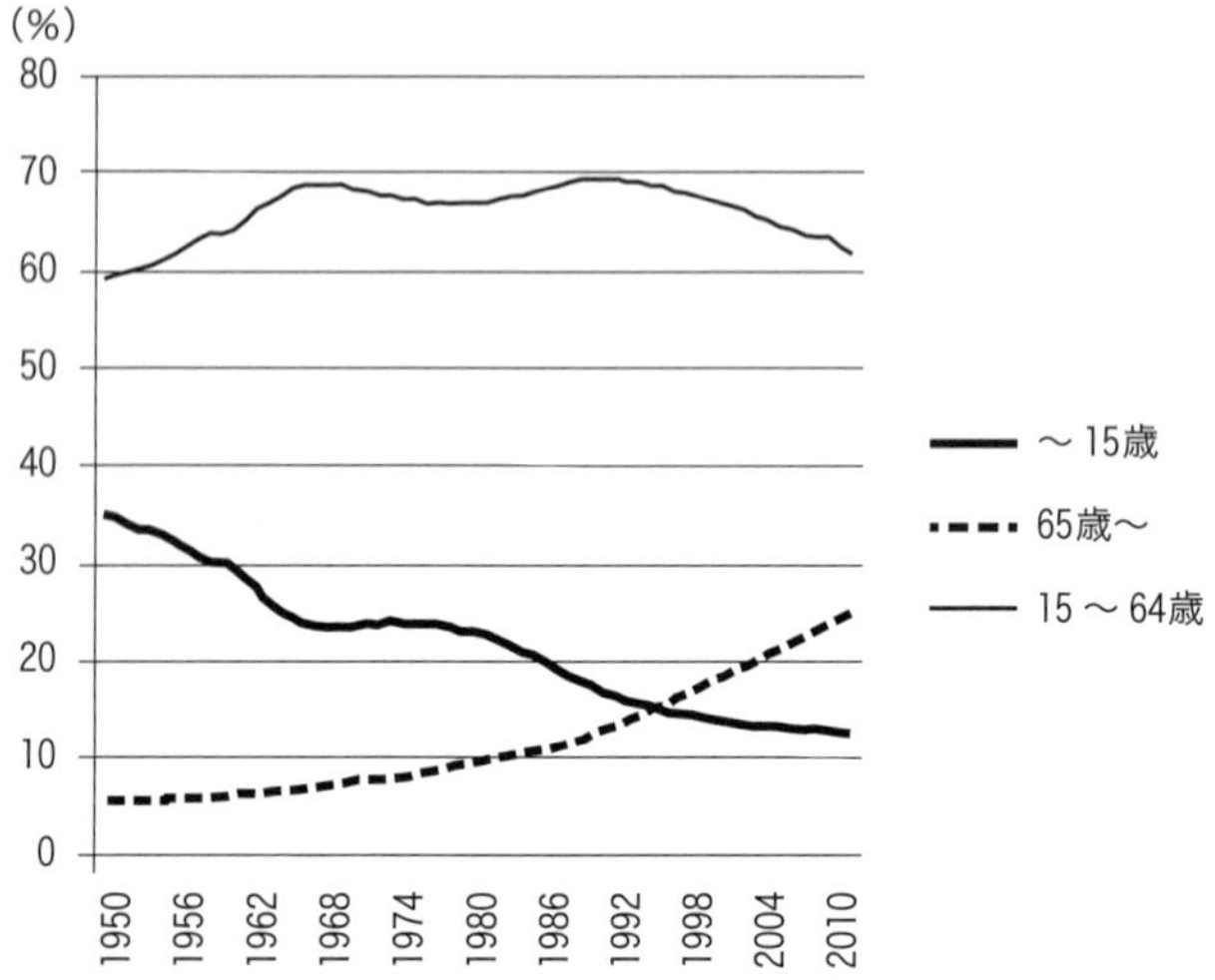

図３－10（1）　日本の年齢別人口割合

っている。しかしドイツでは移民の出入りを示す純移動率が大きくプラスであることに注目してほしい。自国民の出生にだけ頼っていては維持できない人口を維持するため、移民が不可欠となっていることがうかがえる。これに対して日本では、自然増加率がマイナスになって一〇年になろうとしているのに、純移動率はほとんどゼロである。本章ではここまで移民（人の国際移動）に言及してこなかったが、社会の人的側面を考察するには、当然ながら人の移動も視野に入れなければならない。

図３―９で見たような人口動態の結果として、**図３―10**の人口の年齢構造が生み出される。日本では一九九五年から二〇一三年までに生産年齢人口（一五～六四歳）が七・五％も減少したのが目を引く。ドイツは移民の受け入れによって生産年齢人口の激減を防いでいるのに対し、日本はほとんど受け入れていないことの結果がこの違いに表れた。裏返せば、**図３―１**で見たように日本の人口高齢化が例外的なスピードで進行したのは、移民受け入

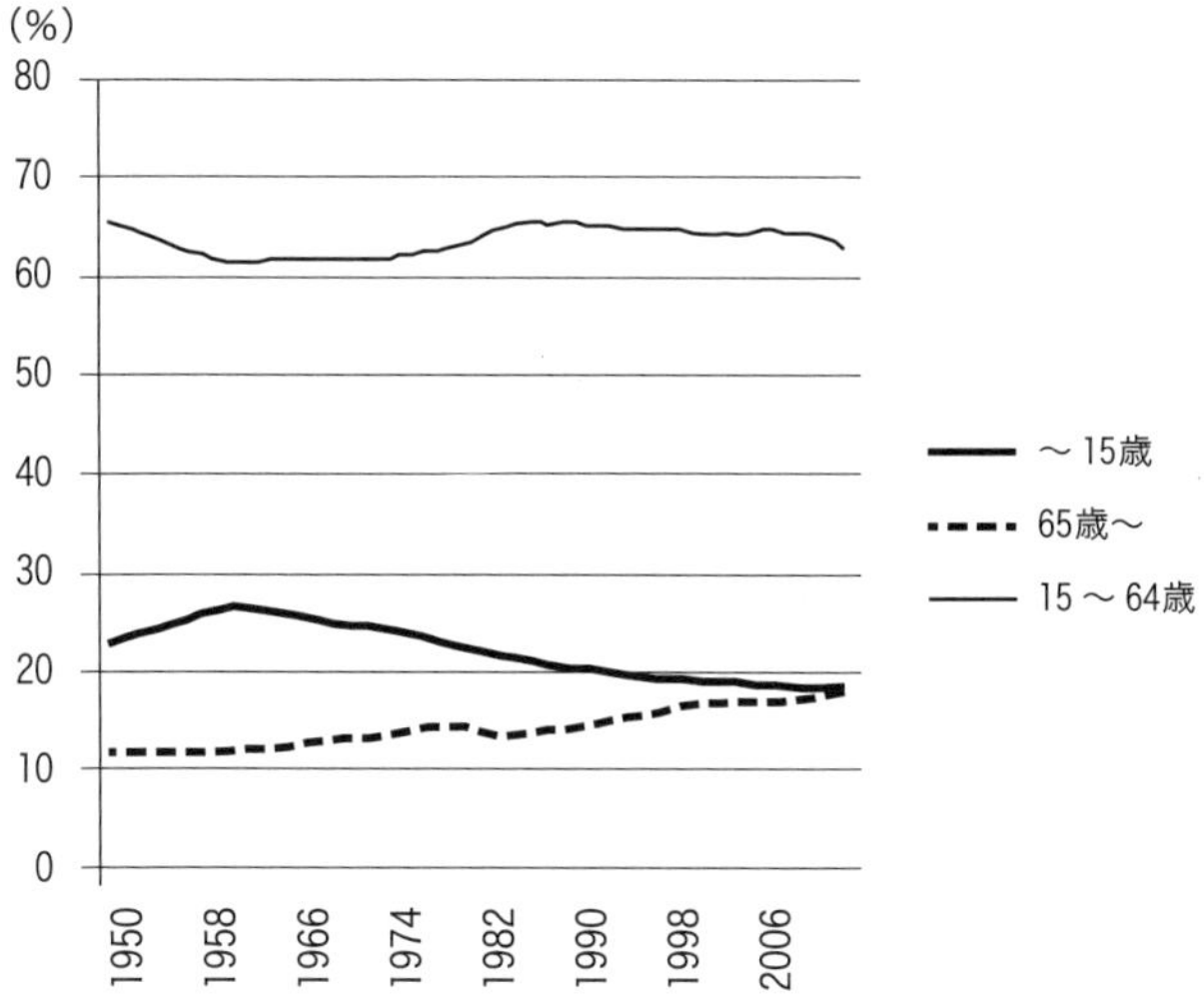

図3－10（2） フランスの年齢別人口割合

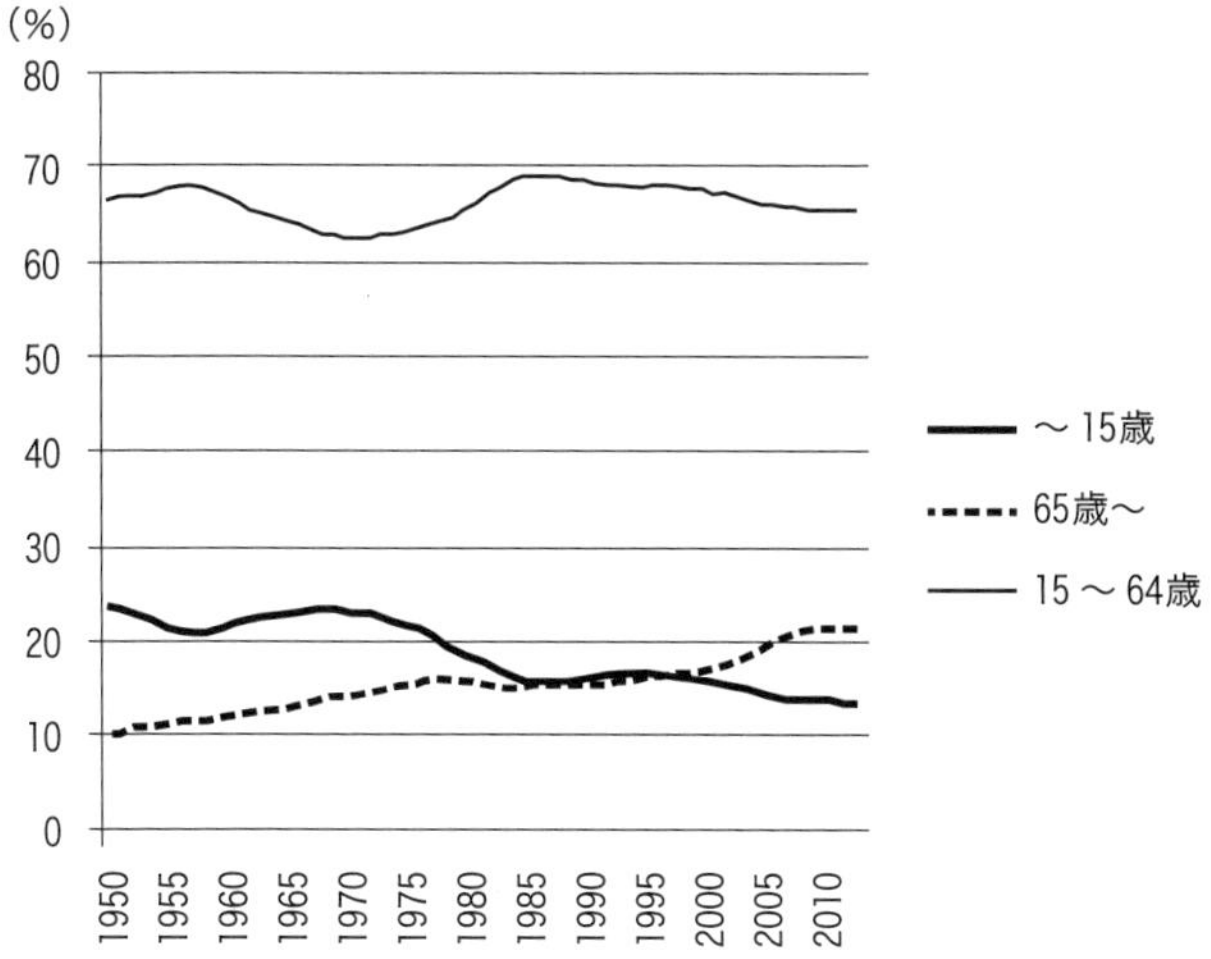

図3－10（3） ドイツの年齢別人口割合

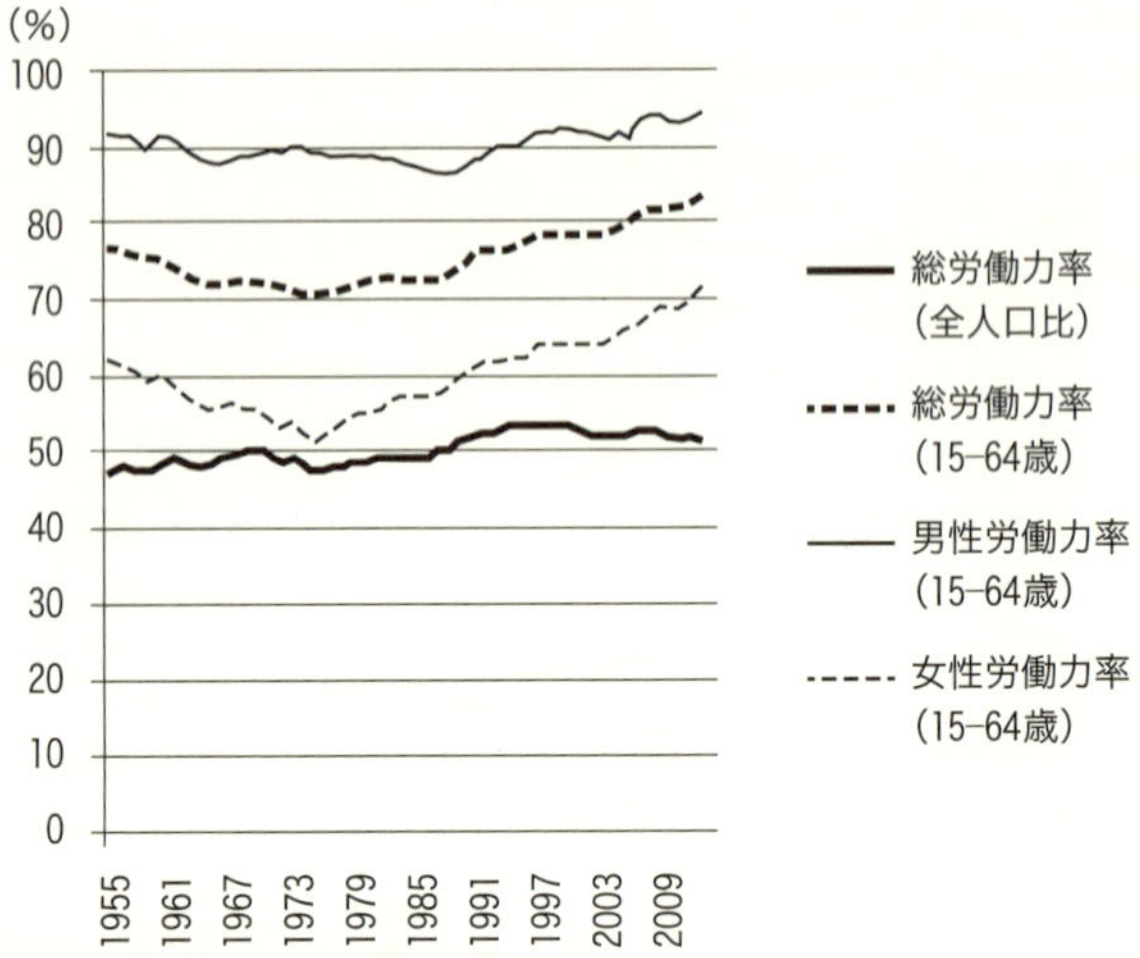

図3－11（1） 日本の労働力率

れ制限の結果である。低出生率はドイツも同じだが、二〇一五年の六五歳以上人口割合は日本二六・六％に対し、ドイツ二一・〇％である（国立社会保障・人口問題研究所［2017］）。

生産年齢人口割合の低下は、労働人口減少につながると懸念される。**図3―3**に示したように、労働力の減少は経済成長率を下げる。二〇年以上にわたる生産年齢人口割合の大幅な低下に日本経済はどのように対処してきたのだろうか。

図3―11の三枚のグラフを見比べると、フランスとドイツでは男女の労働力率の差がほとんどなくなったのに対し、日本では二〇％以上の差がある。しかし三ヶ国の女性労働力率の上昇にはほぼ違いがない。違いがあるのは男性の方なのである。失業者は労働力人口に含まれるので、失業率が違いの直接の原因ではない。しかし、失業の結果としての早期退職や、求職の難しさによる労働市場参入の遅れなどが、一九七〇年代以降のヨーロッパ

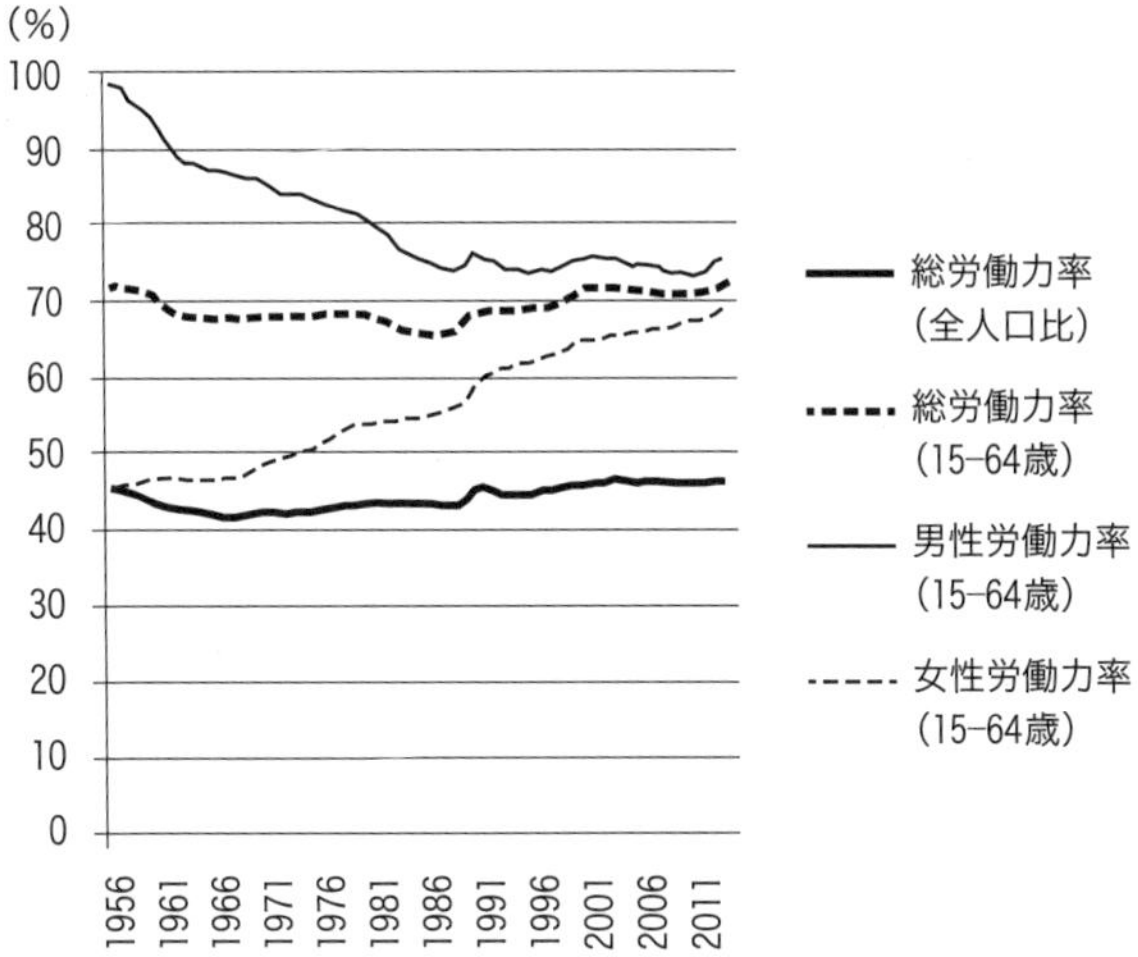

図３－11（2） フランスの労働力率

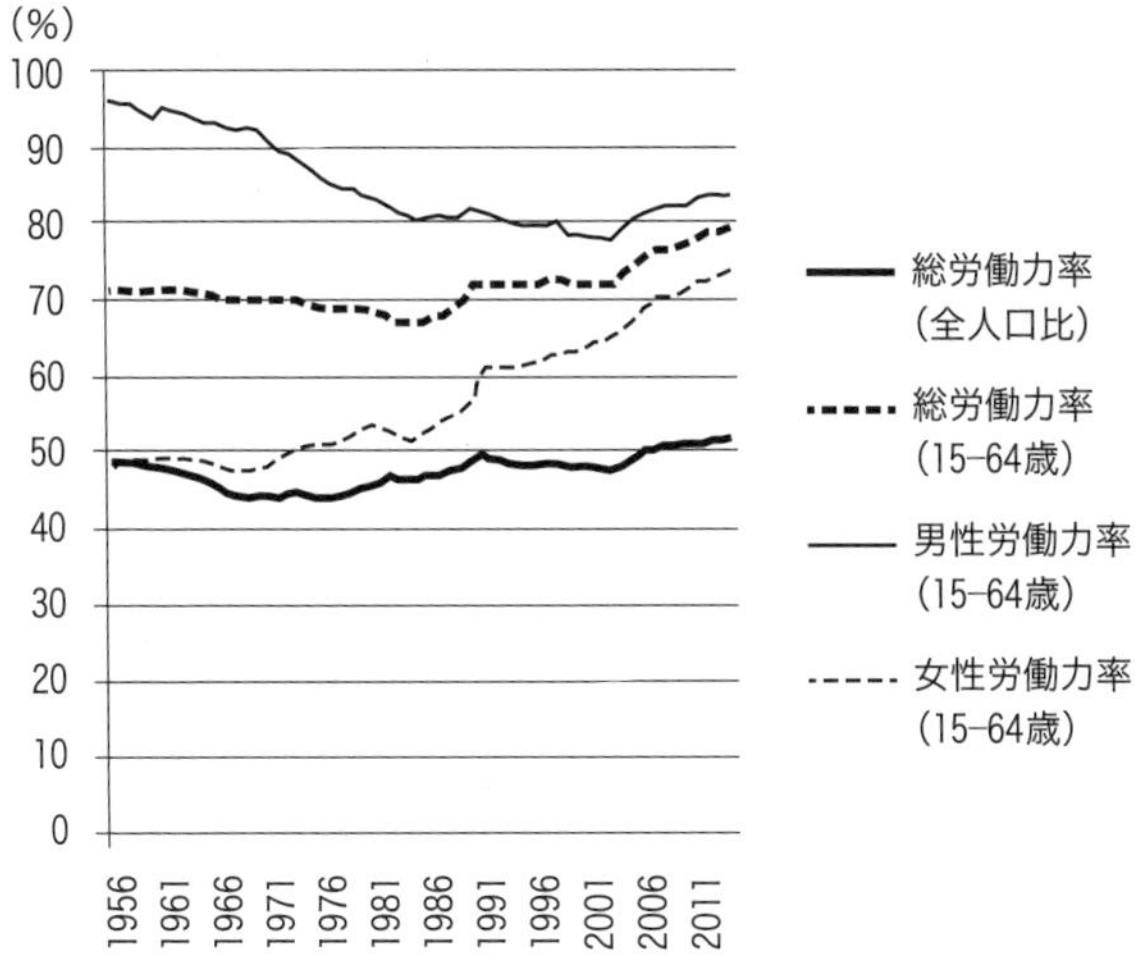

図３－11（3） ドイツの労働力率

の男性の労働力率を低下させた。その家計の穴を埋めるように、ヨーロッパの女性が労働力化した。製造業からサービス業への産業構造の転換が、男性の雇用から女性の雇用への需要の変化をもたらしたとも言われる。それに対して日本では製造業がまだあること、労働市場参入を後らせたり早期退職したりする選択を可能にするような福祉制度が未整備なこと、したがって条件の悪い仕事にでも就かざるを得ないこと、そして生産年齢人口割合の低下が男性労働力率を押し上げていると考えられる。

生産年齢人口割合の低下は、「失われた二〇年」と言われた不況期には失業率を抑える方に働いたろうが、好況になるや深刻な人手不足や過重労働などを招いている。二〇一〇年代の日本の男性の労働力率は戦後すぐのフランスやドイツに近いが、女性の労働力率は現在のフランスやドイツと同等である。現在の日本では男女とも最大限働くことで、総人口の四分の一以上が高齢者であるにもかかわらず、総人口の半分以上が労働力という水準を保っている。当面の経済成長率のためには望ましいかもしれないが、再生産力を犠牲にしているのではなかろうか[5]。その帰結は人口の自然増加率の低下であり、生産年齢人口割合のますますの低下という悪循環を引き起こしてしまう。Ⅱで述べたように、長寿革命に適応した社会づくりのためには「生産労働と再生産労働の両方を含めた労働の適切な再配置」が必要である。そのためには生産年齢人口の規模を保つため、移民の受け入れも視野に入れざるを得ないのではなかろうか。

◆◆ Ⅴ　おわりに

何が日本の「失われた二〇年」をもたらしたのかという問いに対しては、一九八〇年代の経済的好調は日本の文化的強さによるものと過信し、同時代の欧米社会で進められていたポスト「二〇世紀システム」に向けた制度改革とは反対に、「二〇世紀システム」を再強化する家族主義的改革を行ったから、と答えることができよう。客観的条件が変化した一九九〇年代以降も、一九八〇年代に再制度化され固定された家族主義的な制度が呪縛的な効果を発揮して、改革が進まなかった。すなわち一九八〇年代の繁栄のなかにつまずきの石が隠されていた。

家族主義的改革は、日本で言えば「戦後体制」を固定する、後ろ向きの制度改革だった。しかしそれにより「戦後体制」が変わらず維持されたのではない。従来型のシステムは構造を変えないまま、縮んで小さくなり、その外にシステムに入れない人々が取り残された。国家の制度は縮んだシステムのなかにいる人々だけを対象とする「戦後体制」のままであり、外にいる人々を包摂できていない。身分制度のような新二重構造がつくられた。

「二〇世紀システム」からの転換は「長寿革命」という人口学的変化に対応するために必要な変化だった。「二〇世紀システム」において、もっぱら近代家族が担っていた人間の再生産を経済、国家、家族の三セクターで分担し、生産労働と再生産労働の両方を含めた労働の適切な再配置がなされるよう、注意深く社会システムの再構築を行わねば、社会が維持できない。しかしその転換は日本ではうまくいっておらず、人口の自然増加率は二〇〇六年からマイナスになり、生産年齢人口割合は一九九〇年代後半から大幅に低下してい

（5）正確な検討のためには、労働時間、正規と非正規の区別などを考慮した分析が必要である。

る。その対策として男女とも最大限働くことで労働力率を保っている現状は、再生産力を犠牲にして、悪循環を招いているのではなかろうか。

アベノミクスは金融政策により「失われた二〇年」からの脱却を果たしたが、一九八〇年代の家族主義的改革により再制度化された「二〇世紀システム」の構造を変えてはいない。すなわち再生産の危機は改善されていない。生産労働と再生産労働の適切な再配置により、人々が生活できて次代を育めるような社会を実現するためには、二〇世紀的な「男性稼ぎ主―女性主婦型」の性別分業の解消と、移民の受け入れが鍵となろう。

＊本章は、落合恵美子「『日本型福祉レジーム』はなぜ家族主義のままなのか」『家族社会学研究』二七巻一号（二〇一五年）六一―六八頁をもとに、日本学術振興会二国間交流事業「資本主義・福祉レジーム・親密圏」（平成二八―二九年度）の成果を加えて、全面改稿したものである。

参考文献

稲葉昭英 2011「NFRJ98／03／08から見た日本の家族の現状と変化」『家族社会学研究』23(1): 43-52
落合恵美子 1989『近代家族とフェミニズム』勁草書房
――― 1994『21世紀家族へ』有斐閣
―――（編）2010『いま構築されるアジアのジェンダー』国際日本文化研究センター
――― 2012「親密性の労働とアジア女性の構築」落合恵美子・赤枝香奈子（編）『アジア女性と親密性の労働』所

収、京都大学学術出版会
――――2013「アジア近代における親密圏と公共圏の再編成」落合恵美子（編）『親密圏と公共圏の再編成』所収、京都大学学術出版会
――――ほか（編）2007『アジアの家族とジェンダー』勁草書房
――――・城下賢一 2015「歴代首相の国会発言に見る『家族』と『女性』」落合恵美子・橘木俊詔（編）『変革の鍵としてのジェンダー』所収、ミネルヴァ書房
大熊信行 1974『生命再生産の理論』上・下巻、東洋経済新報社
大沢真理 2015「日本の社会政策は就業や育児を罰している」『家族社会学研究』27(1): 24-35
大嶽秀夫 2011『二〇世紀アメリカン・システムとジェンダー秩序』岩波書店
――――2015「政治体制論から見た第一波フェミニズム」落合・橘木（編）[2015] 所収
国立社会保障・人口問題研究所（編）2017『人口統計資料集二〇一七改訂版』
厚生労働省（編）2013『労働経済の分析　平成二五年版』厚生労働省
酒井直樹 1996『死産される日本語・日本人』新潮社
下夷美幸 2015「ケア政策における家族の位置」『家族社会学研究』27(1): 49-60
チャン・キョンスプ 2013「個人主義なき個人化」落合（編）[2013]『親密圏と公共圏の再編成』所収
日本経営者団体連盟 1995『新時代の「日本的経営」』
服部良子 2015「労働レジームと家族的責任」『家族社会学研究』27(1): 36-48
久本憲夫 2003『正社員ルネサンス』中公新書
藤崎宏子 2009「介護保険制度と介護の『社会化』『再家族化』」『福祉社会学研究』6: 41-57
村上泰亮ほか 1979『文明としてのイエ社会』中央公論社

レンツ、イルゼ／山本耕平・左海陽子（訳）2015「フェミニズムとジェンダー政策の日独比較」落合・橘木（編）［2015］所収

Beck, Ulrich & Elisabeth Beck-Gernsheim. 2001. *Individualization*. Sage.

Daly, Mary (ed.). 2001. *Care Work*. International Labour Office.

Esping-Andersen, Gøsta. 1999. *Social Foundations of Postindustrial Economies*. Oxford University Press.

―――― 2009. *The Incomplete Revolution*. Polity Press［大沢真理（監訳）2011『平等と効率の福祉革命』岩波書店］.

Härkönen, J. & Dronkers, J. 2006. "Stability and Change in the Educational Gradient of Divorce." *European Sociological Review* 22(5): 501-517.

Hobson, Barbara. 1990. "No Exit, No Voice. A Comparative Analysis of Women's Economic Dependency and the Welfare State." *Acta Sociologica* 333: 235-250.

Hoem, Jan M. 1997. "Educational Gradients in Divorce Risks in Sweden in Recent Decades." *Population Studies* 51(1): 19-27.

Leitner, Sigrid. 2003. "Varieties of Familialism." *European Societies* 5(4): 353-375.

Lesthaeghe, Ron. 1991. "The Second Demographic Transition in Western Countries." IPD-working paper.

Marx, Karl. 1844. *Oekonomisch-philosophische Manuskripte*［城塚登・田中吉六（訳）1964『経済学・哲学草稿』岩波書店］.

Ochiai, Emiko. 2011. "Unsustainable Societies." *Historical Social Research* 36 (2): 219-245［和訳は落合（編）［2013］『親密圏と公共圏の再編成』所収］.

―――― 2014. "The Meaning of the Second Demographic Transition and an Establishment of a Mature Society." *European Societies* 16(3): 343-346.

——————— 2017. “Human Reproduction in Mature Societies.” presented at the Workshop on “Crisis of Social Reproduction: Struggles over Nature, Community, Democracy and Care” Collège d’Etudes Mondiales/FMSH, March 13th-14th, Paris.

——————— & Yuki Tsuji (eds.). 2018 forthcoming, *Transforming Familialism*. Brill.

Sato,Yoshimichi & Jun Kobayashi. 2012. “Coexistence of Stability and Increasing Stability in Contemporary Japan.” presented at the American Sociological Association Annual Meeting.

Vogel, Ezra. 1979. *Japan as Number One*. Harvard University Press.

Walby, Sylvia. 2009. *Globalization and Inequalities*. Sage.

第4章

失われた撮影所システム——バブル崩壊以前／以後の日本の映画製作

北浦寛之

Ⅰ 製作委員会と異業種企業の参入

現代の日本の商業映画製作は、「製作委員会方式」と呼ばれる共同出資型の製作システムが主流である。東宝・松竹・東映といった従来の映画会社のほか、テレビ局や広告会社、出版社、芸能プロダクション、ソフト関連会社などが委員会に名を連ねる。各社は莫大なコストを要する映画製作に共同出資することでリスクの分散を図り、さらにはテレビ放映やＤＶＤ、書籍の販売、キャラクター版権などの副次的利益を目当てに参加する。

映画会社も委員会メンバーとして製作費を出資するが、映画の配給で貢献することが大いに求められ、自社系列の劇場などに映画を流し、十分な集客を目指すことが重要な業務になっている。それを証明するように、現在配給・興行で力を持っている東宝が、映画会社として圧倒的優位に立っている。二〇一四年のみずほ銀行が実施した調査では、東宝は「全国に六〇〇スクリーン以上を保有」し（みずほ銀行産業調査部［2014］）、東映や松竹の二倍以上の保有数だった。その興行網を背景に、テレビ・ドラマの映画版やジブリのような人気アニメ映画が配給されているのである。実際、二〇一六年度の日本映画の興行収入トップ一〇を確認すると、『君の名は。』（新海誠監督）や『シン・ゴジラ』（庵野秀明総監督）など九位までが東宝配給の作品であったことに驚かされる（日本映画製作者連盟［2017］）。映画作品そのものの力は当然あるにしても、東宝の興行力も大いに関係しており、またそもそも、そうした映画を売る能力に長けた東宝に有力な企画が集中しているという見方もできる。

こうして映画会社は映画の配給・興行で大きく貢献するわけだが、それでも最初に述べたように映画は映画館のなかだけで消費されるものではないという点が、映画会社以外の企業にとってはさらに重要である。つまり、テレビ放映やソフト展開などで劇場を離れた場所でも広く流通する点が映画の価値を高めているのだ。そのことは、いまの製作委員会方式として着地する以前の、バブル期の企業参入の背景を探ってもわかる。

当時、映画事業への参入は、テレビ局や広告会社など、それまでも実績のあったメディア関連企業に収まらない、一般企業からも相次いだ。一九八九年四月一五日の『朝日新聞』（朝刊）には、丸紅、三菱商事、大王製紙、ニチイ、西友など従来映画とは接点のなかった企業が、映画製作に乗り出した（乗り出す）ことが報じられている。「商社もスーパーも不動産も映画製作に投資盛ん」という見出しが上り、その背景としてメディア環境の変化が取り上げられた。すなわち、当時の「ビデオブーム」や「衛星放送やケーブルテレビが普及するこれから」を見据えて、各企業が映画のソフトとしての価値を認識するようになったのである。なかでもビデオ市場への期待が大きかった。

ソニーが一九七五年にベータマックスを発表し、本格的な家庭用ビデオ時代に入り、翌年日本ビクターが別規格のVHSを発売したことで、激しい市場競争が勃発する。その後、VHSが主流となったビデオ市場は急速に成長し、前述のように異業種の企業が映画製作に関わる頃には、映画の興行収入をビデオソフト収入が大きく上回っていた。一九八八年で比べると、興行収入が一六一九億円であるのに対して、ビデオソフトのメーカー売り上げ、ならびにレンタル店を含む小売り店での売り上げが、それぞれ一四五〇億円、三二〇〇億円にも上った(1)。

こうしたビデオ市場の成長を受け、企業の関心は、国内だけでなく、海外にも向けられた。前掲の朝日新聞の記事が出た一九八九年に、ソニーがアメリカのコロンビア映画を、翌年には松下がユニバーサル映画の親会社MCAを、それぞれ破格の金額で買収したことはバブル経済を象徴する出来事として当時大きな話題となった。もはや作品単位での投資ではなく、そうした作品を提供し世界市場を相手にしているアメリカの映画会社に投資対象が向いたのである。アメリカ国内からは猛烈な反発があり、なかでも『ニューズウィーク』が「ソニーはアメリカの魂の一部を買った」と批判したことは有名である。

こうして、メディア市場の成長を背景に、バブル期に各企業は映画への投資を推進し、バブル崩壊後「失われた二〇年」の間には、製作委員会方式での映画製作が勃興して、現在ではそれがすっかり定着している。それでは、こうした共同出資型の商業映画製作が台頭する以前の映画製作はどうだったか。前述の通り、いまでは配給・興行会社としての役割が強い映画会社だが、以前は撮影所をベースに専属のスタッフ、キャストを使って単独で映画を製作する、紛れもない製作会社としても存在感を示していた。その製作システムは、撮影所システムと呼ばれ、大量生産・大量消費を達成しつつ維持されてきた。これは日本以外でも、例えばハリウッドでも以前は支配的だったシステムとして有名である。だが、日米ともに撮影所システムは崩壊してしまい、日本ではその崩壊により現在の製作委員会方式へと収斂する異業種企業の参入を招いたという見方が強い(2)。企業は前述のようなメディア環境の変容などで、映画への投資に価値を見いだしたわけだが、その時には映画産業の支配的な構造が崩れ、外部企業の参入が歓迎される状況になっていたのである。

それでは、撮影所システムがどのような経緯で機能を低下させ、異業種企業が参入を果たすようになったのか。本章では、日本の映画製作の構造を大きく変容させることになる撮影所システムの変遷に注目する。従来の議論では戦後の映画産業の景気動向を参照しながら、撮影所システムの盛衰が大まかに語られてきたにとどまるが、以下ではその内実に迫る意味でも産業の体制を歴史的に振り返りながら、撮影所システムが崩壊に向かう経緯をより詳しく見ていきたい(3)。

◆◆ Ⅱ 映画史初期の撮影所

1 撮影所と映画興行の関係

撮影所システムの崩壊について見ていく前に、撮影所そのものの特徴を歴史的な観点から確認しておこう。

(1)『朝日新聞』一九八九年四月一五日朝刊。
(2)詳しくは、四方田［2014: 210］や、伊藤ほか［2008: 5］などを参照。
(3)撮影所システムの崩壊については、「労働」との関係で論じた、鷲谷［2016］がある。

日本で最初の映画の撮影所ができたのは、一九〇八年のことである。すでに映画の輸入業ならびに配給、興行で大きな成果を上げていた吉沢商店が、ステージ一棟を東京の目黒に建設し、本格的に映画製作を開始する。その二年後、今度は京都に同業の横田商会が撮影所を開設し、ライバルを追随する。ほかにも同時期にエム・パテー商会や福宝堂といった会社が東京で撮影所を持ち、映画製作に従事するのであり、日本の映画産業はこの頃より勃興していく。

こうした相次ぐ撮影所開設の背景には、観客層の拡大とともに出現した映画館の存在があった。最初の常設映画館は一九〇三年に東京・浅草で誕生するが、東京では〇七年より映画館の開館が目立つようになり、一〇年にはその数が四〇館に達していたことが報告されている（上田［2012］）。一方京都でも、一九〇八年に最初の映画館が誕生し、その後も順調な広がりを見せていった。こうして映画館の増加に反映された映画需要の高まりが、相次ぐ撮影所の開設を導いたのである。

一九〇〇年代後半、以上のような映画館の急増を背景に、吉沢商店、横田商会、エム・パテー、福宝堂の四社が相次いで撮影所を開設していったわけだが、その四社が一二年に市場の独占を狙って合併を果たす。日本で最初の大手映画会社、日活の誕生である。撮影所は京都では旧横田商会のものが継続して使用され、東京では一九一三年、向島に新たに竣工された。それにともない、京都ではのちに時代劇と呼ばれる旧劇、東京ではいまの現代劇にあたる新派映画が、それぞれ区別して製作されるようになり、以後、京都と東京での映画製作のジャンル的伝統は、他社の撮影所においても継承されることになる。

日活の製作体制はというと、「一座ベースの企業ビジネス」とみなされるものであった（藤木［2007］）。具体的に京都の撮影所を例にとって見てみると、ここで生み出された作品は、監督が日本映画の父と呼ばれた牧野省三、主演が日本映画初のスターと称された尾上松之助でほぼ統一されていた。もとは芝居小屋の経営者だった牧野は、歌舞伎役者だった松之助を使って、横田商会時代に映画を監督することになったのだが、日活はそのまま、その一座を京都の撮影所に組み入れて映画をつくらせたのである。アメリカの撮影所のように、プロデューサーの指揮のもと、専属の俳優やスタッフが作品ごとに割り振られるのではなく、日活は牧野の集団に映画製作を丸投げしているような状態だった。しかも、その製作環境は彼らに大きな負担を強いるものであり、そのことは興行部門との関わりから理解できる。

すなわち当時、映画のプログラムは週替わりで、短編・長編合わせて五、六本で構成されており、牧野一派は向島新派作品や海外からの輸入作品とともに、その需要を満たさなくてはならず、ピーク時には月に七、八本の映画を製作していた（藤木［2007］）。そのため、歌舞伎や講談といった既存の話が選ばれ、撮影はほとんどリハーサルがされることなく進行していった。この頃は話の筋を説明し、登場人物の台詞を喋る弁士が活躍していたため、物語的に不十分な点は弁士が補ってくれることが期待できたので、こうした荒っぽい作業が可能だったのである。

一九一〇年代、日活に対抗する会社に天活があったが、それでも、一七年には日活は全国で半分の映画館を自社系列の映画館にしていた（Gerow［2010］）。この時点で日活は、映画館（興行者）との間で作品群の一括取引契約を行い自社作品の市場を確保するブロック・ブッキングを確立していた。ただ、アーロン・ジェローが指摘するように、ハリウッドと異なり、産業上の主導権は興行部門が握っていて、日活も安閑とはしていられなかった。劇場はどこか特定の映画会社と配給契約を結んでいたとしても容易に他社に乗り換えることができ、また、館内の設備費用などを製作会社に負担させ、作品の選定もある程度自由にできたからである（Gerow［2010］）。こうした事情もあり、需要がある牧野―松之助映画や、向島の新派映画、なかでも立花貞二郎主演の映画は、量産されていた。

こうして日本映画史最初期の撮影所を取り巻く状況や、製作体制を見てみると、映画館と、そこで展開される興行の影響力を感じさせる。もちろん、興行が成り立たなければ、恒常的に映画をつくりつづけることは困難であるが、それを差し引いても興行に力点を置いた撮影所のアプローチが印象的である。

2　戦前の大手映画会社

一九二〇年には、もとは歌舞伎の興行会社である松竹が映画事業に乗り出してきて、これまで女性役を男性スターが演じていた女形制度を廃止するなど、製作に変革をもたらす。一九二〇年代前半に、松竹、日活とも、外国映画配給のための資金を削減し、代わりに自社作品への投資を拡大する。そして一九二四年までに、日本で公開された国産映画の数が外国映画のそれを上回るようになる（藤木［2007］）。一九二六年・二七年版の『日本映画年鑑』には、二六年は日本映画が全盛と記されていて、それは、二五年度より映画会社は従来の興行師的態度を捨て、優秀な作品をつくろうとした成果だと結論づけられている。従来の映画会社の興行優先型の志向が、製作にもきちんと及ぶようになったことを物語っているわけだ。

ただ、それでも映画館での興行、もしくは、その映画館に作品を供給する配給が映画会社間の競争において、大きな影響力を依然として持っていた。一九三七年に発足した東宝は、日活や松竹と同等以上の資本力を保持して参入したが、なかでも配給・興行面で既存の映画会社の脅威となった。東宝は、前身のP.C.L.時代から、電鉄会社の経営者で劇場経営も行っていた小林一三（のちの東宝社長）のサポートによって、一九三八年の時点で、契約館の総数としては松竹や日活に負けているものの（松竹が一位）、直営館（直接経営をする劇場）の数では業界一位になっていた。直営館の数は、東宝が二二館、松竹一七館であり、日活はたったの二館しかない（吉岡［1938］）。しかも、東宝直営館の多くが大都市にあり、一五〇〇人から二〇〇〇人を超える大劇場であった（東宝五十年史編纂委員会［1982］）。こうした東宝の攻勢を脅威に感じた松竹、日活など既存の有力四社は、東宝の映画を一切上映しないように映画館に圧力をかけ（同前書）、それに東宝も対抗するかたちで、映画館の争奪戦が展開される。この頃には、映画界の力関係は興行力で決まるという見方が定まっていて、[4]それを象徴するような対立が、第二次世界大戦で産業自体の混乱によって解消されるまで続いた。歴史的に見て、映画会社が「大手」とみなされるか否かは、このような配給・興行力によるものだと言える。

（4）「凱歌は遂に東宝映画へ！　全映画界制覇成る！」『東宝映画』一九三八年一〇月上旬号、五頁。

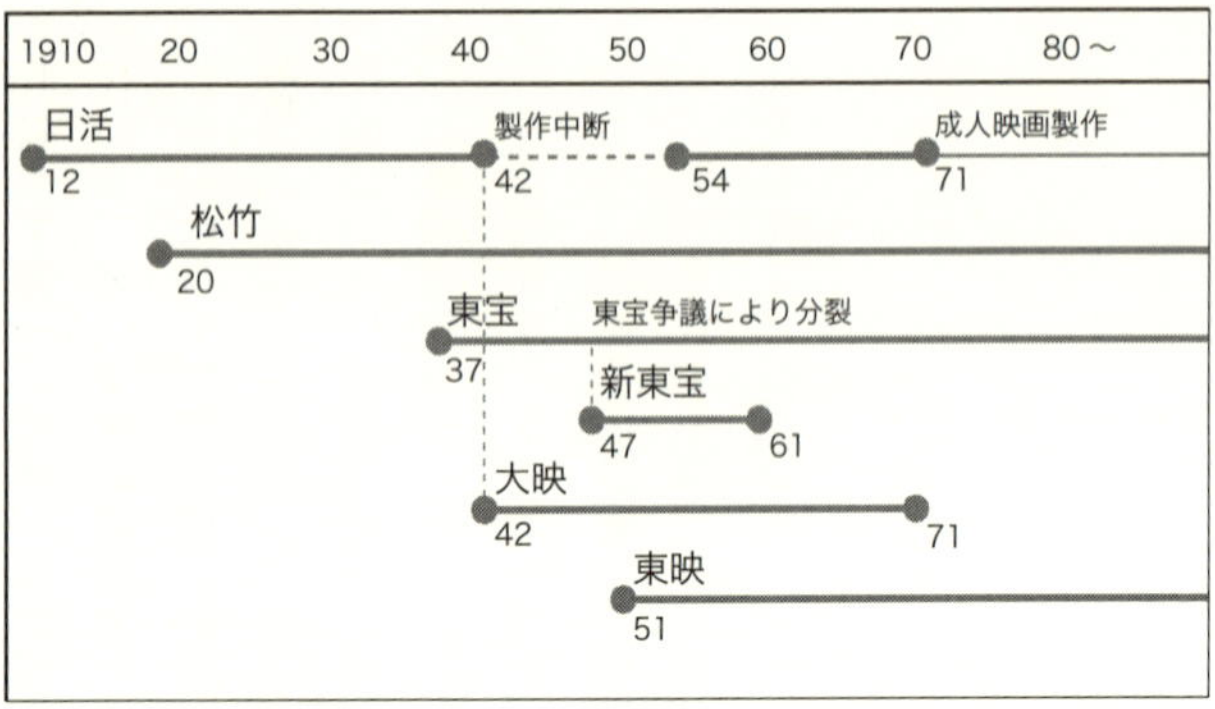

図４－１　大手映画６社の変遷

◆◆Ⅲ 撮影所システムの全盛期

1　日本映画の好調

日本の映画産業が隆盛し、撮影所が最も繁栄していたのが一九五〇年代である。配給・興行網を全国に張り巡らせた「大手」映画会社が、Ⅱで言及した日活（戦時中に製作を中断していたが五四年から再開した）、松竹、東宝に、戦時中に誕生した大映（日活の製作部などを吸収）、戦後に発足した新東宝、東映を加えて、全部で六社存在し、映画産業は活況を呈していった。参考までに、大手六社の変遷を**図４―１**にまとめた。

この時代の日本映画の輝かしい舞台は、まずは海外に用意されていた。一九五一年に黒澤明監督が『羅生門』でヴェネチア映画祭グランプリにあたる金獅子賞を受賞すると、五四年にも『七人の侍』で銀獅子賞を受賞する。溝口健二監督は一九五二年から五四年にかけて、『西鶴一代女』『雨月物語』『山椒大夫』によって同映画祭で連続受賞を果たす。一九五四年にはカンヌ映画祭でも、衣笠貞之助監督の『地獄門』が最高栄誉のパルム・ドールを受賞するなど、五〇年代に入って立て続けに日本映画が海外の映画祭で評価されたのである。一方、国内では映画人気はどのようなものだったか。

一九五〇年、映画の観客数は七億一八〇〇万人だった。以後観客数は急増し、最盛期の五八年には一一億二七〇〇万人にまで膨れ上がった。その数を、国民一人当たりの年間平均入場回数に置き換えると一二・三回にのぼると報告されており（通商産業省企業局商務課［1963］）、国民各自が月に一回は映画館を訪れていた計算になるほど、映画は紛れもない大衆娯楽の中心となった。この観客数の増加に後押しされて、映画館数も急激に増加する。一九五〇年に二四一〇館であったその数は、六〇年には最高の七四五七館となり一〇年で三倍以上増加した。

この映画人気を牽引したのが、前掲の大手六社である。映画会社は監督、スタッフ、俳優と専属契約を結び、彼らが自由に会社を移籍できないような協定を設ける。それゆえ各社ともに製作メンバーが固定化され、それぞれで似たような作品が市場に提供されていく。東宝は『ゴジラ』など怪獣映画に代表される特撮映画や喜劇映画に傾斜し、松竹は伝統的にメロドラマやホームドラマをつくり、日活は石原裕次郎などのアクション映画で人気を得た。東映は明朗時代劇からやくざ映画へとシフトし、大映は戦後すぐの母ものから、一九六〇年代には『座頭市』や『眠狂四郎』といった時代劇で評判を呼んだ。一九六一年に倒産してしまう新東宝にしてもエロ・グロ映画を思い浮かべることができ、各社の代表作品をジャンルで想起することは比較的たやすい。会社間の取り決めによるスタッフ、キャストの固定化は彼らの自由を阻害するとして批判が多かったが、一方で映画を量産するうえで効率的に機能し、各社の作品の特色を生み出す一因になったと考えられる。

2　ブロック・ブッキングと映画の量産競争

こうした同時代の状況のなかで、映画製作は質より量を求める方向に傾斜していく。そこには、一九五一年に創設された東映の活動が大いに関係していた。

東映は業績向上のため、自らのような新規参入者に不利な既存の配給形態の変革を目指した。当時、一般の映画館は複数の映画会社と契約し、それらの会社の映画を合わせて二本立てとして封切ることが慣例となっていた。しかし、新規参入の東映の作品が松竹や東宝など老舗映画会社の作品と併映になった場合、いくら自社作品に人気があっても、業界の力関係によって配給の取り分が少なかった。そこで東映は、他社との併映を回避すべく、二本立てプログラムをすべて自社作品で埋めようと映画の量産に向かう。そうして一九五四年一月から通常の長編劇映画にくわえ、「東映娯楽版」と呼ばれた中編時代劇を製作・配給した。劇場側としても、映画会社二社と契約するよりも、東映一社と契約した方が廉価で都合がよかった。しかも、「娯楽版」として公開された作品には、『里見八犬伝』五部作（一九五四年）や『新諸国物語』シリーズ全一一作（一九五四〜五七年）のようなヒット作が含まれていた。市川右太衛門や片岡千恵蔵といった御大と呼ばれるような戦前からの大スターに、「娯楽版」で人気を集めた中村錦之助や東千代之介などが、東映時代劇を支えた。

こうして、二本立て番組の好評に、東映時代劇の人気もあり、結果、東映とだけ契約を結ぶ劇場、いわゆる東映の専門館が急増するのである。一九五三年一二月末に四二館だった東映専門館が、翌年一月の二本立て開始から八ヶ月ほど経過した五四年八月末には一五五館となり、じつに四倍近く拡張を見せた。[5] さらに東映は、直営の映画館の建設も推進して販路の拡大を図り、大量生産した映画を余すことなく販売するための売り場＝映画館の増強を他社よりも率先して行っていった。

IIで見たように、古くから映画産業は、映画会社と興行者の間で作品群の一括取引契約を成立させるブロック・ブッキングと呼ばれる制度を採用していた。どの会社も、自社の配給作品の流通を拡大するため、契約を結ぶ映画館数を増加させるか、自社で直接映画館経営を行うかして対応してきたわけだ。この一九五〇年代に、東映が開始した二本立て配給も、背景には映画館に東映作品を売り込もうとする狙いがあり、いかに配給・興行力を高めるかという思惑がそこには働いていた。実際、二本立て配給によって、東映とだけ契約を結ぶ専門館が急増したことで、この会社は創設からわずか五年後の一九五六年に、年間の配給収入において一位になるのである（東映十年史編纂委員会［1962］）。

もちろん、こうした東映の攻勢に対して、他の大手映画会社も黙って見ているわけにはいかなかった。一九五六年一月から製作能力がともなわない新東宝を除く、松竹・大映・東宝・日活の四社も増産を開始する。[6] 週によっては、新作が一本になったり、二週続映になったりする場合はあるが、それでも各社は基本的に毎週二本ずつ封切ることで専門館を獲得することを狙った。しかし、映画界がいくら好況であっても、専門館

（5）「二本立て競争と日本映画の信用」『キネマ旬報』一九五八年一一月上旬号、六五頁。
（6）二本立てを維持することは難しく、途中、各社とも減産するが、再び一九五八年には新作二本立てを行うようになる。

獲得のための量産は、製作費を膨張させるばかりで、採算が取れないという問題があった。松竹の城戸社長は「二本立の強行は自殺行為に等しい」と言い、「量より質」を合言葉に一本立てに回帰し[7]、東映を除いて他社もそれに同調する。とはいえ、一九五七年には東映が専門館を他社の総計よりも上回る八三七館にまで伸ばしたため（大川［1957: 61］）、結局、他社が東映の独走を止めるためには、「質より量」の競争に加わるよりほかなかった。そして、一九五八年九月から今度は新東宝も含めた大手六社の間で、再び新作二本立ての競争が展開されていくのである。

他社を量的競争に引きずり込んだ東映の京都撮影所は、当時の先端を行く充実した環境と設備を備えていた。当初は四つの木造ステージしかなかったが、やがて冷暖房つきの鉄筋構造のステージが一二に増やされ、それらの中央には倉庫が配置され作業の効率化が図られた。重労働をともなう大道具関係のスタッフが三〇〇人いて、セットの設営も迅速かつ適切に行われた。しかも「一本の映画のライトマンは、その三分の二を終わるころには次の映画のライトにかじりつく」と言われ、複数の製作現場に出入りするスタッフも数多くいたのであり、スタッフは通常の人数分以上の仕事量をこなしていた（岡本［1958］）。また、時代劇を得意とするこの会社はなるべく撮影をスタジオ内で済ませようと、東映城と呼ばれた半永久的な城を建て、作品ごとに多少変形させながらそれを何度も利用した。城下の町並みも同様の構造で建てられており、わざわざ遠方までロケをしにいく必要はなく、オープンセットを使いまわして、映画はつくられていた（大川［1957: 61-62］）。こうした充実した撮影所の環境もあって、唯一東映だけが毎年のように中長編併せて、じつに一〇〇本を超える作品を生み出していった。こうした東映の生産能力が、他社との専門館獲得競争を優位に進めたのである。

いずれにしても、以上のような映画会社間の量産競争は、配給・興行網の拡大という狙いが根底にあったわけだ。アメリカでは、パラマウント、ワーナー・ブラザーズ、Loew's（MGM）、RKO、二〇世紀フォックスのビッグ・ファイブと呼ばれるメジャー五社が、一九三〇年代から四〇年代に寡占状態を謳歌したが、大都市を中心に強力な配給・興行網を築けたことが繁栄へとつながった（四五年には全体で封切館の七割以上をメジャー会社が支配していた。Gomery［1986］）。そしてここでも、作品群の一括取引契約によって映画会社と劇場との関係を強固にする前述のブロック・ブッキングの影響があった。その制度が機能することで、各社は市場に安定的に作品を流通させることができたのである。だが一九四八年に、ブロック・ブッキングによる市場の独占を禁止した通称パラマウント判決が最高裁で下ったことで状況が一変する。それにより、メジャー各社は大きな打撃を被り、配給・興行の安定を前提として、大量生産・大量消費を目指す撮影所システムが崩壊へと向かうのである。

日本でも戦後、大手映画会社による興行の支配を禁止する動きがあった。前節で見たように、すでに戦前から敷かれていたブロック・ブッキングは、独占禁止法や集排法（過度経済力集中排除法）といった法律のもと問題視され、公正取引委員会が一九五五年までに再審を含め四回、映画会社に違反を指摘して、映画会社側も状況の改善を約束した。けれども結果的には、その約束は果たされず、法的処分も下されないまま、映

（7）『映画年鑑　一九五九年版』（時事通信社、一九五九年）。

画会社のブロック・ブッキングによる支配は強化されていった（加藤［2011］）。同時代の映画界を牽引した東映の岡田茂社長は、前述のジャンルの固定化が営業と製作のコミュニケーションを円滑にし、ブロック・ブッキングにおいては有益だったと指摘している。[8] いずれにしても、大手映画会社の撮影所システムが健全に機能するためには、自社映画の安定的な配給を保障したブロック・ブッキング制度が不可欠だったのである。

◆◆ Ⅳ 映画産業の変調

1 テレビ産業の台頭

アメリカでは最高裁の判決によるブロック・ブッキングを実質的に禁止する動きが、撮影所システムの崩壊の要因となったが、それ以外にも、郊外化のような国民生活の変化、さらにはテレビの普及が問題として関連づけて語られている（Gomery & Pafort-Overduin［2011］）。日本では、大手映画会社によるブロック・ブッキングが維持されていたが、それでも、アメリカと同様にテレビの存在が彼らにとって深刻な脅威として浮上してきた。

一九五三年に放送が開始されたテレビは、好景気に沸いていた映画産業の背後で着実に浸透していき、五九年に当時の皇太子・美智子妃のご成婚パレードがあった年に一気に普及する。一九五八年四月には一〇〇万だったテレビ登録世帯数が、パレード一週間前の五九年四月三日に二〇〇万に倍増し、さらに同年一〇月になると三〇〇万に達する（志賀［1990］）。この国家的イベントが大衆のテレビ購入を刺激したことは間違いないが、ほかにも、テレビ価格の低下や、受信エリアの拡大、月賦制度の充実などが背景にはあった。庶民がテレビ購入を決意させる複合的な要因があり、そこにご成婚パレードがきっかけを与えるかたちで、一気にテレビが普及したと判断できる。

それに対して、既存の大衆娯楽で同種の映像メディアである映画は、一九五九年より観客数の減少を迎えてしまう。しかも一九六〇年代になっても、その数は減りつづけ、五八年に一一億二七〇〇万人だったのが、わずか五年後の六三年には半数以下の五億一一〇〇万人へと急減する。一九六一年には大手の一角であった新東宝が倒産する事態となり、それゆえ、こうした映画産業のあっという間の転落は、急伸したテレビ産業の影響によるものだとみなされたのである。

実際、映画会社のこの時代の目立った活動にはテレビを意識したものが多い。例えば、テレビ産業への対抗措置として代表的なものに、劇映画提供の中止という事項がある。大手映画会社は当初、テレビに自社の劇映画を提供していた。だが、映画の提供料金に関する問題から[9]、まずは一九五六年一〇月に日活を除いた東宝・松竹・東映・大映・新東宝の五社が、テレビ局に自社作品の提供を中止した。次いで一九五八年には日活も加わり、大手の作品はここで完全にテレビでは放映されなくなる。こうした映画会社の対抗措置は一九六四年九月まで続く[10]。

(8)『読売新聞』一九六三年七月三日夕刊。
(9)『映画年鑑　一九五七年版』(時事通信社、一九五七年)。
(10)詳しくは古田［2009: 112-121］を参照。また同書一一三頁では、①一九六四年七月から外国映画の輸入自由化によって大量のテレビ映画と劇映画の輸入が予想され、映画会社に危機感が芽生えたこと、②東映・松竹・東宝・大映の四社が民間テレビ局に出資し、かつテレビ映画の製作も始めるようになったことが、敵視策を撤回する要因になったと述べられている。

ただ注意が必要なのは、その間、彼らはテレビ産業を敵視するばかりではなかったということである。並行して、映画会社はテレビ局に出資するなど、ビジネスとしてしたたかに、接触も果たしていた。一九五九年に開局したNET（現・テレビ朝日）に東映、同じ年に開局したフジテレビには松竹・東宝・大映が、それぞれ出資した。こうした、テレビへの対抗と接近という二段構えの対応が、映画産業にとってのテレビの存在の大きさを物語っていると言えよう。

映画づくりの現場である撮影所にも、テレビの影響は及んでいた。大手映画会社は観客数の減少という消費の減退によって、映画の大量生産・大量消費を望めなくなり、製作・配給本数を減らしていった。例えば一九五〇年代、毎年のように一〇〇本以上の映画を配給していた東映の場合、六一年に配給本数が一〇〇本を割ると、六五年には五〇本台まで大きく減少する。他社も同様に、この年五〇本前後の映画配給しか行わなくなる（日活だけが六五本を配給していた）。結果、各社の新作が毎週のように二本ずつ配給される慣習は消失するのである。(11)

それにともなって邦画各社は、多くのスタッフ、キャストと従来通りの専属契約を結ばなくなってしまった。松竹は一九六五年に京都撮影所を閉鎖し、余剰人員を自宅待機にさせ、大映もまた人員整理の必要性から同様の措置をとる。日活は仕事のない者たちのために、テレビ用フィルム映画の自主製作を開始する。それまで日活は下請け会社に監督と主演者を派遣してテレビ映画の製作を行っていたが、撮影所のステージ一棟をテレビ専用にあて、自主製作に切り替えた。(12) 日活に限らず、各社は映画で溢れた人員を、伸長するテレビ事業で起用する方向に舵を切る。撮影所は、もはや映画だけをつくる空間ではなくなった。こうしたことは各社で合理化という名目で遂行されたが、一九五〇年代の好景気のときに盲目的に映画を量産していたツケが回ってきたと言える。

2　製作／配給・興行の変化

こうして大手映画会社が、映画をつくることに以前ほど積極的でなくなっていくと、それまで大手の陰に隠れていた独立プロダクションが存在感を表すようになった。独立プロは大手のような配給網を保持しておらず、それまで彼らの作品が全国的に流通することはあまりなかった。けれども、大手が製作本数を減らしていったことで、独立プロの作品にも注目が集まるようになる。映画会社は独立プロが製作した映画を買い取って、自社系列の映画館に配給するようになったのである。

例えば、メロドラマやホームドラマを主軸にしていた松竹は、テレビ・ドラマにそうしたジャンルを奪われ、映画づくりの再考を迫られていた。そこでこの会社は、自社の作品カラーとは異なる異色作を、外部から買い取って配給することを決める。一九六四年に、谷崎潤一郎原作でエロティックな題材の映画『白日夢』・『紅閨夢』の二本の独立プロ作品が、松竹の配給網に乗り公開されたのである。松竹の場合、自社作品の迷走を、こうした独立プロの作品で補っていく方針が強く打ち出され、一九六七年には配給した映画の三分の一が外部の作品になっていた。[13]もっとも、独立プロ作品への依存は、松竹だけでなく、他社でもその傾

(11)『映画年鑑　一九六七年版』(時事通信社、一九六七年)。
(12) 同前。

向が強まっていった。

その潮流のなかで、一九六九年についにテレビ局が映画製作を手がける。フジテレビが自社のディレクター五社英雄を監督に起用し、東宝の傍系会社である東京映画と共同で『御用金』を製作した。配給を行った東宝によれば、フジとの提携は、宣伝面で期待するところが大きく（「東宝の大作化にのったフジ劇映画構想」映画ジャーナル一九六八年六月号二三頁）、現在の製作委員会でのテレビ局に求める役割と通じるものがあった。ちなみに、フジは一九六九年には、同じく五社英雄監督を起用して『人斬り』も製作して、今度は大映で配給するなど、テレビ局のなかでも当初から映画製作に関心を寄せていた。だが、フジが本格的に参入するのは一九八〇年代になってのことであり、この時点では映画製作の試みは単発的なものであったと言える。

さて、映画産業における大きな変化は製作だけでなく、配給・興行でも起こっていた。映画観客の減少にともない、消費の現場である映画館の数が急激する。一九六〇年に七四五七館を記録した映画館数は、以後減少に転じると、六九年には三六〇二館と半数以下になってしまう。こうした事態に対して、東映の大川社長は一九六五年度の経営基本方針のなかで「人口一〇万以上の都市には必ず東映の直営館があるようにしたい」と述べ、有力な劇場を大都市に集めて、それによって興行力を高めていく姿勢を打ち出した(14)。じつは大川は、以前から劇場が多すぎるせいで、中小規模の興行者たちの経営に問題が発生し、しいては作品の配給にも不具合が生じることを危惧していたのである（大川［1962: 29］）。さすがに、映画館数が全盛期から半数以下になることを彼は望んでいなかっただろうが、それでも一九六二年には、「今の配給系統から逆算して五〇〇〇館以内が理想ではないかと思う」と発言するなど（大川［1962: 29］）、配給との兼ね合いで、理想的な映画館数を指摘していた。
いずれにしても、こうして映画館が淘汰されていく状況で、東映は人口一〇万人以上の都市の興行網を強化して、そこに優先的に映画を配給していくのである。その結果、この会社は自社配給収入のうち人口一〇万人以上都市の系統館から、全体の八割の収入を上げるようになる。[15] こうした東映の志向と同調するように、他社も多くの観客を集めることができる大都市に、自社の専門館ならびに直営館を増やしていくことを目指したのであり、しかるべき場所に優先的に映画を配給していく合理的方策で、全体的な観客数の減少に対応したのである。[16]
また、映画をどこで売るかということだけでなく、いかにして売るかという点もいっそう重視されるようになった。一九六〇年代初期から東宝や東映などのいくつかの映画会社は、製作から配給、興行にいたるまでのすべての段階の宣伝活動を統括する「宣伝プロデューサー」を設け、宣伝を強化していく。映画会社は以前のように、映画を大量につくって劇場に配給するのではなく、本数を減らしながら、映画をどこでどのようにして売るのかということに、より意識を傾けるようになっていったのである。

(13)「大映の再建策と赤字問題」『合同通信映画特信版』一九六七年八月二七日、一頁。
(14)「東映の多角経営の計画なる」『映画時報』一九六五年五月号、二九頁。
(15)「専門館網のほころびを繕う」『映画ジャーナル』一九六五年六月号、五三頁。
(16)「配給という名の市場戦争」『映画時報』一九六二年八月号、二二頁。

◆◆ V 撮影所システムの崩壊

1 配給・興行の重点化

一九七〇年代になると、早々に日活と大映が倒産するなど（日活は成人映画専門の会社として再生）、映画産業の危機が自明のものとなる。この困難な時代を、残った映画会社は製作会社としてよりも、一九六〇年代の流れを推進するかたちで配給・興行に特化した会社として生きていくことを選択する。製作の拠点である撮影所はもはや自社製作を頻繁に行う場ではなくなったわけで、そのことはまさに撮影所システムの崩壊を意味していた。それでは最後に、その撮影所システムの崩壊の具体的な状況を見ていきたい。

自社製作から真っ先に距離を置くようになったのは東宝で、日活、大映が倒産した一九七一年に製作部門が分社化する（東宝五十年史編纂委員会［1982］）。代わって一九七三年に、今日の東宝の礎を築いた「映画調整部」が発足し、外部からの持ち込み作品を選定する役割を担う（同前書）。この年の東宝配給作品の内訳を確認すると、全部で四八本の配給のうち、自社作品は八本だけで、あとは、傍系あるいは他社の作品であった（田中［1976］）。冒頭で触れた、現在の東宝の充実ぶりを見ても、他社よりも率先して製作に見切りをつけて、配給・興行に重点を置くようになったことが功を奏したと言える。

II以降で見てきたように、日本映画史の初期から、映画会社は配給や興行を重視してきたことは間違いないが、同時に、製作についても撮影所を活用しながら懸命に行ってきた。だが、もはやその姿はすっかり過去のものとなってしまったのである。映画会社は自社製作の作品を大幅に減らし、代わりに独立プロダクションの作品を、以前にも増して配給するようになった。そして、その機運に乗じて映画製作に参入してきたのが角川春樹率いる角川書店であった。一九七六年公開の東宝配給映画『犬神家の一族』（市川崑監督）で映画製作に進出したこの会社は、自社の書籍を映画化することで映画をヒットさせ、同時に書籍の売り上げにもつなげるメディア・ミックス的手法で話題をさらった。さらに、これまでは避けられていたテレビCMなどのメディアを駆使し、巨額の宣伝費で大掛かりなプロモーションを行うのが特徴的だった。もはやその存在は従来の独立プロとは呼べないものであったが、ともかくも商業映画の主役に躍り出たのである。

角川が進出してきた一九七〇年代後半にはすでに、映画会社に配給の安定をもたらすブロック・ブッキングが衰退していた。一九六〇年代後半から、映画が真っ先に公開される都市の封切館以外、つまり二番館以下の劇場では、個別の作品ごとに契約を結ぶフリー・ブッキングの傾向があった[17]。以後、邦画の大作映画群が洋画の劇場で長期興行されるなど、従来のブロックから外れた流通ルートで配給されるケースも出てきた[18]。その流れに乗って、角川は邦画のフリー・ブッキング化に拍車をかけたのである（御園生［2013］）。

なんとか自社製作で勝負してきたはずの東映も角川映画に接触し、その作品を積極的に配給するようになる。ただ、東映と長い付き合いのある映画館主は、例えば一九八一年公開『セーラー服と機関銃』（相米慎二監督、角川とキティ・フィルムの提携作品）の配給の際には、それまでの東映作品と比較して馴染めず、相当な反発を覚えることがあった（東映株式会社総務部社史編纂担当［2016］）。東映がこれまで製作してきたやくざ映画などとは毛色が違い、館主たちは客の入りに懐疑的だったようだ。結果的にはヒットするのだが、東映系の館

（17）多くの映画館が存在した頃は、邦画は都市の封切館で最初に公開されると、二番館、三番館と順番に映画館の等級順に流れていった。

（18）『映画年鑑　一九八二年版』（時事通信社、一九八一年）。

主たちがこの東映配給作品に覚えた違和感は、それまでの撮影所が健全だった頃の東映映画との齟齬を表したものであり、撮影所システムの崩壊を物語っていると言えよう。

2　ポスト撮影所時代へ

ブロック・ブッキングによる製作―配給―興行の垂直統合は、アメリカでは最高裁の禁止判決によって解消に向かったが、日本の場合、映画観客の大幅な減少とともに揺れ動いていった。そして、変革を強いられた映画会社が単独での製作を放棄することで瓦解したのである。前述のように、各映画会社が撮影所で順調に製作を行っていた頃には、それぞれの作品にジャンル的特色があった。だが撮影所システムが十全に機能しなくなってからは、ホームドラマを主軸にしていた松竹が、一九六〇年代に谷崎潤一郎原作のエロ映画を配給したり、『仁義なき戦い』などのやくざ映画で有名な東映が、角川製作の少女の青春映画を配給したりと、各撮影所の伝統的なジャンル映画とは異なる作品が流通する事態となった。こうして映画会社が配給する作品の特色は、完全にではないが次第に色褪せていった。

撮影所では、人材育成にも問題が出てきた。助監督で修行を積んでから監督をするという常識も、倒産後に成人映画の製作で延命していた日活を除いて通じなくなった。そうなると、撮影所の外から人材が流入してくるようになる。例えば角川映画を代表する監督の大林宣彦は、CMディレクターとして活躍して映画界に足を踏み入れた人物であり、そうした側面を見ても、角川映画の出現はポスト撮影所時代を印象づける出来事であったと判断できる。

その角川も宣伝媒体として活用したテレビ・メディアの映画業界への参入により、存在感を失っていく。

前述の通り、一九六九年にフジテレビが『御用金』を作って話題になったが、本格的なテレビ局の進出は八〇年代に入ってからである。一九八三年公開の『南極物語』（蔵原惟繕監督）で、またしてもフジテレビが製作に参加し、当時の日本映画最高の配給収入五九億円を記録した。この成功もあって、以後テレビ局の映画製作が相次いだ。豊富な資金力に、宣伝で期待されるテレビのメディアとしての力によって、テレビ局の映画事業はやはりスケールの大きさを見せつけるものであった。バブルからその崩壊を経て、「失われた二〇年」の間にも、テレビ局の影響力は続き、現代の商業映画製作のための製作委員会のメンバーでも中核を担っている。

Ⅵ　おわりに

本章では、異業種企業が映画製作に参入してくる以前の、撮影所システムによる映画製作について詳しく考察してきた。これまでの議論を整理し、現代の映画製作との関係を確認しておきたい。

映画会社が撮影所を拠点に専属の監督や役者、スタッフなどを使い映画をつくることは、映画製作の伝統として歴史的に継承されてきた。その撮影所システムが維持されてきた背景には、ブロック・ブッキングによる製作―配給―興行の垂直統合があり、映画会社の経営に安定をもたらしていた。そもそも一九〇〇年代後半、映画需要の高まりが、撮影所の開設を導いたように、映画の興行が産業を先導してきた側面がある。一九一〇年代に大手映画会社で最初に誕生した日活は、映画館の要求に応えるため映画を量産していた。一九三〇年代に東宝が参入した際には、既存の映画会社が映画館に対して東宝と配給契約をしないように圧力をかけることがあった。一九五〇年代に大手で最後に誕生した東映は、先行する大手映画会社の配給・興行網を打ち破るべく、映画を量産して新作二本立て配給を敢行し、市場シェアを拡大していった。こうして歴史的に映画会社は配給・興行網の強化に心血を注ぎ、それを実現するために、撮影所での映画製作にも量産などの無理を強いてきたのである。

だが一九六〇年代に入り、観客数の減少、つまり消費の減退が、撮影所にもダメージを与える。どの映画会社も合理化という名目で製作本数を減らし、映画づくりに消極的になった撮影所では、余剰人員が生じてしまう。結果、専属契約を結んでいた監督・スタッフやキャストは契約を解消され、撮影所を離れていった。こうして、製作の現場である撮影所の機能が弱体化していくのである。他方、興行の現場である映画館も、観客数の減少で、相次いで閉館する事態となる。映画館は淘汰されていき、各社は依然として集客を見込める大都市に配給網を拡充することを目指した。彼らは、どこでどのようにして映画を売るのかをより意識するようになっていったのである。

一九七〇年代には各社とも自社製作をより敬遠するようになり、代わりに外部から作品を調達して配給する動きが東宝を中心に加速する。配給・興行に重点を置いた活動は、まさに現在の東宝の成功を支えるものであり、時代の変化にいち早く対応したことが有利に働いた。大手の映画製作は、独立プロダクションの力を借りて、その依存度を強めるように一九六〇年代半ば以降進行し、やがて角川映画やテレビ局の映画製作への参入が果たされることになった。かくして、映画会社単独での映画製作はすっかり影を潜め、かつてのような撮影所システムが崩壊してしまうのである。

こうして、撮影所システムが崩壊する推移をここで再度確認したが、現代の映画会社の役割にも通じる、一九六〇年代半ば以降の配給・興行に重点を置いた活動は、一方で製作から距離を置くことを意味し、撮影所の機能を弱体化させる選択であったと言える。ただ、歴史的に映画会社と撮影所の関係をあらためて振返ると、映画会社の配給・興行に向ける意識の高さは日本映画史初期から確認できたことであり、一九六〇年代以降の景気悪化にともなって芽生えたことではないのである。そうして映画産業成立時からの志向のうえに、大手映画会社は製作を外部のプロダクションに依存しても、配給や興行を安定させる決断をくだしたと判断できる。すなわち、現代の商業映画の製作システムへと向かう下地は、撮影所システム崩壊のずっと以前からしっかりと用意されていたのである。

東宝・東映・松竹といった大手映画会社の撮影所は、見てきたような日本の映画産業を歴史的に支えてきたシステムを失ったとはいえ、依然として立派なステージやセットを有し、映画やテレビ・ドラマの製作の際には、貸し出され利用されている。人材に関しても、撮影所で育ったベテランのスタッフは少なくなったが、だからこそ映画製作の伝統を伝えていくうえで重要な存在だと言える。「失われた二〇年」の間に、大学では映画や映像のカリキュラムが増加し、学部・学科の開設も芸術系大学を中心に相次いで見られるようになった。その結果、学生たちが大学の授業で映画作りを行う機会が「二〇年」前に比べてはるかに増した。これからの撮影所には、商業映画やテレビ・ドラマ製作の現場として機能するだけでなく、例えばこうした教育機関で映画や映像を学ぶ学生たち、若者たちとの交流を多角的に推進してもらうことを期待する。[19] それだけ、映画・映像業界を志す者にとって、撮影所という空間は見てきたように歴史的で魅力的な場所であり、そこで貴重な体験をした若者が、将来の日本映画を支えていく貴重な人材となりうるのである。

参考文献

朝日新聞社（編）1927『日本映画年鑑　大正一五年・昭和二年（第三年版）』朝日新聞社

伊藤孝一ほか（編）2008『映画はこうしてつくられる』風塵社

上田　学 2012『日本映画草創期の興行と観客』早稲田大学出版部

大川　博 1957「東映娯楽映画論」『キネマ旬報』1957-11(上): 59-62

——— 1962「多角経営でますます発展」『映画時報』1962-5: 28-29

岡本　博 1958「東映撮影所論」『キネマ旬報』1958-5(上): 40-43

加藤厚子 2011「映画会社の市場認識と観客」藤木秀朗（編）『観客へのアプローチ』所収、森話社

志賀信夫 1990『昭和テレビ放送史　上』早川書房

田中純一郎 1976『日本映画発達史Ⅴ』中央公論社

通商産業省企業局商務課（編）1963『映画産業白書―わが国映画産業の現状と諸問題　一九六二年版』尚文堂

東映株式会社総務部社史編纂担当（編）2016『東映の軌跡』東映株式会社

東映十年史編纂委員会（編）1962『東映十年史　一九五一年―一九六一年』東映株式会社

東宝五十年史編纂委員会（編）1982『東宝五十年史』東宝株式会社

日本映画製作者連盟 2017「二〇一六年度興収一〇億円以上番組」（二〇一七年一月）<http://www.eiren.org/toukei/>（二〇一七年九月二九日最終アクセス）

藤木秀朗 2007『増殖するペルソナ』名古屋大学出版会
古田尚輝 2009『「鉄腕アトム」の時代』世界思想社
みずほ銀行産業調査部（編）2014「みずほ産業調査No.5」
御園生涼子 2013「少女・謎・マシンガン」杉野健太郎（編）『交錯する映画』所収、ミネルヴァ書房
吉岡重三郎 1938『映画』ダイヤモンド社
四方田犬彦 2014『日本映画史一一〇年』集英社新書
鷲谷　花 2016「撮影所システムの終焉と『フリー』の時代」斎藤美奈子・成田龍一（編）『1980年代』所収、河出書房新社
Gerow, Aaron. 2010. *Visions of Japanese Modernity*. University of California Press.
Gomery, Douglas. 1986. *The Hollywood Studio System*. Palgrave Macmillan.
——— & Clara Pafort-Overduin. 2011. *Movie History* [*Second Edition*]. Routledge.

（19）筆者は二〇一一年度の京都造形芸術大学映画学科の映画製作プロジェクトに監督補として参加した経験を持つ。林海象監督『彌勒』という映画（稲垣足穂原作）で、俳優の永瀬正敏が主演し、学生からは、いまテレビ・ドラマや映画などで活躍中の土村芳や大西礼芳が出演した。撮影時には、一部松竹の撮影所を使って撮影が行われ、それは学生にとって極めて有意義な経験であったことを覚えている。

第 II 部

何であったのか
——「失われた20年」の諸相

「失われた20年」にわれわれは何をしていたのか。単に立ちすくんでいたのではない。日本を取り巻く内外の環境や情勢は刻一刻と変遷し、それへの対応を余儀なくされた。その諸相を政治、外交、労使関係、安全保障の諸局面に見ていく。もとよりその対応の仕方は様々である。拱手傍観に等しいものもある。後手後手に回っているものもある。他方で、果敢に改革を重ねている姿もある。「失われた20年」の渦中にあった当事者たちの多様なあり方が浮き彫りとなろう。

第5章

喪失の思い

――「失われた二〇年」の中間地点としてのえひめ丸事件(1)

デイヴィッド・レーニー

◆Ⅰ　はじめに

公開記録では、あのとき森喜朗首相がプレー中だったゴルフに勝ったのか負けたのかについて、ほとんど情報がない。首相としては、たとえその波乱に富む政治キャリアを多少危険にさらしたとしても、どうしてもラウンドを終えたかったようである。米国の原子力潜水艦が日本の高校生を満載した漁業実習船に衝突したとの一報を受けてからも、首相がゴルフを最後まで続けたという見出しが二〇〇一年二月一〇日の新聞各紙を飾ったとき、森氏はすでに日本の基準からしても極めて不人気な首相になっていた。よく知られるところでは国家と天皇を結びつけて戦時中のレトリックを彷彿とさせたり、時としてミシュランマンのような体

(1)　二〇一五年七月の日文研シンポジウム「失われた二〇年と日本研究のこれから」で発表した原稿に貴重なご意見を頂いたNanyan Guo、Alexander Zahlten両氏に感謝する。

躯にラグビーシャツ姿で写真に収まったりする森首相は、その恐るべき鈍感さと呆れるほどの不用意さで、（いまではすっかり忘れ去られたとはいえ）持ち上がった日米関係の危機にとって最悪の宰相となったのである。首相は九名の日本人犠牲者を出したえひめ丸の沈没事故からもなお二ヶ月間その職にとどまり、どう見てもレームダックだったのに、二ヶ月の間その地位にしがみつくかのようにジタバタともがいて、与党自民党の支持さえ失った。[2]

二〇〇一年四月に森が辞任し、後任の小泉純一郎はたちまち伝説的首相になる。自民党の伝統的統治スタイルの最後のあがきであった森内閣の空席は、一匹狼のポピュリスト小泉によって磐石に固められ、日本の政治はその頃までに「失われた一〇年」と呼ばれるようになっていた状況から一歩踏み出すかに思えた。[3]事実、身内だけの閉鎖的な利益誘導型政治や密室談合（小渕敬三首相が脳梗塞で倒れたとき、数人の党重鎮の談合で森喜朗が首相臨時代理の座に据えられたのがその一例である。小渕首相はその後死去した）は、長きにわたる戦後日本の成長期、とりわけ一九七〇年代、八〇年代における党安定の背骨と考えられてきた。しかしこれこそが一九八〇年代後半のバブル経済崩壊後、痛みをともなうが必要不可欠だった大胆な戦略を事実上不可能にするものだったのである。そしてネオリベラル、ナショナリスト、異形のカリスマ的指導者であった小泉は、失われた一〇年の結果日本が置かれた状況への希望と怖れを様々に体現する存在だった。

あれから一五年以上たったいま、小泉首相の後継者で、当初は短命に終わったが現在は長期政権を担う安倍晋三に同じものを感じるのはあながち見当外れではあるまい。主として安倍本人の持つ伝統破壊的資質——伝統文化への郷愁と強靱なタカ派的心情の組み合わせ、包括的金融政策、憲法改正というゴール、積極外交、内政におけるリベラルな社会運動との対立――を取り沙汰する人もいよう。だが、何を優先するかにもよるが、二〇年にわたる限定的経済成長、労働市場再編、米国への依存の継続、狭まりゆく経済・教育・雇用関係の埒外でのチャンスをめぐって深まる不確実性の後に日本が行き着く先を体現する存在として安倍をとらえるのも同様にありだろう。例えば二〇〇一年時点の議論をあと知恵で問題視することはしないとしても、少なくともその目的論的傾向については懸念すべきだろう。つまり、安倍晋三が不可避的、必然的に導く先、またそうつくり変えたいと思っているらしい日本のあるべき姿に向かうプロセスのなかに位置づけないかぎり、二〇〇一年は理解できないということだ。

この理由によって、本章では転換点になると思える時点、すなわち「失われた一〇年」以後へと向かう瞬間――それが次の「失われた二〇年」へと延長されていく前の時期――に的を絞りたいと思う。二〇〇一年のあの日の午後、ホノルル南方の海で四人の生徒を失った水産高校のある港湾の町、宇和島に建てられたいくつかの小さな記念碑を除き、もういまではほぼ忘れ去られてしまっているが、えひめ丸事件は当時、日米関係の深刻な危機として語られ、日米両国政府の慎重な作業と、米海軍および民間組織とりわけ日系人団体が日本人の感受性に配慮したことによって解決を見た。政治面に影響があったとすれば、森氏の首相としてのキャリアにとってこの事件はとどめの一撃となり、その結果、想定外の選挙が行われて、小泉という意外

(2) 当時の代表的記事としては「森首相ゴルフ退陣政局　自民党内からも罵詈雑言」『アエラ』二〇〇一年二月二六日号、一六頁がある。

(3) 東京大学社会科学研究所は政治的転換に関する「失われた一〇年」プロジェクトの第二弾でこれに的を絞り、小泉のリーダーシップについてかなりの分量を割いている（東京大学社会科学研究所［2006］）。

な後継者が生まれたことである。しかし振り返って考えると、この事件は「失われた二〇年」のほぼ中間点にあって、この時代を定義するのに役立つ二つの特徴をとらえ、それらが縺れ合っていることがわかる。すなわち一体となった国民感情の表明を通じてこの国を定義する安心感と、国家としての行動の限界を絶えず思い起こさせる様々なシグナルである。

えひめ丸の沈没後、国内外で表明された国民的悲嘆から垣間見えるのは、国家の意志、政治の有効性、個々人の悲劇などの問題である。これはその後も度々再燃し、それが最も劇的な姿をとったのが二〇一一年の津波と原発事故であった。えひめ丸衝突事故はあまりにも速やかに忘れられた（とりわけ九・一一同時テロ攻撃の後、小泉首相による自衛隊のインド洋派遣があってからは、忘却に拍車がかかった）。そして、「失われた二〇年」に日本が喪失したものとの潜在的関連性を示す画期的事件の一つとしてつけ加わったにすぎない。

つまるところ、不安、絶望、当惑などの感情的負荷を「失われた二〇年」に帰することは当然とも言える。だがこのえひめ丸事件という中間点においては、こうした感情は主として社会の沈滞から自力で抜け出すことのできない無力感によるものだった。この時期がどこへ辿りついたかを考えるようになったのは、ようやくそれを過去として振り返られるようになった時である――それは政治家が希望について語り、私たちがあの暗黒の日々よりましな未来を想像できる現在だ。

◆◆Ⅱ「失われた二〇年」の政治

小泉の登場は、直近の前任者たちの存在をあっという間に覆い隠し、いまでは、あれは一体何だったのかと思うほど彼らは忘れ去られている。森首相の人気凋落ぶりがあまりに酷くて、自民党は森に辞任を促した。森という災厄の後、党のリーダーシップを求めて自民党は国民の要求に応えるために新しいルールを導入した。まず、一九九八年に首相選出権を国会議員だけに限定する党則を廃止し、地方議員にも投票権を与えた。しかし、この時点では地方議員による投票は国会議員の投票後に行われたため、国会議員による投票結果が地方議員の投票に与える影響が大きかった。しかし、二〇〇一年に再び改正した党則ではこの投票順序が逆転し、地方議員が先に投票を行うようになったため、地方議員による投票結果が首相選出に与える影響が増大した。この党則改正を踏まえて小泉は、党幹部の推す橋本龍太郎元首相を推さずに自分の下に結集した地方党員に直接メッセージを伝えた(4)。小渕首相が人事不省に陥っているうちに密室談合で森喜朗が次期首相に決まったことは、この人事をいよいよいかがわしいものにし、この結果、森は意図せずして自民党の長い歴史のなかで珍しく党内に民主的な瞬間を燃え上がらせたことになる。小泉個人の持つカリスマ性に野党とりわけ左派は懸念をつのらせた。G. W. ブッシュ米大統領をはじめとする扇動政治家と共通する右派ポピュリズムを見たからである。だが、小泉スタイルは多くの人々、とくに欧米メディアに根源的変化という概念を

(4) Kabashima & Steel [2010] は、このエピソードとその意味について詳しく述べている。

煽った[5]。これはたぶん小泉個人の資質に帰するものではなく、緊縮政策の実施を可能にし、再軍備を視野に入れ、「失われた一〇年」の終わりが近いという構造的、経済的変革を象徴するものだったのだろう。

逆に森の名前は、在任中に表向き何をなしとげようと、性急に不幸な結末を迎えたことでしか記憶されない他の短命な首相たちと並んで登場することが多い。森はそのなかでも最低の部類に属するかもしれないが、離任のとき一桁の支持率しかなかったとはいえ、実は麻生太郎や鳩山由紀夫、そしてもうほとんど忘れられた人だが、宇野宗佑といった面々と比べて遜色ないのである（宇野は愛人に対してケチだったことを週刊誌にすっぱ抜かれ、一九八九年に二ヶ月在任しただけで辞職に追い込まれた）。彼らはみな、指導者不在の停滞した政治、かつ常に危機にある政治として様々に描かれる政治システムの象徴である。小泉首相の登場は少なくとも数年間は画期的な出来事として描かれた。小泉は一枚岩であるはずの自民党内につくり出した敵と巧みに渡り合い、滑稽なほどバラバラな野党に対するよりも激しく攻めたてた。野党はもはや添え物としか扱われなかった。こうして小泉は二〇〇四年の総裁選に「自民党を変える、日本を変える」というスローガンを掲げて伝統破壊者の面目躍如とすると同時に、長期的プロジェクトをなしとげるために、短期的な痛みをともなうネオリベラル的金融財政改革を公約に掲げた。二〇〇六年に小泉が辞任すると、回転ドアのように元の自民党政治が復活し、小泉政権やその成果にあれほどの期待を寄せたのは間違いだったかもしれないという観測が広がった。元の木阿弥のように国家の停滞が戻り、この無風状態を脱するために同様の革命的瞬間の到来が待たれた。それが二〇〇九年の民主党勝利と、そして安倍首相の国家主義的、拡大主義的なアベノミクスである。誰かが行動する必要があった。

日本の「失われた二〇年」の前半の政治的・社会的議論を概観して、依田富子は秀逸な見解を述べている。「それは消失という恐るべき未来像である。それは大きな物語の消失というより、これまで近代的な現在の出現を求め、それを生み出してきた欲望（そして行為者性）の消失である」（Yoda［2000: 664］）。この一節は、「失われた二〇年」に展開した様々な政治的言辞に照らすと、ぎこちなく浮いて見える。それらの大半は陰謀、制度上の決定、自己本位な政治的アクターたちの戦略をめぐるものであり、それが日本の選挙慣行、官僚規範、金融政策を書き換え、そのすべてが強靭な遺産となって、今日の選択肢に影響を与えたのである。複数人区／単記非移譲式投票をとってきた戦後の選挙制度は一人区／比例代表並立制に変わり、党の戦略や構成に影響を与えた[6]。特定の有権者に向けられた公共支出は減少して、より計画的な支出に取って代わり、政治家、有権者双方の動機を変化させた（Noble［2010］）。地域の利害よりも国政レベルの問題をめぐって有権者にアプローチする必要性が生じ、これがこの国の外交政策に重要な変更をもたらした可能性がある（Rosenbluth et al.［2008］）。これらの統治機構や制度の改革で「失われた」ものは、ある種の政治的柔軟性と、長期の経済成長によって可能だった利益誘導型支出であった。また同時に、新たに導入された選挙制度は、選挙で多数派を指揮する能力のある安定した野党の形成にとって不利に働くものであった。だが依田が優先順位を置くのは、国民の抱く国家的無力感の表明である。これは「失われた二〇年」に――経済的のみなら

（5）例えば、“The Man Who Remade Japan,” *The Economist*, September 14, 2006 <http://www.economist.com/node/7916942>（二〇一五年一一月三〇日最終アクセス）参照。
（6）優れた概論として、Krauss & Pekkanen［2004］; Scheiner［2008］の二つを参照。

ず、むしろ文化的、精神的、感情的に——「失われた」と思えるものを問題意識に上せ、真剣にそれに関わっていこうとする日本の多くの学者たちの重要な議論を反映している。(7)

◆◆ Ⅲ えひめ丸引き揚げ

えひめ丸事件は一貫して信頼回復／船体引き揚げと相互理解の物語として語られてきたが、当初数ヶ月の間、メディア報道は主として（個人、共同体、国家にとっての）喪失に主眼を置いていた。事件の基礎事実のいくつかはそれほど議論を招くものではない。二〇〇一年二月九日（ハワイ現地時間）午後、愛媛県宇和島水産高校所有のえひめ丸は遠洋漁業実習訓練中であり、ホノルルの海岸から一時間の沖合で、メンテナンスのために洋上一時停止していた。そこへ海中から急上昇してきた米海軍原子力潜水艦グリーンヴィル号に衝突されたのである。グリーンヴィル号のスコット・ワドル艦長は緊急回避行動のシミュレーションで民間人VIP乗客たちを楽しませようと、バラスト放出をして艦を急浮上させた。これらVIP乗客は、海軍の広報活動の一環として政治、経済、報道関係の有力者との関係強化のために組まれた賓客招待プログラムに招かれて乗船した人々で、その多くが献金を通じて新大統領G. W. ブッシュとつながりがあった。えひめ丸の船体はほぼ真っ二つに割れ、脱出できなかった九人が犠牲となった。破裂した送油管から漏れた油で船内の手すりが滑って、もしかしたら助かったかもしれない命が失われた可能性がある。グリーンヴィル号は直ちに沿岸警備隊の助けを求め、救命ボートや漂流する船の木片につかまって波間を漂う生存者には近寄らないようにした。近寄ると波が立って、生存者の命を危険にさらすかもしれないという理由だったと伝えられている(National Transportation Safety Board [2005: 1-2, 25-27])。それから数ヶ月のうちにワドル艦長ほか二名の士官が処分され、ワドルは名誉除隊、ほかの二名は降格となったが、刑事訴追はされなかった。おそらくはもし立件してしまうと、ワドルと二人の部下が海軍の賓客招待プログラムを減刑請求の理由に使う恐れがあったからと思われる。米海軍は犠牲者の家族のほか、愛媛県にも賠償金を支払い、新たにえひめ丸を再建することに同意した。最も驚くべきは、費用がかかり技術的にも難しいえひめ丸引き揚げと遺体捜索を行ったことである。その年の一〇月から一一月にかけて、米側は犠牲者九名のうち八名の遺体収容に成功した。

この決定は米国内で相当な議論があってから出たものだが、その議論のなかには米海軍、国防総省、国務省、果てはG. W. ブッシュ大統領からの度重なる謝罪すらも日本国内世論の怒りを鎮めることができなかったことに対する、米国側の怒りの声もあった。結局、日本側の国を挙げての情緒的要求を米国が呑むかたちで、両国政府がこの決定を発表した。日本の政治家はどこまで米国に圧力をかけるか、または何をすべきかを議論したが、決着の鍵となったのは、家族と死に対する日本人の考え方の特異性だった。米国人は死に対して合理的で機能を重視するとされるのに対し、日本人は愛する者に対して感情的思い入れが強く、とりわけ遺体を収容して火葬し、仏教の伝統に則って埋葬することにこだわる(8)。米国側代表はこの違いをすばやく

(7) 例外的な研究もある。例えば、宇野 [2006]。日本の「失われた二〇年」の政治に関し、より刺激的かつ批判的な議論の多くは歴史学、社会学、文化研究分野に見られる。例えば岩崎ほか [2008]。
(8) とくに、名和 [2005] 参照。

見てとると、日本人の死生観を尊重する米国がいかに思いやり深く立派な同盟国であるかを示したのである。クリントン政権の退場にともない、離日を予定していたトマス・フォーリー駐日米大使は危機対応のために数週間滞在を延長した。記者会見の席で、一九四一年一二月の日本軍による真珠湾攻撃のとき、沈没した戦艦アリゾナに残された遺体をそのままにした米国の決定に言及して質問した日本人記者に対し、大使はこう答えた。

ある文化にいる人が、他の文化を完全に理解するのは難しいこともあります。ケネディJr.とその夫人が航空機事故で亡くなったとき、遺族は遺灰を洋上散骨して弔いました。ご遺体を海に戻すという趣旨です。あなたのおっしゃった戦艦アリゾナの件ですが、私たちは海で亡くなった方々は特別な尊敬に値すると考えることが多く、より大きな関心と敬意を払います。日本人が事実上あらゆる機会をとらえてご遺体を収容なさりたいお気持ちは分かりますが、これは日本文化が私たちの文化と異なる一面です。

この文化の違いについて、日本では幅広い議論が繰り返され、事故をめぐって左翼も右翼も一致した象徴的論点となった。国会でも激しい論戦があり、日本社会党の田英夫参議院議員は日本人の感情に対して米国にもっと敬意を払わせるべきだと政府に詰め寄った。

同時に、対応の中でアメリカ側と日本側との間の文化の差ということがさっきから出ている。私も全く同感ですね。実際日本人はいわば家族主義といいますか、それを非常に大事にする。アジアと言ってもいいかもしれない。アメリカは個人主義ですから、家族が亡くなっても、それは個人主義の立場から見れば、残念に、悲しいには違いないけれども、日本人とは違うと。

（中略）

……そのことを遠慮じゃなくて、もう日本人はこういうふうに考えているんだということをきちんと説明して、アメリカのしかるべき人たちに理解させる絶好のある意味では機会ですよ。アメリカ人は、自分たちは世界ナンバーワンだとあらゆる面で思い込んでいる。しかしそうじゃないんだと、アメリカ民主主義なり、アメリカの、アメリカ人の文化というのは世界一か、そうじゃないということを教えてやる必要があるんじゃないでしょうか。(9)

外務大臣河野洋平は日米関係へのダメージを回避しようという気持ちをありありと漂わせながら、米国側の姿勢について一般的な答弁をし、米国が事故対応に示した思いやり、日本側の要求に対する認識についての言及を強調した。

アメリカはここは、日本の精神文化といいますか、日本人の気持ちというものを当然のことながら大事

(9) 国会議事録 参議院外交防衛委員会 二〇〇一年二月二七日。

にして問題に対応しなけりゃいかぬということをアメリカも考えていることは、私は間違いないと思っています。とりわけフォーリー大使のこの問題に対する心遣いというものは、私は、もう随分長く日本で大使をお務めになって、今月いっぱいで任期を終えて帰られるという直前にこうした問題が起こって、大使も、自分はもうしばらく帰らない、日本に残ってこの問題の対応に当たるというふうに言っておられまして、もちろんアメリカ人の中にもそういう日本を理解する人もいる、あるいは理解のできない部分もあるだろうと思いますけれども、しかしそこは理解させる努力をするということは必要だと思います[10]。

こうして米国がかなり費用のかかる難しい沈没船引き揚げ作戦を行ったとき、ディスカバリー・チャンネルはこれをドキュメンタリー番組に仕上げ[11]、海軍ダイバーの技術と勇気を称えるとともに、引き揚げは危機対応の成功例と理解されるだろうと強調した。つまり「同盟国」に思いやりと理解を示す「高価なシグナル」を送ったというわけだ（Martin［2004］）。日本の宗教を専門とするハワイ大学のジョージ・タナベ教授は遺体収容の必要性と、仏教の教理に基づいたその遺体の正しい取り扱いについて海軍に助言を試みたが（Tanabe［2001］[12]）、こういう理解がよって立つ理論の枠組みはいかにも心許なかった。日本人は毎年、多くは漁船の事故で命を落とす。そして日本の海上保安庁の沈没船探索・遺体収容マニュアルはやはり海流、水温、費用、発見の見込みなどに照らしている点で、米国とそんなに変わらない。同様に遺体の取り扱いについて米国が無機的で冷淡だとはとても言えないと日米両政府は言及した。ベトナム戦争以来続いている行方不明の兵士の遺体探索もさることながら、フォーリー大使が言及したケネディJr.の死への対応すらも誤解がある。夫妻の遺灰はたしかに洋上散骨された。でもそれは事故機が回収され、軍艦の甲板上で三人の犠牲者の葬儀が行われた後の話だ。

それに、費用という至極まっとうな問題もある。米海軍が渋々支払ったであろう回収費用は、VIP連中が艦艇に招かれて乗員と交流し、士官たちと食事し、毎年一〇億ドル以上の自分たちの献金以上にどんな見返りがあるか見てやろうという賓客の招待プログラムを開催できなくなる恐れがあるほどの金額だった。さらに、えひめ丸回収にかかった六〇〇〇万ドルの費用のうち最高支出項目は、沈没船の引き揚げと、遺体捜索のために船を浅瀬まで曳航する石油探査船ロックウォーター2の使用料だった。チェイニー副大統領との密接なつながりおよびイラク戦争で果たした役割によって今日のように誰にもその名を知られる企業になったハリバートン社は当時まだそれほど有名ではなかったが、強い政治的コネを持つ石油会社であり、たまたまその子会社だった企業がロックウォーター2を所有していた（Baumann［2002: 4］; *see also* Captain Bartholomew & Commander Milwee［2009: 457］）。

こういうやや汚い側面のある米国の回収作戦だったが、これは日本の一部にとっては同盟を確認する機会

（10）同前。
（11）*Deep Salvage: Raising the Ehime Maru* (dir. Herrie ten Cate, 2003). See video at: <http://www.discovery.com/tv-shows/discovery-presents/videos/deep-salvage-recovery-divers/>.
（12）日本外務省のある外交官はのちにある出版物に追跡記事を寄せ、事故直後、日系アメリカ人組織などの民間団体が米国人に日本の習慣を説明する労をとってくれたことを強調した（中村［2008］）。

でもあった。この作戦で米海軍の連絡将校だった海上自衛隊の林秀樹一佐は、米国側の努力について驚くべき個人的感想を述べている。えひめ丸の引き揚げ現場近くで日本人遺族が洋上に花束を投げているのを見た米海軍の兵士たちは涙を流しながら彼らに手を振った。林は「〝名誉〟というアメリカ海軍のすばらしい伝統から学んだ事を私は決して忘れない」と書いている（林［2003: 326］）。

葬儀のために（少なくとも収容された八人の）遺体が戻ってきた遺族はもちろん喜びはしたが、それでも米海軍がワドルを告訴しようとしなかったことに怒りを隠さなかった。ワドルが事故から一年以上たってから日本を訪れ、亡くなった高校生と乗員の慰霊碑に花輪を手向けたことで、事件の「幕引き」としたことは、後に出版した *The Right Thing* という本に述べられている（Waddle［2002］）。けれども、遺族の悲しみはあまりに深く、あまりに複雑で、とてもこれを受け入れることができなかった。遺族は来日したワドルに会うことに同意はしたものの、宇和島でだけは会いたくないと、東京のホテルを面会の場とした。このとき遺族の非公式なリーダーだった寺田真澄さんは「自責の念」を感じたと後に述べている。面会の場で息子の裕介の写真を見せたとき、ワドルが涙ながらにくず折れて悔恨の念を告げたにもかかわらず、ワドルを許すことができなかったからだという。寺田さんの悲しみはしかし、日米両政府の簡略化された言い分のみならず、賠償金を受け取った（そして息子の遺体を取り戻した多くの）遺族に対し、米海軍が建前とした名誉ある処分以上のこと――ワドル艦長の犯罪訴追、賓客招待プログラムの廃止――を要求するのをやめるように上層部が圧力をかけているのではないかという、宇和島にあってすらささやかれた噂に対しても向けられた（池田［2003］）。

二〇〇一年三月の国会参考人招致の場で、日本の代表的国際関係学者の添谷芳秀教授は、えひめ丸事故から数週間後に米海軍の招きでホノルルを訪れたときのことを語った。教授はグリーンヴィルと同クラスの原子力潜水艦の見学を許され、その活動、目的、能力について説明を受けた。このとき教授は米国側が日本人グループを「センシティブに扱っている」と感じ、それはちょうど一九九五年の沖縄で三人の米国人兵士が少女を暴行した忌まわしい事件の直後に感じたのと同じだったと述べた。添谷教授は後段で「主体性」をめぐる懸念を取り上げた。この言葉は主観性、自主性ともとれるが、この文脈では「行為者性」(agency)と言った方が適切かもしれない。教授はこれが左右を問わず、日本の政治環境全般を覆う共通の懸念となっているが、そこには日米同盟そのものが日本の自主性を奪ったという気分が蔓延していると述べた。だが添谷氏自身はこれに与せず、左右の争いがしばしば米国を標的にしており、日本にいざというときの行為主体を生み出すであろう中道的合意を築くのを妨げてきたと論じる[13]。

添谷氏は明白に穏健な立場から、米国とその危機管理対応への批判をある意味で避けようとしている。だがそれがかえって事故の本質とその事後処理に横たわる日本国の主体性の問題を浮き彫りにした。遺族からの二つの基本要求、すなわちワドル艦長の刑事訴追と米海軍賓客招待プログラムの廃止は叶えられなかった。代わりに日本が得たのは、社会党の田英夫議員が要求したものと似通っている。それは日本人がこぞって求める感情的充足の認識、それへの敬意と、さらには思いやりを示してもらうことだった。国民感情の構築と表明、さらにはそれに対する米国政府の認識、これらがともに、批判者が党派をまたいで長らく要求してき

(13) 国会議事録 参議院国際問題に関する調査会 二〇〇一年三月七日。

た主体性（行為者性）のほとんど代替物になってしまったのである。

◆◆Ⅳ　森から小泉へ、さらにその先へ

森元首相は、えひめ丸ゴルフ事件全体が曲解されている、プレー中に知らされたのは最小限の情報で、詳細がわかるまで官邸に急いで戻る必要はないと言われたと述べた(14)。この決断のせいで森が退陣に追い込まれたのかどうかはわからない。たとえ直ちに芝生にクラブを置いて電話機を取り上げ、フォーリー大使にすぐ官邸へ会いに来るよう伝えたとしても、人気落ち目の森が首相の座にとどまるのは難しかったかもしれない。だがその時はそうするのが正しいと「感じられた」に違いないし、きっといまこそ統率力を発揮する瞬間だと思えたに違いない。それは日本の指導者があまりにも頻繁に放棄したと責められてきた主体性（行為者性）の一種なのである。

国民感情——政府高官が表明し、国家が体現する集団的感情——は、たとえ日本国民の大半が当然ながら九人の犠牲者の死を悼み、米国の原子力潜水艦が裕福な乗客を楽しませるために行った緊急回避の模擬行動が理由だったと知って怒ったとしても、もちろんある種のフィクションである。そしてまた、政策は国家全体の集団的かつ慎重な行動から湧き出るとでも言いたげな「国の主体性（行為者性）」という考え方もまた、フィクションである。だが、共通の気分が声となり、一体化した主観が確信になると、国家は力を得る。ゴルフを続けた森の決断は、あの瞬間に日本のとれる選択肢がどれほど限られていたかを正確に映し出すもの

だったのかもしれない。そして、もしそうならそれは、「失われた二〇年」の間——政治家たちが現代のグローバル経済の課題に取り組んでくれるだろうとか、あるいは現代の地政学が生む不平等を埋め合わせてくれるだろうとか期待するのがどれほど困難だったにせよ——それを見守る国内外の多くの人々の間に何かが変わるかもしれないという希望がなぜ生まれたかの理由を示すものなのかもしれない。

小池百合子東京都知事が二〇一七年の唐突な総選挙で、生まれたての自分の政党を希望の党と名づけたとき、彼女は当時生まれつつあった感覚、つまり近代的な政府のなすべきことに対する認識をうまく活用するつもりだった。近代的政府は人々の不安、欲求不満、悲しみ、恐れといった感情を代弁するが、理想としての集団的ゴール（あるいは少なくとも国家のゴール）到達のために尽くす集団的努力を生み出すことを目的とする。「失われた二〇年」が突きつけた一つの問題は、その目的論的な立ち位置である。つまり「失われた二〇年」とは、振り返って見たとき、日本の現状が自然的、必然的にもたらされたと遡及的に説明される時代なのだ。この理屈だと、日本は安倍内閣が目指す憲法と経済の変貌といった類のものに備えるために、一九九〇年代と二〇〇〇年代の停滞と課題に立ち向かう必要があったということになる。しかし、現在は過去に導かれて訪れるだけの時間ではない。未来を予測し、それを目指す時間でもある。そしてたしかに小池は希望という言葉を使って、未来志向の国民感情、共有される情緒を呼び覚まそうとした。みなで一緒に望めば、そしてその希望の上にみなで築いていけば、日本をあるべき姿の国にすることができる。北朝鮮、（さらにそ

（14）「森喜朗元首相、えひめ丸事件の際にゴルフを続けた理由を明かす」『週刊ポスト』二〇一二年一二月七日号 <http://www.news-postseven.com/archives/20121202_157304.html>。

れより緊急性はないものの）中国に対処するとき、日本はいまだにワシントンのお情けにすがったままだという認識が消えていないにもかかわらず、安倍首相はトランプのホワイトハウスのご機嫌取りをしようとした。つまるところ、地域戦争という日本の明白な危機にもかかわらず、北朝鮮をどうすべきか決めるにあたって、安倍の意見がトランプ（あるいはその後継者）の決断を大きく左右するとは日本の誰も思っていまい。

そしてまさにこの主体性（行為者性）の欠如こそが、えひめ丸事件に端的に現れた。すなわち、本来あるべき焦点を、日本的感情の特殊性や米国との違いへと移してしまったのだ。だがこの衝突事件とその後の顛末を日本政治の転換点と強調しないまでも、それは間違いなく「思いやりの同盟」以外の何かを映し出しているに違いない。あるいはそれを「失われた二〇年」の中間点における一時的清算の瞬間と見ることができるかもしれない。それは、たとえそこから生まれてくるはずの情緒的きずなが再確認できたとしても、国の主体性（行為者性）の永続的抑圧が強調された瞬間だった。この事件が三・一一東日本大震災および原発事故の一〇年前に起きたということは、「失われた二〇年」がもしかすると反復ではなく喪失（犠牲者や遺族にとっての個人的な喪失ではもちろんない）だったことを示唆している。変化のサインが残酷に繰り返されても、政治の限界のシグナルは絶え間なく送られてくる。そしてこの二つはともに、今日の日本に期待される未来について何かを示唆しているに違いない。

参考文献

池田直樹 2003「愛媛で何が起こったか」『おおさかの街』53 <http://www.mmjp.or.jp/machi/53forWEB/page10.htm>

岩崎稔ほか（編）2008『戦後日本スタディーズ』紀伊國屋書店
宇野重規 2006「１９９０年代日本の社会科学—自己反省とその継承」『社会科学研究』58(1): 99-123
東京大学社会科学研究所（編）2006『失われた10年を越えて Ⅱ—小泉改革への時代』東京大学出版会
中村邦子 2008「研究ノート：米太平洋軍の同盟マネージメント対策と市民社会との連携—えひめ丸事故とその後の友好関係」『外務省調査月報』2008-3: 33-55
名和清隆 2005「遺体と霊魂：えひめ丸事件より見る」『大正大学総合仏教研究所年報』27: 112-115
林　秀樹 2003「〝名誉〟とは何か—えひめ丸事故を通訳として見届けた海上自衛官の思い」『正論』2003-2: 318-327

Baumann, Greg. 2002 "*Ehime Maru* Recovery Successful." *Faceplate: The Official Newsletter for the Divers and Salvors of the United States Navy*, 6(1): 3-5.
Captain Charles A. Bartholomew & Commander William I. Milwee, Jr. 2009. *Mud, Muscle, and Miracles: Marine Salvage in the United States Navy* [*Second Edition*]. Department of the Navy Naval Sea Systems Command, Naval History & Heritage Command.
Kabashima, Ikuo & Gill Steel. 2010. *Changing Politics in Japan.* Cornell University Press.
Krauss, Ellis S. & Robert Pekkanen. 2004 "Explaining Party Adaptation to Electoral Reform: The Discreet Charm of the LDP?" *Journal of Japanese Studies* 30(1): 1-34.
Martin, Curtis H. 2004 "The Sinking of the Ehime Maru: The Interaction of Culture, Security Interests and Domestic Politics in an Alliance Crisis." *Japanese Journal of Political Science* 5(2): 287-310.
National Transportation Safety Board. 2005. "Marine Accident Brief" (No. DCA-01-MM-022). September 29, 2005.
Noble, Gregory W. 2010. "The Decline of Particularism in Japanese Politics." *Journal of East Asian Studies* 10: 239–273.

Rosenbluth, Frances M., Jun Saito, & Annalisa Zinn. 2008. "Japan's New Nationalism: The International and Domestic Politics of an Assertive Foreign Policy." in Masaru Kohno & Frances M. Rosenbluth (eds.). *Japan and the World: Japan's Contemporary Geopolitical Challenges*. Yale Council on East Asian Studies: 229-250.

Scheiner, Ethan. 2008. "Does Electoral System Reform Work? Electoral System Lessons from Reforms of the 1990s." *Annual Review of Political Science* 11: 161–81.

Tanabe, George J., Jr. 2001. "Japanese Need Body Remains of *Ehime Maru* Victims." *The Honolulu Advertiser*, February 25, 2001 <http://the.honoluluadvertiser.com/2001/Feb/25/225opinion17.html. Accessed 19 March 2011>.

Waddle, Scott (with Ken Abraham). 2002. *The Right Thing*. Integrity Publishers.

Yoda, Tomiko. 2000. "A Roadmap to Millennial Japan." *The South Atlantic Quarterly* 99(4): 629-668.

（朝倉和子　訳）

第6章

「失われた二〇年」における外交・安全保障論争

楠　綾子

I　はじめに

冷戦終結後の一九九〇年代以降、安全保障分野における日本の活動は日本の領域を超えて拡大しつつある。日米同盟は「日米安保共同宣言」（一九九六年四月発表）や「新世紀の日米同盟」（二〇〇六年六月発表）、日米防衛協力のための指針（ガイドライン）の二度にわたる改定（一九九七年九月、二〇一五年四月）を通じて、二国間の防衛協力に加えて地域の、さらにはグローバルな平和と安定のための同盟へと変容した。国防と災害救助をもっぱらの任務としてきた自衛隊には、国連平和維持活動（ＰＫＯ）や国際緊急援助といった海外での活動が任務として加わった。自衛隊と米軍との連携も同盟の深化とともに強化されている。

こうして二〇年の間に、日本政府は国際の平和と安定の維持を外交・安全保障政策の目標に掲げるようになったのに対して、安全保障をめぐる国内の議論は、本質的には冷戦期からほとんど変わっていないように思われる。安倍晋三内閣による集団的自衛権の行使容認の閣議決定（二〇一四年七月）と平和安全法制の成立

（二〇一六年九月）は、国会の内外で活発な議論を巻き起こしたけれど、そのかなりの部分は憲法解釈に還元されるものであった。また沖縄の普天間基地返還問題やオスプレイの配備・運用など基地問題は、それらが問題化するたびに、米軍の戦略的要請が日本の国家主権に優先しているのではないかという不満が国内に根強く存在していることを明らかにする。安全保障に関する日本政府の決定が合憲か違憲か、あるいは日本は米国に対して自立しているのか従属しているのか、が議論の焦点になるのである。冷戦後の二〇年間に外交・安全保障をめぐる政策論争はどのように展開し、何を生み出してきたのだろうか。

◆◆Ⅱ 「普通の国」か「グローバルなシビリアン・パワー」か

イラクのクウェート侵攻に端を発する湾岸危機・戦争（一九九〇年八月〜一九九一年二月）は、日本外交にとっては大きな試練となった。海部俊樹内閣は的確な情勢分析に失敗しただけでなく、多国籍軍への支援についても決定がほとんど後手後手に回り、米国をはじめ国際社会から非難を浴びることになった。日本の資金提供は、最終的には総額一三〇億ドルに達したにもかかわらず、それが小出しにされたために効果は限定的であったし、人的協力について政府内外の議論は概して消極的であった。国際的圧力に押される恰好で、停戦合意が正式に発効（一九九一年四月）してから海上自衛隊の掃海部隊がペルシャ湾に派遣されたのが、ほとんど唯一の人的貢献であった（岡本［2008］；橋本［2013］）。

冷戦後の世界について確たる展望も議論もないまま直面したこの事件が、その後の日本の安全保障論議の方向性を決定づけたと言ってよい。焦点は「国際貢献」のあり方であった。海上自衛隊のおよそ一〇〇日にわたる活動が国際的に高い評価を受けたことを弾みに、宮澤喜一内閣は、民社党と公明党の協力を得て国際平和協力法（PKO協力法）の制定と国際緊急援助隊法（JDR法）の改正（一九九二年六月）を実現し、自衛隊の海外派遣を制度的に可能とした（佐道［2012］；宮城［2016］）。自衛隊を通じた国際安全保障分野への参加を、自民党政権は「国際貢献」の中心的手段として選択したのだった。

当時、自民党幹事長の小沢一郎は一九九三年に発表した『日本改造計画』のなかで、日本が「真の国際国家」となるためには「普通の国」になる必要があると説いた。第一に「国際社会において当然とされていることを、当然のこととして自らの責任で行うこと」、第二に「豊かで安定した国民生活を築こうと努力している国々に対し、また、地球環境保護のような人類共通の課題について、自ら最大限の協力をすること」が、小沢の考える「普通の国」の要件であるという。議論の構成からみて、力点はあきらかに第一の点に置かれている。「こと安全保障となると、にわかに憲法や法制度を口実にしたひとりよがりの理屈がまかり通り、何とか国際協調の責任と役割を回避しようとする。どの国よりも世界の平和と安定に貢献しなければならない立場の日本が、安全保障を国際貢献の対象分野から除外することなど許されるわけがない。そのことを冷静に考え、安全保障の面でも自らの責任において自らにふさわしい貢献ができるよう、体制を整えなければならない」。小沢は、冷戦後の世界で日本は米国に協力して新しい世界秩序の構築に積極的に参加すべきであり、そのためには自衛隊を「専守防衛戦略」から「平和創出戦略」に転換する必要があると主張した（小沢［1993: 102-122］）。

自民党内では渡辺美智雄などが、同様に自衛隊を活用した「積極的な貢献」を訴えている（渡辺ほか［1994: 72-80］）。ＰＫＯ協力法に基づいてカンボジア（一九九二年九月～一九九三年九月）に、次いでモザンビーク（一九九三年五月～一九九五年一月）やルワンダ難民救援（一九九四年九月～一二月）と自衛隊のＰＫＯ活動の経験が順調に蓄積されはじめると、自衛隊の海外活動――あくまで非軍事的活動であるが――は既成事実化した。国際安全保障分野への人的貢献の拡大にともなって、日本は国連常任理事国入りを目指すべきだとの声も大きくなった。そうしたなかで、憲法改正のないまま自衛隊を海外に送り出すことには否定的で、常任理事国入りを目指すにしても日本は軍事力行使には参加せず、非軍事分野において積極的役割を果たす意思を明確にすべきだと主張した(1)小泉純一郎は、いささか特異な存在だったと言えるかもしれない。カンボジアＰＫＯに参加した文民警察官が死傷する事件が発生すると、彼は宮澤喜一内閣の閣僚でありながら政府の対応を批判し、要員撤収の検討を主張した(2)。平和維持活動とはいえ紛争地域に赴くのであって命がけの任務なのに、憲法違反だと白い目で見られるのは気の毒ではないかという主張（小泉［2001］）は、横須賀を地盤とする小泉の自衛隊に対する共感から生まれたものだろうか。

ただ、軍事的役割の拡大への道を開く「貢献」に消極的な意見は、例えば細川護煕や武村正義にもみられる。一九九二年、政権交代可能な保守の二大政党制の樹立を訴え、日本新党を結党した細川は、「政治大国化をこちらから積極的に求めていくという流れの中には、軍事大国あるいは軍事的役割分担が抗し難い流れとしてくっついているんじゃないかという恐れをもっている」として日本は「生活大国、文化大国としての役割が求められている」と主張する。したがって、「憲法の理念を高く掲げ」た「平和を主導する国家」が細川の考える日本の目指すべき姿であった。PKOなど国連の活動には「日本人だけが犠牲を払うことを厭うというわけにいかないのですから、国連傘下の活動に本格的に協力することに専念する組織と、そのための法制を整えるべき」という（細川［1993: 160-161］）。武村は、「普通の国」論は常識的で立派な考えだと思う反面、「その延長線上で核兵器が生まれてきて、にっちもさっちもいかなくなっている」「『普通の国』を認め合っていたら、国際関係には展望が出てこないのではないか。そういう考え方の転換をしないと人類の未来が開けない」と感じていた（御厨・牧原［2011: 98-100］）。彼の言う「小さくともキラリと光る国」は、憲法とそれを支持してきた「国民世論に支えられた日本の道、その延長線上に新しい道をつくること」であり、具体的には貧困、人口増加、環境、資源問題など非軍事的な分野での貢献を積極的に行う国であった（武村［1994: 183-187］）。船橋洋一の提唱した「グローバル・シビリアン・パワー」に近い国家像であったと言えよう（Funabashi［1991］）。

「国際貢献」論は社会党にも波及した。社会党は多国籍軍への支援に消極的な姿勢で終始し、自衛隊の海外派遣に道を開く国際平和協力法にも牛歩戦術や議員辞職願の集団提出などで抵抗した。社会党が国連PKOそのものに反対していたわけではない。党の基本政策で「違憲」と認定する自衛隊の海外派遣への拒否反応であった（森［2002: 164-166］; 宮城［2016: 32-36］）。村山富市は、「単純に安保破棄と言ってみたところで国民は了解しないだろうし、現実に無理があるんじゃないかという立場からの議論は、社会党内にもずっとあっ

（1）『読売新聞』一九九四年九月三日。
（2）『読売新聞』一九九三年五月九日、二二日。

た」と明かしつつ、しかし議論はあっても「党の方針は自衛隊は違憲」というひと言で片づけられてきたと言う（薬師寺［2012: 104-106］）。自衛隊がカンボジアPKOに参加し、人的な「国際貢献」が本格的に始まると、社会党は、普遍的安全保障が確立されるまでの間は固有の自衛権に基づく最小限の自衛力と日米安保条約を許容するという方針案（「九三年宣言」案）を打ち出した。(3) 一九九四年六月に自民党、新党さきがけと連立政権を組み、村山富市首相が自衛隊合憲、日米安保体制堅持の方針で臨むことを明らかにすると（後述）、社会党もこれを追認する方向へと舵を切った。断固反対した国際平和協力法についても「目的と任務が武力行使を伴わないかぎり、国際平和協力法に基づきすべての国連平和維持活動に参加する」ことを容認した（日本社会党［1995a］）。

冷戦期の日本外交の準拠枠組みが憲法第九条の理念を追求する路線と日米安保を外交・安全保障政策の基軸とする路線の融合体――「九条＝安保体制」――であったとすれば、自衛隊の海外派兵をめぐる論議はその「崩壊の一つの表現形態」であった（酒井［1991］）。小沢のいう「普通の国」と非軍事的な役割の拡大に重点を置いた「グローバル・シビリアン・パワー」という二つの国家像は、あくまで専守防衛の目的で自衛隊を整備し、個別的自衛権の範囲で日米安保条約を運用するという安全保障政策について、異なる展望が存在したことを示している。ただ、自衛権の定義や自衛隊の位置づけ、国連を中心とする国際機関が主導する秩序維持への関与のあり方について本質的な議論が深まったとは言いがたい。自衛隊の海外派遣に消極的な意見に配慮し、自衛隊の「国際貢献」活動にはPKO協力法の定めた「PKO参加五原則」によって厳しい制約が課され、あくまで憲法第九条の許容する（と解釈される）範囲に収まるよう設計されていた。その限定のなかで、国際安全保障の分野で日本が人的貢献を含めて積極的な役割を果たしていくことについては、一九九〇年代前半に社会党を含む政治指導者の間でおおむね合意が形成されたのである。

◆◆Ⅲ　安保再定義

小沢の「普通の国」論は、冷戦終結後の世界では国連が本来の機能を果たすようになるだろうという観測と、冷戦期と同様に日本にとっては経済においても外交においても対米関係が最も重要で、日米安保条約を引き続き維持することが利益になるという前提の上に展開されている。国連の主導する平和維持活動や平和創造を超大国の米国が支え、日本はその米国との間で培ってきた協力関係を基盤として国連の秩序維持に能動的に参画するという構想であった。だから冷戦終結によって日米安保条約は不要になったという議論を彼は一蹴する（小沢［1993: 116-118; 127-137］）。ところが、小沢は日米の安全保障関係をどのように展開させていくのか、同盟にどのような役割を与えるのかについてはほとんど語っていない。この点は、渡辺美智雄などが、在日米軍経費の負担増やアジア太平洋地域における米軍の活動への支援の拡大を通じて日米の安全保障関係をより強化すべきとの見通しを示していることとは対照的である（渡辺ほか［1994: 80-82］）。

冷戦終結が同盟の存在意義に与える影響に敏感だったのは、あるいは細川護熙かもしれない。前述のよう

（3）『毎日新聞』一九九三年五月一四日。

に、憲法の理念に沿った「平和を主導する国家」を掲げた細川は、日米安保条約については「軍事的側面に偏りすぎている現状から、経済、文化などをより強調した包括的なものへシフトした方がいい」と主張している（細川［1993］）。日本の防衛力についても、日本を取り巻く安全保障環境がソ連という脅威の消滅によって大きく変わったことを踏まえて、軍縮の必要性と冷戦後の世界に適合的な「意味のある防衛力」の建設を志向した。一九九三年七月の総選挙で自民党が過半数を割り、日本新党を率いる細川が非自民連立政権の首班として指名されると、彼は旧知の西廣整輝元防衛事務次官を相談相手に有識者による防衛問題懇談会（座長：樋口廣太郎アサヒビール会長）を設置した（秋山［2002］；河野・渡邉［2016］）。

防衛問題懇談会が一九九四年八月に提出した報告書「日本の安全保障と防衛力のあり方（樋口レポート）」が、「能動的・建設的な安全保障政策」の必要に次いで「多角的安全保障協力」、具体的にはPKOや軍備管理、地域的安全保障対話、防衛交流の促進などを挙げ、その次に「日米安全保障協力関係の機能充実」、最後に「信頼性の高い効率的な防衛力の維持および運用」の項目を置いたことは、米国国防総省関係者にいささかの懸念を抱かせた。日本が、国連など国際システムによる多角的安全保障を日米安保よりも重視しているという印象を与えるかもしれないとみられたためであった。たしかにレポートは、冷戦終結によって安全保障環境が質的に変容し、米国を中心とする協調的多極の世界が出現するという前提に立っていた。そして、そのなかで日本が「能動的建設的な安全保障政策」をとる必要があること、これを可能にするものとして「多角的安全保障協力」を提唱するという論理構成になっていた。しかし順番は優先順位を表すものではなく、樋口レポートは日本自身の安全と地域の安全保障、さらに「多角的安全保障協力」の実現のために日米同盟は不可欠であり、「平和のための同盟」という見地から日米の安全保障上の協力関係を重視している（防衛問題懇談会［1994］；河野・渡邉［2016: 121-131］）。この樋口レポートを踏まえて一九九五年一一月、日本政府は「日米安全保障体制が我が国の安全及び周辺地域の平和と安定にとって引き続き重要な役割を果たし続ける」との認識のもとに基盤的防衛力を保有する方針を示した「防衛計画の大綱」を策定した（「平成八年度以降にかかる防衛計画の大綱」）。ほぼ同時期に米国政府内でも、米国が冷戦後もアジア太平洋地域に前方展開兵力を維持し、日米安保条約をはじめ二国間同盟や多国間安全保障枠組みを通じて地域の平和と安定に関与するとの方針が国防総省から示された（「ナイ・レポート」）。両政府がそれぞれ日米安保条約の必要性を確認するプロセスを経て実現したのが、「日米安全保障共同宣言――二一世紀に向けての同盟」（一九九六年四月）であった。

「日米安保共同宣言」は、日米両政府が、安保条約を基盤とする二国間の安全保障関係が「共通の安全保障上の目標を達成するとともに、二一世紀に向けてアジア太平洋地域において安定的で繁栄した情勢を維持するための基礎であり続けることを再確認」し、二国間の安全保障協力の促進、地域の平和と安定に向けた個別または共同の努力、そして国連などの国際機関による平和維持活動や人道支援活動を支援するための協力の強化について合意した文書である（外務省［1997a］）。翌年九月には一九七八年に合意された「日米防衛協力のための指針（ガイドライン）」が改定された。日本の防衛および安定した安全保障環境の構築のために両国が平素から行う協力、日本に対する武力攻撃に際しての共同対処行動に加えて、日本周辺地域で日本の平和と安全に重要な影響を与える事態（周辺事態）が発生した場合、日米がそれぞれ主体的に行う活動における協力と米軍の活動に対する日本の支援、運用面における日米協力を通じて対処することを規定した。さらに日米両国が情報交換や政策協議を充実するとともに、協議を促進し政策調整および作戦・活動分野の調整のためのメカニズムを構築することも合意された（外務省［1997b］）。「日米安保共同宣言」とガイドライン改定に帰結する一連の作業（安保再定義）は、安保条約を基盤とする二国間の安全保障協力を強化することによってアジア太平洋地域の平和と安定を維持するという日米両国の意思を、国際社会に向けて発信する効果を持った。

米国にとっては、日米安保条約が米軍のアジア太平洋戦略の一環を構成していることは、条約の成立した一九五一年当時から自明であった。日本国内においては、安保条約が正当性を有するにはまず在日米軍が日本防衛を目的として駐留しているという説明が不可欠であった。他方で、安保改定や沖縄返還を通じて、日本政府が非明示的ながら米軍基地の地域安全保障上の機能を支える意思を示してきたことも事実である（楠［2011］）。一九八〇年代初頭には、日米首脳会談の共同宣言で日米安保条約が「日本の防衛並びに極東における平和及び安定の基礎である」と表現されるようになった（外務省［1982］）。「日米安保共同宣言」は、冷戦後の国際秩序を構築するという要請に応えたものであると同時に、日米安保条約の地域安全保障機能に対する共通理解が冷戦期を通じて二国間で徐々に積み重ねられてきた結果であったとも考えられよう。基地提供と「日本国の施政の下にある領域における、いずれか一方に対する武力攻撃」（日米安保条約第五条）への対処以上の日本の義務を安保条約は規定してはいない。新ガイドラインは、「日本のすべての行為は、日本の憲法上の制約の範囲内において、専守防衛、非核三原則等の日本の基本的な方針に従って行われる」と明記した。ただ同時に、新ガイドラインは、周辺事態における日米の協力項目として米軍と自衛隊の共同行動を例示しており、日本の地域安全保障上の役割が拡大する可能性を示唆していた。

ところが、日米同盟の機能強化の是非や日本の役割のあり方が当時、政党間でそれほど議論されたわけではなかった。その理由としてはまず、一九九四年三月から六月にかけて深刻化した朝鮮半島の核危機と一九九六年三月の台湾海峡危機が、日米安保条約の必要性を多くの日本人に否応なく感じさせたことであろう。それらは冷戦構造が北東アジアにおいては厳然として存在し、日本の周辺で武力衝突が発生する蓋然性が低くはないことをこれ以上ないほどわかりやすいかたちで示した。とくに前者は、朝鮮半島有事の場合に日本政府は米軍に対してどのような支援が可能なのか、ほとんど検討されていないという事実を日本政府に突きつけた（船橋［1997: 第Ⅲ部］; 御厨・渡邉［2002: 162-173］）。明らかな脅威の存在と同盟がいざというときに機能しないのではないかという恐怖感は、安保条約に基づく日米の安全保障関係の強化を後押しこそすれ、懐疑的な議論を引き起こす方向には作用しなかったと考えられる。

第二に、一九九〇年代の日本政治が政治、経済システムの改革とバブル崩壊の後始末を最大の関心としていたことである。選挙制度改革に政治資金規正法の改正、住宅金融専門会社や銀行の不良債権処理問題、省庁再編など次々と重要な政治課題が浮上し、外交・安全保障問題はその陰に隠れがちであった。不況からの出口がなかなか見えないなかで、政治指導者たちは「改革」に活路を見いだし、とにかく「改革」というバスを走らせようとしていた感がある。一九九五年一月に発生した阪神・淡路大震災への対応とその後の復旧・復興、三月の地下鉄サリン事件などオウム真理教の引き起こした一連の事件も、戦後日本の政治、経済、社会の様々な問題を浮き彫りにした。それに、自民党が下野した一九九三年以降二一世紀に入るまで、五つの内閣はほとんど二年ももたない短命政権であった。連立の構成もそのたびに変わった。政権も政党も長期的な視野に立って外交・安全保障政策の検討に取り組む余裕はほとんどなかったのではないかと考えられる。

第三に、安保再定義のプロセスの大部分が自民党、社会党、新党さきがけの三党連立政権（橋本龍太郎内閣では社会党とさきがけは閣外協力）下で進行したために、潜在的には最大の安保反対――少なくとも将来的には日米安保条約の解消を目指す――勢力の運動が封じられたことは大きかったであろう。村山首相は就任後初の国会答弁で自衛隊を「専守防衛に徹し自衛のための必要最小限度の実力組織である自衛隊は、憲法の認めるもの」と明言するとともに、日米安保条約は地域の平和と安定のために不可欠であり「日米安保体制の円滑かつ効果的な運用を確保していく」方針を明らかにしていた。[4] 社会党は一九九五年五月の臨時全国大会でこの首相の方針を追認した（日本社会党［1995b］）。その後まもなく始まった新「防衛計画の大綱」の策定作業にあたっては、社会党の大出俊を座長とする与党防衛調整会議を通じて三党間の合意が形成された。社会党が日米安保条約の軍事的役割の極小化、自衛隊違憲論を放棄する一方で、自民党は従来の憲法解釈の範囲で――したがって集団的自衛権の行使は容認しない――日米安保条約の運用と自衛隊の役割の拡大を志向した。橋本首相は米国政府との折衝に当たった竹内行夫・外務省条約局長に、「僕が考えているのは日米安保の『効果的運用』であって、『拡大』ではないからね」と念を押したという（春原［2007: 51］）。両党のこうした抑制的な姿勢が三党合意を可能としたと考えられる。具体的な問題について自社の意見が対立する局面はしばしばみられたものの、国際情勢の認識や防衛の基本方針、日米安保条約の役割、今後の防衛力の役割や防衛力建設の構想など基本的な問題について、意見の相違はみられなかったと言われる（秋山［2002: 72-77］)。

日米安保共同宣言と一九九七年ガイドラインは、一九九六年九月に鳩山由紀夫と菅直人を共同代表として出発した民主党にも外交・安全保障政策の前提として受け入れられた。一九九八年四月に民政党などの政党が合流し野党第一党となったあと、一九九九年に発表された民主党政権政策委員会提言は、「民主主義と自由主義経済という価値観を米国と大枠において分かち合い、米国と安全保障・経済面で緊密な関係を構築してきたことが、戦後わが国の安全保障と繁栄に大きく貢献してきた」として米国との安全保障関係を高く評価し、「日米安全保障体制をわが国の安全保障政策の最も重要な柱とする」と宣言している。さらにアジア太平洋地域の情勢に鑑みて「当分の間、日米安保体制の実効性を高めることが、アジア太平洋地域の平和と安定のための重要な基盤である」と論じ、一九九七年ガイドラインの必要性についても認識すると明言した（民主党［1999］)。一九九七年ガイドラインの成立に対応する国内法、周辺事態法、改定日米物品役務相互提供協定、改正自衛隊法（一九九九年五月成立）については、民主党は周辺事態法を除く二法に対して賛成票を投じた。

政権政策委員会の提言は行財政改革や労働市場改革など、やはり「改革」メニューの提示に重点があり、外交・安全保障政策は七項目のなかでようやく六番目に登場する。優先順位はあまり高くなかったことがうかがえよう。そもそも細川の日本新党や新党さきがけの一部、旧民社党系から社会党右派まで、民主党に合

（4）「第一三〇回国会衆議院会議録第二号」一九九四年七月二〇日。

流した諸集団はイデオロギー的に距離が大きく、外交・安全保障政策は意見の集約が最も難しい分野だった。しかしともあれ、日米の安全保障関係を維持、強化していくことが当面は日本の利益となるという感覚は、最大野党、民主党と自・社・さ連立政権との間で共有されていたと考えてよい。政党間に安全保障政策に関するコンセンサスがほとんど存在しなかった冷戦期を顧みれば、主要政党が「日米安保体制の堅持」を外交・安全保障政策に掲げたことは画期的だったと言えるかもしれない。

「日米安保体制の堅持」というコンセンサスは、専守防衛や集団的自衛権の不行使、非核三原則や武器輸出三原則など冷戦期以来の日本の基本姿勢も同時に堅持するという前提の上に成立していた。そして、民主党は対米協力にあたって「主体性」の維持を重視した。民主党の政策提言には「主体性をもって米国に対して建設的な意見を述べ」「主体性ある安全保障政策の確立をめざします」「わが国の主体性を十分に担保する」など、「主体性」が繰り返し登場する。その具体的な表現は、「従来の日米安保体制は重要な意志決定を米国に委ねるという点で、真の意味での同盟関係とは言いにくい状況にあった。今後わが国のとるべき態度は、国益を十分踏まえつつ米国との緊密な対話・協議を行う姿勢であるが、その前提として求められているのはわが国の主体性である。米国との緊密な話し合いを前提に、国内法令の整備などを通じて事前協議制度のあり方を明確にする」「在日米軍基地のあり方については不断に見直す。朝鮮半島安定後の極東における米軍のプレゼンスのあり方、アジア太平洋地域の平和と安定を確保するための拠点としての在日米軍基地の位置づけなどについて、中長期的な視点にたって検討を行う。また、日米地位協定の運用改善に向け、米国と交渉していく」。日米協力の強化は必要であるにせよ、「日本としては、同盟国としての信頼関係を構築しつつ、米国の行動が米国の国益に偏りバランスを欠いたものとならないよう、率直に協議する」などの希望群であったろう（民主党［1999］）。

日米協力の深化が冷戦期以来の安全保障の諸原則と衝突するとき、コンセンサスは崩壊する可能性を秘めていた。同盟の実効性を高めようとすれば、自立・自主の願望が疼き出す。合意の脆さは「体制」「堅持」というあいまいな概念に覆い隠されていた。あいまいであったから諸勢力間にコンセンサスが生まれたと言えるのかもしれない。しかし結果として、「日米安保体制の堅持」という謳い文句だけが先走りし、地域ないしグローバルな安全保障分野での日米協力のあり方や日本のとることのできる行動、その政治外交上、安全保障上の効果について実際的で政策志向の議論は置き去りにされた感がある。

◆◆Ⅳ グローバルな安全保障のための日米同盟

二一世紀に入ってからの自民党指導者には「吉田ドクトリン」、すなわち軽武装、経済中心、日米安保を基本方針としてきた日本外交に対する批判的な言動がしばしばみられる。冷戦終結とともに革新勢力が急速に力を失い、冷戦期には論壇の多数派を占めてきた護憲派は、湾岸危機・戦争の経験も重なって勢力を減退した。これによって相対的に現実主義者の、なかでも自主・自立志向の強いナショナリズムの影響力が増大し、政治指導者たちの議論にも波及した（添谷［2008］）。小泉純一郎は、日本が安全保障を米国に依存してきたことが、「武器を持たなくても国は守れるという錯覚」を生んだと言う（小泉［1997: 142-146］）。安倍晋三は、西ドイツと比較しながら「ひるがえって日本の戦後はどうだったろうか。安全保障を他国にまかせ、経済を優先させることで、わたしたちは物質的にはたしかに大きなものを得た。だが精神的には失ったものも、大きかったのではないか」と問いかける（安倍［2006: 126-128］）。吉田の孫である麻生太郎も、アジア太平洋戦争への悔恨の情が「抜き難い自己不信の心情」を生み、「武力にまつわるものは否定するか、蔑みの対象とする風潮が実に延々と」続いたとして、やはり「吉田ドクトリン」的な生き方の負の側面に目を向けた（麻生［2008: 8-12］）。

日本の防衛責任の回避を問題視する点で、これらは一九五〇年代の保守政治家が追求した自主独立外交の色彩を帯びている。他方で、「吉田ドクトリン」の核心たる日米同盟がこうした議論で否定されることはなかった。安倍は「『自分の国は自分で守る』という気概が必要なのはいうまでもないが、核抑止力や極東地域の安定を考えるなら、米国との同盟は不可欠であり、米国の国際社会への影響力、経済力、そして最強の軍事力を考慮すれば、日米同盟はベストの選択なのである」と論じた。日米が自由と民主主義、人権、法の支配、自由な競争という基本的な価値観を共有していることも重視する。麻生は日米同盟を「アジアと世界の公共財としての日米同盟」と呼んだ。そして安倍は、日米同盟の「双務性を高めることは、信頼の絆を強め、より対等な関係をつくりあげることにつながる」と説き、麻生は日本が「従者の発想」を捨て、「共同管理者」として日米同盟の管理、充実に当たっていく決意を持つ必要を訴えた（安倍［2006: 128-130］; 麻生［2008: 119-133］）。日米同盟における日本の役割を拡大することが日本の自主性、自立性を強めるという感覚が、自民党指導者たちに共有されていたのである。

日米同盟の機能の拡大・強化が進んだのは、中曽根康弘内閣以来の長期政権となった小泉内閣（二〇〇一年四月〜二〇〇六年九月）の五年間であった。靖国神社参拝問題を契機に中国や韓国との関係が冷え込んだのとは対照的で、日本外交が対米関係重視をますます強めた印象を与える。小泉自身は日米同盟を「最重要視すべき同盟関係」とみなしていた（小泉［2001: 165-169］）し、それはおそらく、在日米軍が日本の平和を維持してきたという認識に基づいていた（小泉［1997］）けれど、冷戦後の同盟の役割について彼はそうした一般論以上の認識を語ってはいない。そのうえ、前述のように、小泉は自衛隊のＰＫＯ活動への参加には慎重な姿勢をとっていた。国際紛争の解決には軍事力の行使が必要なこともあるというのが国際社会の常識だが、憲法第九条が日本に海外での武力行使を許さない以上、日本は非軍事分野で積極的に貢献すべきだという議論は明快である。[5]「日本が国際社会のなかで確固たる地位を築き、『なるほど、日本というのは守るべき価値がある国だ』ということを米国にアピールしていく方法だっていいじゃないか。こっちは守ってもらっている立場だけど、だからといって、米国の言いなりになる必要もない」という感覚には（小泉［2001: 165-169］）、米国をはじめ国際社会の非難への対応という観点が先行し雪崩を打つように始まった「国際貢献」ブームに対する批判のまなざしが感じられよう。

一九九〇年代後半に沖縄の基地負担の軽減・本土による負担を主張していることも、小泉の関心のありかをある程度物語っている（小泉［1997: 140-141］）。直接的には、一九九五年九月に発生した少女暴行事件をき

（5）『朝日新聞』一九九四年一一月一八日。

っかけに沖縄で基地反対運動が高揚していたという情勢への反応であった。ここでも横須賀を地盤としていたことが、問題への感度を高めたかもしれない。小泉内閣が発足してからも外務省と防衛庁に本土移設の可否を尋ねたというから、関心は持続していたのである。ただ政権期を通じて、普天間移設問題をはじめ沖縄の基地問題に小泉がリーダーシップを発揮した形跡はないから、格別の情熱があったわけではないであろう（春原［2007］；宮城［2016］）。総じてその時々の話題に直感的に反応するという域を出なかったのが、三〇年近い政治経験のなかで外交・安全保障政策を体系的に考える機会をほとんど持たなかった、小泉という自民党の異端児ではなかったか。

見方を変えれば、そのぶん柔軟な対応が可能だったということであろう。就任から半年足らずのうちに発生した米国の同時多発テロ（二〇〇一年九月）とG.W.ブッシュ政権による対テロ戦争は、イスラム原理主義などによって引き起こされるテロに対抗するための国際協力の必要性を高めると同時に、大量破壊兵器の不拡散や中東の民主化という目的を掲げて武力行使に訴える米国を同盟国はどこまで支持できるかという難しい問題を提起した。小泉内閣は、一〇月末にはテロ対策特措法を成立させ、インド洋での給油作戦に海上自衛隊を派遣した。イラク攻撃の意思を漲らせた米国政府に対しては、国際協調を模索するよう説得しつつ、二〇〇三年三月の開戦後はすみやかに支持を表明し、大規模戦闘終結宣言が発表されたことを受けて七月にイラク特措法を成立、これに基づいてイラク・サマーワに自衛隊を派遣して同地の復興支援に当たった（信田［2006］）。いずれも国際平和協力法の適用は困難な事例であり、小泉政権は時限立法で特別措置法を成立させるという緊急避難的措置で米国への協力を実現した。今度は湾岸戦争時のような失敗を繰り返してはならないという感覚が政府・与党に共有されていたことは間違いない。加えて、北朝鮮の核・ミサイル問題に直面する日本は、いざというときに米国に見捨てられないよう、米国との同盟関係を弱めるような行為はできないという考慮も働いた（麻生［2008］；宮城［2016］）。そして「政策なんて考えたことのない男だけど、感覚は鋭い」（亀井静香評。御厨ほか［2013: 48］）という小泉の個性が、一連の過程を支えたように思われる。

米国との関係強化は日米同盟のグローバル化というかたちでも現れた。小泉首相が訪米した二〇〇六年六月に発表された「新世紀の日米同盟」は、日米両国は自由、人間の尊厳および人権、民主主義、市場経済、法の支配といった普遍的価値観、テロとの闘いにおける勝利、地域の安定と繁栄の確保、市場経済の理念・体制の推進、人権の擁護、シーレーンを含む航海・通商の自由の確保、地球的規模でのエネルギー安全保障の向上といった利益を共有する関係であるとして、政治・安全保障・経済面での二国間協力を進め「『世界の中の日米同盟』が一貫して建設的な役割を果たし続ける」という認識を共有することを確認した（外務省［2006］）。

こうして米国のアジア太平洋戦略との一体化を進める小泉政権の姿勢に、民主党は批判の目を向けた。一九九〇年代後半に結党し自民党に代わる勢力を目指してきた民主党が、外交・安全保障政策の前提として日米安保共同宣言と一九九七年ガイドラインを受け入れていたことは前述のとおりである。二〇〇一年一一月に発足した超党派の議員グループ「新世紀の安全保障体制を確立する若手議員の会」には、前原誠司などが民主党から参加した。他方で、例えば鳩山由紀夫は、「アメリカに依存しすぎてきた日本が結果として国民自身の自立心をむしばんできた可能性があるのではないか」と論じる点で、安倍晋三と立場を同じくしていた。しかし、「東西冷戦構造が崩れた後も、アメリカに外交・安全保障を依存していれば、日本は安全なのだという発想から逃れられないのはいかがなものか」「一国の領土のなかに他国の軍隊が平然と入っていること、そのことによってこの国の平和が保たれているということは、世界史のなかで決して常識的な話ではありません」という感覚が先に立ち、それゆえに「東アジア共同体」を構築してアジアの近隣諸国との間に協力関係を実現すべきだと説くのが鳩山であった。地域に不戦共同体が実現すれば、在日米軍を撤退させ有事の際にのみ米軍の協力を求める体制──「常時駐留なき安保」──が可能になると構想する（山口・中北［2014: 96-100］）。

主権国家が外国軍隊に基地を提供することへの本能的な違和感は自民党内にも存在したし、常時駐留なき安保もしくは有事駐留方式は、かつて民社党が主張した案であった。地域を構成する諸国間で多国間の安全保障枠組みを構築し、地域の平和と安定を創出するという発想は、非武装中立を掲げた旧社会党の提案に通じており、鳩山の主張は民主党内では最大公約数的な理解を得やすいものであったと思われる。一九九〇年代末以降、民主党の公約やマニフェスト（二〇〇三年導入）には自立的で対等な同盟関係の構築と地域における総合的な協力、連携の推進が外交・安全保障政策の基本方針の一つに掲げられた。すなわち、最後は米国に従うしかないといった依存の関係ではなく協力すべきは行う、言うべきことは言うという成熟した同盟関係を目指すこと。具体的な目標としては地位協定の見直しや沖縄の米軍基地の整理縮小が掲げられた。そして自由貿易体制の構築や通貨の安定、環境やエネルギー資源、災害救援、教育、犯罪対策、そして安全保障の分野で東アジア地域における相互協力や信頼醸成を進めることであった（民主党マニフェスト／政策集）。

小沢一郎の率いる自由党が合流した二〇〇三年九月以降は、小沢の持論である「国連中心主義」がマニフェストに見え隠れするようになった。国連が機能するという前提に立って組み立てられた「普通の国」論のなかで、その国連を中心に国際機構の主導する秩序形成に日本が積極的に参加するという構想が昇華した議論と言えるであろう。国連の集団安全保障を支えるという政策であるかぎりにおいて、横路孝弘などを中心とする社会党グループにも受け入れられる議論であった（御厨ほか［2013: 53］）。以上のような政策構想が渾然一体となった民主党においては、米英が国際的な合意を得ないまま見切り発車したイラク戦争は国際法違反に等しいものとして非難され、イラク復興支援を目的とする自衛隊の派遣は、特措法の想定と現地情勢の乖離が問題視された。

自立的な外交、対等な日米関係という目標は、それ自身が意味内容を持ちなんらかの方向性を示しているわけではなく、現状に対するアンチテーゼに過ぎない。対等な日米関係を実現した先にどのような秩序を描くのか、日米同盟が地域的、さらにはグローバルな役割を拡大しているという現実の分析の上に展望を示す必要があったはずである。「東アジア共同体」あるいは「北東アジアフォーラム」と表現された地域協力構想や国連中心主義は、日本外交の指針の一つとなりうる概念ではあったが、日本を取り巻く国際環境を踏まえて現実的な安全保障体制を提示するという発想は欠如していた。そもそも一九五七年に刊行された『わが外交の近況』が「国際連合中心」「自由主義諸国との協調」「アジアの一員としての立場の堅持」を日本外交の三大原則として掲げた（外務省［1957］）ように、米国との同盟関係、アジアの平和と安定の追求、国連の集団安全保障機能を高める努力は相互補完的に日本の外交・安全保障政策を構成してきたと考えるべきなのであろう。民主党の外交・安全保障政策の問題は、「東アジア共同体構想」や国連中心主義が日米同盟重視の路線に代わりうるという印象を与えたことにあったように思われる。それらが日米同盟の軍事的機能を希釈しようという志向を持ち、さらにマニフェストには米軍再編や在日米軍基地のあり方、日米地位協定の見直しといった同盟関係を左右する諸項目が掲げられたこともあって、そうした印象はますます強まった。

二〇〇九年九月の鳩山内閣の発足後、日米関係が混乱するのは時間の問題だったであろう。マニフェストに掲げられたあまりに具体的な政策目標と「政治主導」の掛け声は、様々な局面で民主党政権を拘束し立ち往生させることになったが、外交・安全保障問題については、鳩山首相がマニフェストにはなかった普天間基地の県外移設を約束したことが躓きの石となった。新たな移設先をめぐって半年以上、迷走を重ねた挙句に辺野古案に回帰し、その結果として社民党の連立離脱を招いたことで、鳩山は政権を継続する力を失った（日本再建イニシアティブ［2013: 130-139］）。二〇一一年参議院選挙のマニフェストでは、「対等な日米関係」という謳い文句は消滅し、「総合安全保障、経済、文化などの分野における関係を強化することで、日米同盟を深化させます」という目標が第一に掲げられた。「東アジア共同体」の実現を目指すという目標も残されてはいるものの、後退した感は否めない（民主党［2010］）。

菅直人内閣（二〇一〇年六月〜二〇一一年九月）、野田佳彦内閣（二〇一一年九月〜二〇一二年一二月）のもとで日米同盟の強化は進んだ。二〇一一年六月、民主党政権下で初めて開かれた日米安全保障協議委員会（2＋2）は、日米が警戒監視等での協力、拡大抑止、宇宙、サイバー、多国間協力、人道支援・災害救援・環境など様々な分野で安全保障協力を深化・拡大することを合意するとともに、地域安全保障に関する共通の戦略目標を確認した。「今回民主党が政権を獲得して2＋2が開かれたことにより、日本の政治勢力の八〇％がコミットしているという点において、次の五〇年に向け大変意義深いもの」と成果を評価した北澤俊美防衛相の発言は、自民党政権下で進んだ日米同盟の地域安全保障、グローバルな安全保障上の役割拡大を民主党政権が受け入れたことを示している（外務省［2011］）。その前年には防衛計画の大綱が見直された。中国の台頭や北朝鮮の核・ミサイルの脅威が継続するアジア太平洋地域の安全保障環境とグローバルな安全保障課題に対処するため、「即応性、機動性、柔軟性、持続性および多目的性を備え、軍事技術水準を踏まえた高度な技術力と情報能力に支えられた動的防衛力」の構築とともに、地域の抑止力として、また多国間の安全保障協力やグローバルな安全保障課題への対応の基盤として、日米同盟を深化・発展させる必要が確認された（防衛省［2010］）。武器輸出三原則の緩和（二〇一一年一二月）、海洋安全保障に関するイニシアティブなども、同盟国である米国の利益に資する決定であった。同時にそれらは、民主党政権の外交・安全保障政策が「現実主義に再回帰」したことの表れであった（日本再建イニシアティブ［2013: 156-157］）。

◆◆ V おわりに

民主党の二〇一三年マニフェストは、外交・安全保障政策について「日本の外交安全保障の基軸である日米同盟をさらに深化させます。在日米軍再編に関する日米合意を着実に実施し、抑止力の維持をはかりつつ、日米地位協定のあり方を含め、沖縄をはじめとする関係住民の負担軽減に全力をあげます」として、日米同盟の深化を第一に挙げた。次が「共生実現に向けたアジア外交」である。二〇一二年一二月の総選挙に惨敗して政権を失ってからも、民主党の外交・安全保障政策は菅・野田政権時代の日米同盟強化路線を踏襲したのだった。他方で、解説部分には次のような記述がみられる。「民主党らしい価値観として、『多国間協調の枠組み』を重要視すべきだという議論がありました。あるいは国際連合、一部には『国連中心主義』まで明記すべきとの議論もありました。そこは三年間の政権担当期間における現実感覚も踏まえて、やはり優先順位をつけることが適切であり、まず日米関係、そしてアジアや太平洋地域との共生、さらに多国間協調の枠組み、その代表選手が国際連合であるという書き方が採用されました」（海江田［2014: 17, 89］）。

「東アジア共同体構想」と表現された多国間協調の枠組みや国連協調主義を、依然として日米同盟強化路線に対抗的な路線として認識する議論があったことがわかる。政策議論を積み上げ、妥協点を見いだして結論を出し、党として決定するという経験に乏しく、政権を担当した三年あまりの間にもそうしたプロセスが確立されなかったのが民主党であった。鳩山政権が混乱のうちに退陣した後も、菅首相の消費税増税発言や野田首相が打ち出した社会保障と税の一体改革は、党内で小沢一郎を軸とする人的抗争と政策路線をめぐる対立を連動させ、政権与党としての一体感は損なわれていった。政権交代のたびに政治主導が後退し「改革」精神が失われていくことへの反発も燻ぶった（日本再建イニシアティブ［2013］; 御厨ほか［2013］）。日米同盟強化路線がどの程度党内で議論され、党としての合意に基づいていただろうか。第二次安倍政権が安定感を増すのに反比例して民主党への支持が低迷し、さらに集団的自衛権の行使容認や平和安全法制というかたちで安倍政権が日米同盟の強化に傾斜すると、「民主党らしさ」への回帰への衝動が強まったとしても不思議ではない。その結果が平和安全法制をめぐる国会論戦であったろう。

冷戦後の国際環境に対応した外交・安全保障政策のあり方を模索するなかで、自民党を中心とする勢力は、地域的な、さらにグローバルな安全保障における日米同盟の役割を重視し、米国との安全保障協力を強化するとともにそのなかで日本の役割を拡大していくことが望ましいと考えた。日本が同盟の共同管理者としての実体をつくり上げることが日本の自主性、自立性を高め選択肢を広げることになるという感覚がその根底にある。これに対して、日米同盟の重要性を否定するものではないが、日米の一体化が日本の自主性、自立性を毀損する可能性に敏感で、しかも同盟の拡大・深化は必ずしも地域やグローバルな平和と安定をもたらすわけではなく、多国間の安全保障枠組みの形成や国連の集団安全保障機能の強化に力を注ぐべきだと主張する勢力が存在している。冷戦後の二〇年間を通じて、外交・安全保障政策をめぐる路線対立は、「平和のための同盟」の拡大・深化路線と「日本の安全保障のための同盟」の維持路線に整理された考えることができるであろう。冷戦期の憲法第九条の理念を追求する路線と日米安保を外交・安全保障政策の基軸とする路線は、それぞれ冷戦後の世界に適合するよう装いを変えたのだった。

この二つの路線の間には、第一に国連を中心に国際機関が主導する平和構築や災害救援などに日本が自衛隊の派遣を含めて積極的に人的貢献を行うこと、第二に日米安保体制を堅持すること、について合意が存在する。外交・安全保障政策について原則的な合意が形成され、維持されているのはともあれ二〇年間の成果であろう。他方で、それぞれの合意にどこまで実体が与えられているのかは問われなければならない。日米の安全保障関係は、安保条約の内容をはるかに超えて地域の、さらにはグローバルな安全保障を担う機能を持つようになったが、自衛権の定義や自衛隊の位置づけ、国連を中心とする国際機関が主導する秩序維持への関与のあり方、日米の同盟関係が地域、グローバルな安全保障で果たす役割、同盟強化の効用と限界、日本がとることのできる行動とそのために持つべき力など、現実の国際情勢の分析に基づいて議論されるべき問題は置き去りにされるか、抽象論に終始してきたように思われる。冷戦期の議論の枠組みに変わる枠組みを構築できなかったのが、安全保障分野の「失われた二〇年」ではなかったろうか。

参考文献

秋山昌廣 2002『日米の戦略対話が始まった―安保再定義の舞台裏』亜紀書房
麻生太郎 2008『自由と繁栄の弧』幻冬舎文庫
安倍晋三 2006『美しい国へ』文春新書
岡本行夫（述）／五百旗頭真ほか（編）2008『岡本行夫―現場主義を貫いた外交官』朝日新聞出版
小沢一郎 1993『日本改造計画』講談社
海江田万里（編）2014『民主党公式ハンドブック』勉誠出版
外務省 1957『一九五七年版わが外交の近況』（一九五七年九月）<http://www.mofa.go.jp/mofaj/gaiko/bluebook/1957/s32-contents0102.htm>
―― 1982「鈴木総理大臣とレーガン＝アメリカ合衆国大統領との共同声明」（一九八一年五月八日）『一九八二年度版外交青書』<http://www.mofa.go.jp/mofaj/gaiko/bluebook/1982/s57-shiryou-403.htm>
―― 1997a「日米安全保障共同宣言―二一世紀に向けての同盟」（一九九六年四月一七日）『一九九七年度版外交青書』<http://www.mofa.go.jp/mofaj/gaiko/bluebook/97/1st/234-240.html#n2>

――1997b「日米防衛協力のための指針」（一九九七年九月二三日）<http://www.mofa.go.jp/mofaj/area/usa/hosho/kyoryoku.html>
――2006「新世紀の日米同盟」（二〇〇六年六月二九日）<http://www.mofa.go.jp/mofaj/kaidan/s_koi/cnd_usa_06/ju_doumei.html>
――2011「日米安全保障協議委員会（「2＋2」閣僚会合）の開催」（二〇一一年六月）<http://www.mofa.go.jp/mofaj/area/usa/hosho/2plus2_gai1106.html>
楠　綾子 2011「日米同盟の成立から沖縄返還まで」竹内俊隆（編）『日米同盟論―歴史・機能・周辺諸国の視点』所収、ミネルヴァ書房
河野康子・渡邉昭夫（編）2016『安全保障政策と戦後日本　一九七二～一九九四―記憶と記録の中の日米安保』千倉書房
小泉純一郎 1997『小泉純一郎の暴論、青論―政界のイチローが語る、痛快本音エッセイ』集英社
――2001『コイズム』メディアレブ
酒井哲哉 1991「『九条＝安保体制』の終焉―戦後日本外交と政党政治」『国際問題』372: 32-45
佐道明広 2012『現代日本政治史⑤「改革」政治の混迷　一九八九～』吉川弘文館
――2016「小泉純一郎―劇場型政治家の『決断』と『思想』」増田弘（編）『戦後日本首相の外交思想―吉田茂から小泉純一郎まで』所収、ミネルヴァ書房
信田智人 2006『冷戦後の日本外交―安全保障政策の国内政治過程』ミネルヴァ書房
春原　剛 2007『同盟変貌―日米一体化の光と影』日本経済新聞出版社
添谷芳秀 2008「吉田路線と吉田ドクトリン―序に代えて」『国際政治』151: 1-17
――ほか（編）2014『「普通」の国日本』千倉書房

武村正義 1994『小さくともキラリと光る国・日本』光文社
日本再建イニシアティブ 2013『民主党政権　失敗の検証―日本政治は何を活かすか』中公新書
日本社会党 1995a「九五年宣言（草案）」『月刊社会党』1995-1: 74-77
―――― 1995b「九五年宣言―新しい基本価値と政策目標」『月刊社会党』1995-12: 181-186
橋本龍太郎（述）／五百旗頭真・宮城大蔵（編）2013『橋本龍太郎外交回顧録』岩波書店
船橋洋一 1997『同盟漂流』岩波書店
防衛省 2010「平成二三年度以降に係る防衛計画の大綱について」（二〇一〇年一二月一七日）<http://www.mod.go.jp/j/approach/agenda/guideline/2011/taikou.html#besshi>
防衛問題懇談会 1994「日本の安全保障と防衛力のあり方―二一世紀へ向けての展望」（一九九四年八月一二日）<http://worldjpn.grips.ac.jp/documents/texts/JPSC/19940812.O1J.html>
細川護煕 1993「『改革』の旗のもとに」『文藝春秋』71(1): 156-168
御厨貴・渡邉昭夫（編）2002『首相官邸の決断―内閣官房副長官石原信雄の二六〇〇日』中公文庫
――――・牧原出（編）2011『聞き書　武村正義回顧録』岩波書店
――――ほか 2013『政権交代を超えて―政治改革の二〇年』岩波書店
宮城大蔵 2016『現代日本外交史―冷戦後の模索、首相たちの決断』中公新書
民主党「一九九八年基本政策」（一九九八年四月二七日）<https://www.dpj.or.jp/about/dpj/policy>
―――― 1999「政権政策委員会提言」（一九九九年八月二四日）<http://archive.dpj.or.jp/news/?num=8855>
――――「マニフェスト／政策集」<http://archive.dpj.or.jp/policy/manifesto/>
―――― 2010「マニフェスト二〇一〇」（二〇一〇年六月一七日）<http://archive.dpj.or.jp/special/manifesto2010/data/manifesto　2010.pdf>

森　裕城 2002『日本社会党の研究―路線転換の政治過程』木鐸社
薬師寺克行（編）2012『村山富市回顧録』岩波書店
山口二郎・中北浩爾 2014『民主党政権とは何だったのか―キーパーソンたちの証言』岩波書店
渡辺美智雄ほか 1994『新保守革命』ネスコ
Funabashi, Yoichi. 1991. "Japan and the New World Order." *Foreign Affairs*. Winter 1991/1992.

第7章 労働政治から見た「失われた二〇年」
――もう一つのアクティベーション時代の労働

篠田　徹

◆◆ I　はじめに

本章は「失われた二〇年」を労働政治の観点からふりかえり、それがどのようなありようであったかを考える[1]。労働政治とは労働に関わる人々の関心や利益をめぐる集合行為全体を指す。ここには労働とそれに関わる人々の定義や範疇をめぐるそれも含まれる。従来労働政治をめぐる議論は、もっぱら政治過程をめぐって行われてきた。それに対して本章は、人々の間に多様な関係性を意識させる社会過程を含めて労働政治を考える（久米［2005］；篠田［1989; 2016］）。

労働の問題とは、人間の行為としてのそれに始まって、生産という集合行為、これにその成果の分配と消費をも含めたその制度や機構、それらの過程で起こる多様な権力関係とそこから派生する様々な社会集団の関係から、政治、経済、社会の体制のあり方、そして世界観の内容にいたって、ついに「人はパンのみに生きるにあらず」という生の意味をめぐる地平に達する。つまり労働の問題は、人間が生きる現実の諸相に外延すると同時に、その日常の光景に人々を束ねる価値を与える力を内包している。

この労働問題の全体性は、はじめから内容的に措定され、常に人々に明示されているわけではなく、時代と場所に特有の諸集団の権力関係によってつくりかえられる。そしてこの労働問題の可塑性が、労働政治にダイナミズムを与える一つの重要な要因となる。

荒削りではあるが、本章の結論を先取りして言えば、「失われた二〇年」は、それまで短くは日本の場合第二次大戦後、世界で見れば長くは二〇世紀に入って、その焦点を大量生産大量消費と階級関係に収斂し、労働問題を雇用や労使関係のルーティンワーク的な制度や政策に縮減することで封印してきたこの労働問題の全体性という「パンドラの箱」を開け、この間の労働政治を活性化させた。ただその開封過程は、それ自体政治経済的にしばしば外発的であると同時に、社会文化的に底堅く内発的であるなど錯綜し複雑な様相を呈した。本章が労働政治の射程を広くとる所以もここにある。

以下では、この労働問題の全体性の不均等な回復過程とそれが現代の労働問題に頗行的に再帰する状況を「労働問題の主流化」と呼び、「失われた二〇年」の労働政治の一つの特徴としてとらえ（Shinoda［2008］）、こうした観点からこの間生じたいくつかの政治経済、社会文化的な事象の再解釈を試みることで、その具体的なありようを部分的ながらも提示する。

（1）以下の論考は、二〇一五年一一月にハーバード大学で行われたシンポジウム「失われた二〇年と日本社会の変容」での発表をふまえ、その後さらに考察を加え、二〇一七年三月に公刊した論考（篠田［2017］）に加筆修正を加えたものである。

なおここでの記述は、そうした変容領域の位置情報の提供にとどめ、それぞれの詳細な分析は別稿でその機会を待ちたい。

◆◆Ⅱ 労働問題の主流化の背景

1 アクティベーションの時代

一般に、「アクティベーション（activation）」とは、クレジットカードやソフトウェアを使えるようにする、つまり機能を使える（active）ようにすることを指す。ただ政治的、歴史的には、一九九〇年代半ば以降、欧米各国の福祉国家改革のなかで、福祉受給者を雇用可能者にする、いわゆる「福祉から就労へ（welfare to work）」政策などの類義語として使われることが多い（福原［2007］）。

筆者は、これを広義にとらえ、一九九〇年代半ば以降今日までの「失われた二〇年」と呼ばれる時代の政治経済、社会文化、とりわけ労働をめぐる様々な動きを象徴する言葉として使いたい。

実際「失われた二〇年」は、一九八〇年代以降の新自由主義やグローバル化、あるいは冷戦終焉によって、部分的には一九三〇年代から、本格的には第二次大戦後およそ半世紀近く続いた日本を含む資本主義レジームが大きく変容するなかで、その間使用がはばかられた政策の封印が解かれ、また休眠していた様々な社会的機能が息を吹き返した時代でもあった。

2 冷戦終焉

「失われた二〇年」は一九九〇年代前半の、いわゆるバブル崩壊が引き金と言われる。もっとも世界的にはその直前、すなわち「ベルリンの壁の崩壊」をはじめとする八〇年代末の冷戦の終焉があった。これは、労働市場の規制緩和や労働運動に対する保守政権や経営側からの攻勢に拍車をかけさせたという意味で、八〇年代から進行していた新自由主義的なアクティベーションを世界的に促進させたことは間違いない。つまりそれまでの労働全般をめぐる「冷戦的」な枠組みが弛緩ないし崩壊することで、それまで封印されてきた政策や行動が、全面的に息を吹き返す可能性が広がったという意味は大きい。

3 バブル崩壊

この冷戦崩壊期と踵を合わせたという意味で、バブル崩壊は、単に経済的な破綻という意味だけではなく、これまでの経営、雇用、福祉を含めた日本における労働レジームと、それをめぐる戦後労働政治の転換点として再考すべきであろう。

それは戦後レジームのなかでタブー視されてきた様々な政治経済、社会文化の選択肢がその封印を解かれる可能性が広がったという点で、バブル崩壊以降の新自由主義政治の展開を、規制緩和や労働市場の柔軟化という意味を超えて、本章でいうアクティベーションの問題として考えるべきことを示唆している。

この点で、本章の文脈で一つ注目すべきは、バブル崩壊と戦後自民党一党優位体制の事実上の崩壊を意味した細川政権の成立が、時期を同じくしたことである。また結果としてそれを用意することになった、一九八九年の連合の結成と参議院選挙における連合候補の大量当選の意義も、もう一度考えるべき点であろう。というのも、従来連合結成は、一九七〇年代、あるいは一九六〇年代にさかのぼることもできる労働戦線統一の終着点と位置づけられ、連合候補の成功は、その勢いのあった新組織が政治的転換期に遭遇したハプニング的な事件ととらえられる傾向があった。

けれどもバブル崩壊が、一九七〇年代から続いた安定成長の終焉であり、またそこに冷戦崩壊という、日本の文脈で言えば「戦後」の終焉を示唆する時代状況を重ね合わせた場合、連合成立と連合候補の躍進という事件は、労働戦線統一という引き延ばされた戦後労働運動の宿願成就と戦後レジームの衰退期という、二重の、部分的には明らかに相反する歴史的使命を帯びた事柄が同時に起こったことを意味する（篠田［1996］）。それは、この変則的な政治的機会構造のために政府や経営側、あるいは他の社会組織との関係を含めて、労働運動や労働政治において、その都度アクターの選択しうる行動のレパートリーが多角的に増えたことを意味する。これはその後の連合の蛇行する軌跡を考えるうえで、また労働政治全体の複雑な様相を分析するうえで、重要な論点であると思われる。

このように、「失われた二〇年」における労働問題の主流化という労働政治の特質は、この間の経済的停滞や新自由主義的諸政策、貧困化や格差拡大からのみ起こったのではない。それはまた、労働問題のステークホルダーが直面した政治経済的、社会文化的環境変化の解釈とそれに対する選択肢において、これまで想定外であったものを含め従来にない多様な可能性が生まれ、この対応の選択肢の拡大としてのアクティベーションが、労働政治の活性化をもたらしたことにもよっている。

◆◆Ⅲ 労働問題の主流化の諸相

1 労働市場

「失われた二〇年」の労働市場において最もアクティベートされたのは、言うまでもなく外部労働市場のそれである。

これまで日本の労働市場の特徴として、内部労働市場の重要性が指摘されてきた。それは終身雇用、年功序列、企業別組合に特徴づけられる日本的経営によるものとされてきた。したがって外部労働市場の活性化は、日本型経営の縮減という事態の結果であることはたしかであろう。だがその内部労働市場においては、要員管理が厳格化し、労働時間とストレスという量的、質的な労働強化が進んだ結果、メンタルヘルスなどのソフト面を含む労働災害の可能性がどこの職場でも常態化する。

その一方で派遣労働の規制緩和など労働市場の柔軟化は、新たに労働市場に参加した女性、若年、高齢者、外国人を中心に非正規労働市場を活性化させた。同時に内部労働市場のような生活給的要素が低く、技能向上の機会の少ない非正規の労働条件は、給与所得の増加なき雇用増をもたらしながら、仕事の劣化が進み、内部労働市場同様、各種労働災害の危険性が増大する。こうして国民各層において労働参加率は増大しながら、仕事の満足度は多方面で低下する。

こうした労働市場におけるアクティベーション状況は、欧米の「福祉から就労へ」という「第三の道」とは異なる経緯、すなわち必ずしも狭義あるいは本義のアクティベーション政策が明示的にとられてもたらされたものではない。ただ両者とも労働生活状況の相対的悪化と並行している点では共通する。

では日本のこの間の労働市場での変化は、外部労働市場の活性化や労働参加率の増大と参加者の多様化という以上に、広義のアクティベーションという観点からどのように解釈できるであろうか。欧米との比較を含め、今後の検討を進めるうえで、ここで一つの設問を立てたい。すなわちアクティベートされた外部労働市場や非正規労働者はどこから来たのか。それはしばしば言われる日本型経営や内部労働市場の縮減だけが原因なのだろうか。この点はこれまで多く論じられた大企業だけでなく、地方の中小零細企業を含めた雇用世界、非雇用世界の両面からの接近が必要と考えられる(2)。

2　労働生活

これまで正社員とそれにともなう企業中心型の生活保障を中核とする日本の労働生活のありようが、社会的地位のそれと深く関係してきたことは、多くの人によって日常的経験として共有されてきた。そしてこれが家族や社会における男性稼ぎ手中心モデルの規範化に基づいていることも、常識的な生活実感としてあった。

この男性稼ぎ手中心モデルは、まず労働市場の柔軟化や価値観の多様化にともなってゆらいでいき、多様なライフ・スタイルが経済的な理由で半強制的に追求されてきた。他方男性稼ぎ手中心モデルに代わる新たなモデルはいまだ確立はもちろん、形成も十分されておらず、また新たなモデルを創出し実質化する政府や企業における政策的、制度的支援は遅れている。その結果新たに良質な、あるいは従前に匹敵する労働生活が保障されないまま、古いモデルが空洞化していったのが、「失われた二〇年」における労働生活の状況であった。さらにこの不満と不安な状況は、高齢化や介護、保育環境の悪化と労働参加の増大、またワーク・ライフ・バランスの社会的要請にともない、近年いっそう深刻化している。

たしかに近年、男性稼ぎ手中心モデルと一見異なる家族関係や社会関係も部分的に市民権を得たかに見える。もっともその背景には、やむを得ざる選択の結果である側面も否定できない。しかもその多様化した労働生活は、従前より特権化された男性稼ぎ手モデルを頂点に、新たな社会的地位の序列化をともないつつある。「失われた二〇年」における多くの人々の喪失感は、この社会的地位の再生産と結びつかない、むしろ社会的地位の剥奪をともなった新たな労働生活における、いわば強いられた「アクティベーション」によるものと考えられる。

民主党政権は欧米と類似の狭義のアクティベーション政策を推進し、第二次安倍政権では「一億総活躍」など女性を中心に事実上のアクティベーション政策を推し進めている。けれどもそれらが新たな労働生活モデルを提示しているとは言えない。

このことはまた人々の労働生活へのフラストレーションを高め、それが労働問題の主流化のネガティブな

(2) この視点は、アンドルー・ゴードン教授と「失われた二〇年」の間の自営業者の減少の原因を議論している際に生まれた。

要因ともなっている。

このように、労働生活において、「失われた二〇年」における新旧交代の不徹底感は明らかだが、それが経済環境や政策的、制度的促進の不足や欠如によるものなのか、あるいはジェンダーをめぐるイデオロギー政治によるものなのか、さらには日本社会の規範的耐性によるものなのか、「福祉から就労へ」というアクティベーション政策の結果、同様に男性稼ぎ手中心就労モデルの空洞化と社会的地位の剥奪が進んだ欧米との比較を含め、今後複合的な検討が求められる。

3 労働政策

「失われた二〇年」における労働政策は、たしかに小泉政権を中心とする前半において、新自由主義が基調であった。だが後半、とくに第一次安倍政権以来のそれは、広義の意味でのアクティベーションであった。しかもそこにおいては、自民、民主を問わず政権間の相違は小さかった。もちろんそこでは、欧州同様「福祉から就労へ」という狭義のアクティベーション政策の展開も含まれる。例えば生活困窮者自立支援法にはそうした側面も否めない。ちなみにこの法律は、民主党政権時代に立案され、自民党政権によって施行にいたった。

だがこの時代のアクティベーション政策には、これまでの労働政策の谷間にあった層を政治的にアクティブにするという意図も見られた。それはまた労働政治のアクターを多様化させ、労組の影響力を相対化させるという意味で、労働排除という新自由主義とは異なるかたちの保守の労働攻勢であった。こうした傾向は第二次安倍政権において顕著である。

例えば第一次安倍政権における再チャレンジ政策は、当時まだ労働政策の主な対象ではなく、また労働組合の組織化も大いに遅れていたフリーターを含む若年層の非正規労働者をターゲットに、その取り込みを意識していた。その一方、中小企業対策を通じて地方の活性化を図るなど、今日の地方創生につながる政策系譜の先鞭をつけた。さらに興味深いことに、その過程で中央、地方の再チャレンジ会議に、ステークホルダーの一つとして、その前の小泉政権において遠ざけられていた連合を招いた。これもまた今日の地方創生の産官学労金(融)メ(ディア)というステークホルダー間の協力体制促進の雛型となった。

他方第一次安倍政権が、労働時間規制の部分的緩和であるホワイトカラー・エグゼンプションを契機に、退陣を迫られたのは皮肉ではある。これはそれまでやはり労働政策のメインな対象ではなかったホワイトカラーの働き方を取り上げた点で、労働政治のさらなるアクティベーションが意図されたものと思われる。ところがそれは、労働弁護団やその後の年越し派遣村につながるいわゆる反貧困グループの運動活性化をもたらし、そこに注目したメディアの労働問題への関心を呼び起こし、結果として政権批判という裏目にでたことはたしかである。とはいえこれを境に、労働政治が日本において再びメインストリームになったことも事実であり、労働政治が新しいかたちでアクティベートされたと考えることもできる(Shinoda [2009])。

さらに第二次安倍政権では、アクティベーション的な労働政策と労働政治のアクティベーションが、規制緩和だけではなく規制強化によってももたらされている。例えば「一億総活躍」政策における事実上の女性に対するアファーマティブ・アクション、同一労働同一賃金政策による非正規労働者政策、ほかにワーク・

ライフ・バランス政策や最賃引き上げなど最近の安倍政権の労働政策は、労働規制を通じて労働政治における相対的弱者の取り込みを図っており、それは正社員が中心の企業別組合を束ねる連合への対抗という側面も見え隠れする。

同じことは、「官製春闘」と呼ばれる賃上げ促進で経営側に圧力をかける政労使協議においても見られる。というのもそれは労使関係への介入であり、連合を含む大企業労使連合への社会的圧力を促すことになるからだ。この意味で、安倍政権に特徴的な「失われた二〇年」後半のアクティベーション型の労働政策と労働政治のアクティベーションは、労働をめぐる新たな排除と包摂が交錯する状況で、社会的分断と政治的再連合のせめぎあいの様相を呈している。

さらに第二次安倍政権の「一億総活躍政策」においては、その政策決定が厚生労働省と官邸の間で二極化されたが、その背景には従来の労働政策の決定過程における政労使の三者構成主義に対するチャレンジという意味合いがあった。

だが超過勤務の時間制限の上限をめぐる政治過程では、官邸と経団連と連合の政労使交渉、とくに後二者の交渉を尊重するなど従来の三者構成主義の利用も見られるなど、必ずしも労働政策決定過程の根本的変更を求めていない。

その意味で、これらの政治過程には、他の政策領域同様、運営手法の選択における一貫した官邸の主導性が顕著であった。同時に、労働問題のような企業や労働者をはじめ膨大で分権的なステークホルダーを抱える領域では、アクティベーションによる政策変更には、その決定過程では労使以外のアクターへの参入機会の提供などにおいて可能性が広がると同時に、執行過程では労使関係システムという既存のガバナンスへの依存を変更するのは容易ではないという限界が見られたという意味で、興味深い事例と言うことができる。

このほかにも、ここでは触れるだけにとどめるが、民主党政権時代の労働政策の問題も検討されねばならない。「失われた二〇年」において、民主党政権時代は労働政策とその政策決定過程にとって、労働運動が全面支援した政権であり、民主党議員にも労組の出身ないし支援議員が多数含まれ、それらが政権の要職にあったという意味で大きな転換点となる可能性があった。果たしてそれはどうだったのか。とくにこうした状況が労働運動の発展にとって大きな転換点であった場合が多い欧米との比較検討が重要と考える（連合総合生活開発研究所［2013］）。

このように「失われた二〇年」の労働政策は、とりわけ安倍政権や民主党政権のそれを含めて、労働問題の主流化を象徴してきた。けれどもこれらを一括して新自由主義という言葉や概念でくくることには多くの留保が必要である。

4 労働法

「失われた二〇年」における労働政策を考える場合、個別的労使関係法を体系的に整備したこの時期の一連の労働法改革も見逃せない。それは、非正規労働問題の深刻化、低い組織率に悩む労組、集団的労使関係の限界に直面して、日本の労働法学関係者が、戦後労働レジームの基本であった労働組合を中心とする集団的労使関係に基づく労働法制の枠組みに、新たな枠組みを接木することに自ら乗り出したという意味で、もう一つのアクティベーション的な労働政策と労働政治のアクティベーションと解することができる（菅野［2017］）。

この個別的労使関係のアクティベーションは、それにともなう労働審判などの新たな司法システムとそこに関与する社会保険労務士や弁護士などを、新たな労働政治アクターにするとともに、個別的労使関係という新たな労働政治のアリーナを用意した（菅野［2004］）。

ただ興味深いことに、就労規則など個別的労使関係の基礎となるルールづくりが、過半数代表など集団的労使関係を通じて個別の企業や職場で策定されねばならない状況が増えてくるにしたがって、再び集団的労使関係の重要性が指摘されてきている（仁田・日本労働組合総連合会［2015］；本田［2017］）。もっとも従業員代表制の問題など、それは必ずしも労組を中心とした枠組みになる保障がないために、かえって新たなアクティベーション的な労働政策と労働政治のアクティベーションの舞台となりうる。

一方、第二次安倍政権の「一億総活躍」政策において、労働基準や同一労働同一賃金などの法規制が強化されるなど、新たな労働再規制の流れが強化されるなかで、第一次安倍政権時の労働再規制の動きに続く（五十嵐［2008］）、労働政治における厚生労働省や政府の再活性化も見られる（水町［2011］）。

いずれにせよ一連の労働法改革は、「失われた二〇年」における労働問題の主流化の産物であるとともに、それを側面から促してもきた。それはまた労働問題の主流化に対する国家の反応をも意味している。したがって今後の労働政治においても労働法のアクティベーションという視点は重要である。

5　労働運動

「失われた二〇年」において、最もアクティベートされたものの一つに労働運動がある。それはまず非正規労働の増大に対して既存の企業別組合が対応できない状況において、コミュニティ・ユニオンをはじめとする別のかたちのそれを登場させた。この動きは、今日弁護士をはじめ様々な労働問題に取り組む労働NPOを活性化させている。

またこの状況は、逆に既存の労働組合のアクティベーションももたらした。とくに企業別組合を束ねる連合は、従来の構成員の利益増進活動の枠から踏み出し、勤労者全体の利益増進のための活動を模索する。その結果、地域における助け合いの組織化や春闘における非正規労働者の支援に力を入れるようになる。さらに他の社会組織との関係においても、協同組合や中小企業団体などとの連携を試み、従来の大企業労使連合の枠にとどまらない動きを見せている。

他方連合は、労働問題の主流化という状況のなかで、それ自身が目指したという以上に、国民の注目を浴びることになる。その理由の一つは、労組が労働問題を解決する第一の主体としてなおも人々の観念のなかに位置づけられており、そのことが逆に連合に対して力不足という批判を生むことにもなる。それはまた連合内外の労働運動諸組織の動きにも反映され、それらの動きを時に加速させる。

二〇一七年夏に起きたホワイトカラー・エグゼンプションをめぐる連合内の軋轢は、こうした連合に対する増幅された期待とそれに再帰的に応えようとする諸組織の連合への不満や反発がもたらしたものでもある。

それはまた連合に対する理念的期待と現実の齟齬によるものでもある。

「失われた二〇年」の間、一貫して政策制度要求を通してコーポラティズム的な労働問題の調整システムへの自身の組み込みを目指してきた連合にとって、今回試みた政策的交渉は想定の範囲内にあったはずだが、コーポラティズム化以前の対抗的あるいは社会運動的労働運動の経路になおも依存ないし回帰する一部の構成組織にとって、今回の連合の政策的妥協は許容範囲を超えた。

この動きの背景には、また他方で連合結成によって封印されてきた「戦後労働運動」が、この間息を吹き返しつつあるという事情もある。例えば最近の安保法制成立阻止のため、一部の労働組合が新しい学生運動や市民運動をサポートしている。この労働組合が学生運動をはじめ新しい社会運動のサポート役を演じるのは、六〇年安保前後以来七〇年代半ばまで続いた総評労働運動のレパートリーにほかならない。

こうした対抗的あるいは社会運動的労働運動のアクティベーションが、今後いかなる労働政治のアクティベーションをもたらすのか、注目される点である。

この点で興味深いのは、政党と労働組合の関係であろう。一つは旧民主党勢力と連合の関係であり、民主党政権崩壊以降深まる溝は、民進党結成によってますます大きくなった。他方最近の選挙において共産党がこれまでの独自路線を変更し、野党との共闘を進めていることも重要である。二〇一七年秋の総選挙で民進党が希望の党と立憲民主党に分裂し、それが連合内部の左右の労組の代理戦争視されたいきさつには、上記の連合をめぐる構成組織の運動理念における葛藤が存在する。その葛藤はまた連合結成以来「失われた二〇年」を通して存続したものであり、むしろ近年増幅の傾向すらあった。

この労組と政党の関係をめぐる組織的葛藤が、今後連合の行方を左右する可能性は依然として残っている。その場合連合の分裂や弱体化は、労働問題の主流化とその政策対応における集団的分断を引き起こしかねず、労働政治の多元化に拍車をかけるだろう。

6　労働言説

政治における言説の影響は大きい（宮本［2006］）。「失われた二〇年」における労働政治のアクティベーションを考える際に、メディアによって流布された労働言説の果たした役割も少なくない。とりわけリーマンショック前後あたりから、労働問題を政治的なメインストリームにするうえで、その効果は大きかった。例えば「派遣切り」、「ワーキング・プア」、「ブラック企業」などはその例である（五十嵐［2008］）。

またこの頃から、小説、漫画、劇映画、テレビドラマ、アニメ、そしてドキュメンタリーなどが労働問題に関係した作品をつくるようになった。ワーキング・プアをめぐるテレビドキュメンタリーや『下町ロケット』『半沢直樹』のテレビドラマなどはなお記憶に残る。このポピュラー・カルチャーの影響は、若者を中心に、無視できない大きさになっている。

ではこの労働言説の問題をどう論じるか。当然それには複数の分析手法があることを前提に、ここでは一つのそれを示したい。それは社会労働運動が人々の行動様式や世界観に与えようとする意味での文化的活動（狭義の文化運動を超える）を通じた言説の生産と再生産に関わる分析である。これについては日本でも一定の蓄積があり、それは今日も行われている（佐藤［2017］；篠田ほか［2017］）。

とはいえ、この従来労働者文化運動論という分析枠組みでとらえられてきた労働問題の一側面は、以前に比べ社会運動と社会的な言説の関係が可視的でなくなっている現在、それはより広く、人々の日常生活とそこでの意識の形成を政治経済、社会文化の構造的な権力関係から論じるカルチュラルスタディーズの分析枠組みのなかで行われるべきだろう。それはまた、一見見えにくくなっている言説の背後にある既存のものとは異なる社会運動的現象の再発見につながるかもしれない（Denning [1996]）。

◆◆ Ⅳ おわりに

この試論的な短い論考を終えるにあたって、今後の重要な検討課題として、「失われた二〇年」の労働政治と欧米の同時期のそれの比較がある。

例えば欧州の場合、この時期は狭義の「アクティベーション」をキーワードにした福祉国家改革、あるいはポスト福祉国家の時代であった。これはある程度米国についても言えることであろう。そしてそれはかたちを変えて日本の状況にもあてはまろう。とくに民主党政権以降、それは顕著である。その意味で、例えば「第三の道」と呼ばれた福祉国家改革の戦略について、これら三地域の比較を試みてもよかろう。

またアメリカにおけるトランプ政権の誕生、イギリスのEU脱退などをはじめとして、いわゆるポピュリズムの観点からの比較研究も当然視野に入れていい。このポピュリズムは、封印された選択肢の解禁という広義のアクティベーションにおいて大きな役割を果たしたことは言うまでもない。

さらに最近のフランスやドイツの選挙で明らかになった社会民主主義政党の政権党としての命脈の終焉とそれ以前から可視化され、今回明白となった社会民主主義政党と労働組合の運命共同体的関係の解消も、日本の連合と民進党、とくに直近総選挙での後者の分裂騒動と今後の行方を考えるうえで重要な点である。それはまた、そこにいたる「失われた二〇年」を通じた軌跡を比較することで、この間の労働政治のダイナミズムのパターンを知ることにつながろう。

最後に広義のアクティベーションという視点からは、従来のものに代えて、労働運動や労組の政治、社会活動のどのような選択肢が見えてきたか、あるいはすでにとられているかということも考察されてよかろう。いずれにせよ「失われた二〇年」をめぐる労働政治の論点は多岐にわたり、その再検討はこれまでの労働政治研究の見直しにつながるに違いない。

参考文献

五十嵐仁 2008『労働再規制』ちくま新書
久米郁男 2005『労働政治』中公新書
佐藤　洋（研究代表）2017『日本労働映画の百年』全労済協会公募研究シリーズ69、全国勤労者福祉共済振興協会
篠田　徹 1989『世紀末の労働運動』岩波書店
―――― 1996「再び〝ニワトリからアヒルへ〟?――五五年体制の崩壊と連合」日本政治学会（編）『五五年体制の崩壊―年報政治学』所収、岩波書店
―――― 2016「ソーシャル・ガバナンスと連合労働運動」宮本太郎・山口二郎（編）『リアル・デモクラシー』岩波書

店

——— 2017「『失われた二〇年』の労働政治に関する覚書」瀧井一博（編）『失われた二〇年と日本研究のこれから』所収、人間文化研究機構国際日本文化研究センター

———ほか 2017「特集　労働者文化運動論―一九五〇年代の日本」『大原社会問題研究所雑誌』707=708: 1-58

菅野和夫 2004『新・雇用社会の法』有斐閣

——— 2017『労働法〔第一一版補正版〕』弘文堂

仁田道夫・日本労働組合総連合会（編）2015『これからの集団的労使関係を問う』エイデル研究所

福原宏幸（編）2007『社会的排除／包摂と社会政策』法律文化社

本田一成 2017『チェーンストアの労使関係』中央経済社

水町勇一郎ほか（編）2011『非正規雇用改革』日本評論社

宮本太郎 2006「福祉国家の再編と言説政治―新しい分析枠組み」宮本太郎（編）『比較福祉政治』所収、早稲田大学出版部

連合総合生活開発研究所（編）2013『民主党政権三年三ヵ月の検証』連合総合生活開発研究所

Denning, Michael. 1996. *The Cultural Front: The laboring of American Culture in the Twentieth Century*. Verso.

Shinoda, Toru. 2008. “The Return of Japanese Labor? The Mainstreaming of the Labor Question in Japanese Politics.” *Labor History* 49(2): 145-159.

——— 2009. “Which Side Are You On?: Hakenmura and the Working Poor as a Tipping Point in Japanese Labor Politics.” *The Asia-Pacific Journal* 14-3-09, April 4, 2009.

第8章

保守本流の近代主義——政治改革の知的起源と帰結についての試論

待鳥聡史

◆◆ Ⅰ はじめに

一九九〇年代以降の日本政治は、多方面にわたる改革を経験した。衆議院の選挙制度改革を皮切りに、内閣機能強化や省庁再編を含む行政改革、財源と権限の移譲と市町村合併を組み合わせた地方制度改革、新しい法曹養成制度と裁判員制度の導入を柱とする司法改革などが、約一〇年の間に次々と進められた。変革の対象は狭い意味での政府以外にまで及んでおり、中央銀行の独立性を高める日銀法改正や企業統治の変革を目指した商法改正なども行われた。結果として、公共部門と社会のインターフェイスのほとんどについて、なんらかの変化が生じたと考えられる。その意味で、政治改革あるいは統治機構改革と総称されることが多いこれらの諸改革は、むしろ「憲法改正なき憲法改革」とでも呼ぶべきかもしれない（待鳥［2016a］）。それは明らかに大がかりな自己変革の試みであり、九〇年代以降の時期を「失われた二〇年」と単純に呼ぶことはできない。

しかし、政治改革が経済や社会の停滞の一因として認識されることも少なくない。とりわけ、衆議院の選挙制度改革の結果として生じた政権交代や「ねじれ国会」が、政策の継続性を失わせるだけではなく、必要な取り組みを遅らせることにつながっているという批判は根強い。いわゆる「決められない政治」の問題である。二〇一二年に発足した第二次安倍政権のもとで、一三年からは与党が衆参両院で過半数の議席を得たことから、政策決定の停滞は解消されたように見える。だが、「決めすぎる政治」と揶揄されるほどの積極的な外交・安全保障政策の展開などはたしかにあるにしても、消費増税の度重なる延期や有効打を欠く少子高齢化対応など、内政面を中心に果断な政策を打ち出せていない領域も依然として多い。政党間の競争が対立を煽る政治につながっている、あるいは大政党内部の集権化によって個々の政治家の識見が低下している、といった指摘も含めれば、現在までのところ政治改革への評価は必ずしも高いとは言えない。

このような低い評価は政治改革が何をもたらしたかに注目したものだが、政治改革への視点としては、そもそも改革がなぜ行われたのか、改革の前提としてどのような現状認識が存在したのかに注目することにも意味がある。別の言い方をすれば、政治改革に取り組まれる以前に考えられていたことを出発点として、それと実際の改革内容や帰結を比較するという作業も行わなければ、改革に対する適切な理解や評価、そして将来展望はできないのではないだろうか。本章はそのような立場から、九〇年代以降の政治改革がどのような理念と現状認識に基づいていたのか、それが政治改革にどのような特徴を与えたのかを検討する試みである。

Ⅱ　一九七〇～八〇年代における二つの知的潮流

1　繁栄と低評価

今日から振り返るとき、一九七〇年代から八〇年代にかけての日本は繁栄の絶頂にあったように見える。戦後復興、高度経済成長、二度の石油危機を経験して、国内総生産（GDP）は世界第二位を保ち、自動車などの国際競争力は著しく高まった。それゆえに生じた経済摩擦の結果として、八〇年代にはアメリカでは日本脅威論が登場するほどであった。国内に目を向けても、戦後間もなく生まれたベビーブーム世代は三〇歳代から四〇歳代前半の働き盛りであった。人口の都市集中と農村部の高齢化が語られることはあっても、それは過疎と過密という国内の人口移動の問題としてとらえられ、少子高齢化が意識されることはほとんどなかった。大学進学率などは順調に上昇しており、進学や就職で都市部に出てきた若者たちは、比較的簡単に職を得ることができた。その多くは終身雇用であり、企業内福祉が果たす役割の大きい社会保障制度のもとで、長期にわたって安定した人生設計を描くことができた。失業率は先進諸国のなかでも最も低い水準にとどまっていた。貧困や失業が原因となりやすい犯罪も少なく、治安も良好であった。

これらを基盤に、東京などの大都市を起点とする新しい文化が花開き始めた。例えば、西武グループの流通部門を率いていた堤清二は一九七三年に渋谷パルコを開業し、従来の百貨店や衣料品店とは全く異なる若者文化の拠点とすることに成功した。その後八〇年代にかけて、類似のコンセプトによる複合商業文化施設は全国に広がった。それは、日本社会に経済合理性以外の価値を重視する傾向が生まれてきたことの表れであった。NHK放送文化研究所が定期的に行っている世論調査でも、「生活目標にいちばん近い」選択肢として「しっかりと計画をたてて、豊かな生活を築く」を選ぶ回答者は、七三年には三二・五％だったが八八年には二八・五％へと低下する一方で、「その日その日を、自由に楽しく過ごす」を選ぶ回答者は二一・〇％から二五・〇％に、「身近な人たちと、なごやかな毎日を送る」が三〇・五％から三八・五％に、それぞれ上昇した（NHK放送文化研究所［2015］）。アメリカの政治学者ロナルド・イングルハートが世界価値観調査の分析を通じて先進諸国に見いだした「脱物質主義」の価値観は、日本社会にも明瞭に出現しつつあった（イングルハート［1990=1993］）。

経済の繁栄と新しい文化は政治の安定と深く結びついていた。戦後日本政治は、一九五五年に保守合同により自民党が結党されて以来、九三年に細川護煕政権が発足するまでの間、ほぼ一貫して自民党が単独与党として政権を確保しつづけてきた[1]。岸信介が首相となった五七年から佐藤栄作が退任した七二年までの間は特に政権の安定度が高く、単独与党である自民党は衆参両院で常に過半数の議席を確保して、首相の平均在任年数は五年以上であった。七〇年代に入ると、公害や都市への人口集中といった経済成長の負の側面がクローズアップされ、都市部の地方自治体には非自民の革新系首長が多数生まれるようになった。それは七〇年代半ば以降、国政にも影響を与えて保革伯仲の時代が到来するが、八〇年代を通じて自民党が政権を失うことはなかった。

しかし、自民党の長期単独政権に対する知識人の評価は、とりわけ一九七〇年代半ばまでは高いとは言えなかった。いまとなっては不思議な印象すら与えるが、戦後日本において政治と経済の連係が最も順調であり、それが社会を構成する人々を裨益していた時代には、自民党政治への評価は低かったのである。

ここには二つの理由が存在していたのだろう。一つは、自民党が前近代的で古い体質の政党だと考えられていたことである。自民党国会議員は地方農村部の名望家子弟が多く、戦前からの社会経済秩序や価値観の体現者だとみなされがちであった。高度経済成長期まで、日本社会における分断線は都市と農村、近代と伝統の間に存在していた（大嶽［1999］；蒲島［2004］）。知識人の多くは、農村部出身者である場合も含めて、都市部で高等教育を受け、近代的価値観を身につけて生きる人々であったから、自民党への違和感は理解できないことではなかった。関連したもう一つの理由は、自民党が農村部の利益を過剰に表出していると思われていたことである（斉藤［2010］）。高度経済成長にともなう都市部への人口流入によって、七〇年代にはすでに人口の過半数は東京・大阪・名古屋の三大都市圏に居住するようになっていた。にもかかわらず、自民党の都市政策は不十分で、農村への手厚い利益誘導の半面、交通渋滞や水質汚濁といった都市の諸問題は未解決のまま放置されていたのである。

2　リベラル・モダニズムへの注目

知識人による自民党政治への低評価が変わり始めるのは、一九七〇年代後半のことであった。それまでにもすでに、国際政治学者の高坂正堯が六〇年代半ばに吉田茂の外交についてその重要性を指摘するなど、戦

（1）一九八三年から八六年までは新自由クラブとの連立だが、もともと新自由クラブは自民党の一部議員が離党して創設した政党であり、かつ衆議院での勢力比は二五対一程度で、実態は単独政権に近かった。

後保守政治が果たした役割を積極的に評価する論者がいなかったわけではない。だが、全体的に見れば批判的な論調が多数派であり、とりわけ内政面についてはそうであった。高度経済成長も、その負の側面を強調するか、あるいは官僚が果たした役割を重視するかであって、自民党の長期単独政権がつくり出した政治的安定に注目する見解はほとんど存在しなかったのである。ところが、七〇年代後半には少なくとも二つの方向から自民党の存在意義を高く評価する見解が登場する。

一つは、自民党の前近代的性格の表れと従来みなされてきた諸側面に注目し、それはむしろ日本社会のあり方に適合的な組織構造であると指摘する議論である。最近になって中北浩爾［2014］が「日本型多元主義」論と総称するこの見解の代表的な提唱者としては、香山健一、公文俊平、佐藤誠三郎などが挙げられる(2)。彼らは、日本社会に存在する組織が一般的に、構成員や関係者の間での長期の相互的関係を重視するという独特の構造を持つことを強調する。このような組織はウェットな人間関係に支えられ前近代的に見えるが、じつはそうではなく、すべての構成員が重要な決定に参画し、拒否権を行使することもできる活発で民主的な性質を持つ。自民党も例外ではなく、政調部会などでの議論を通じて所属国会議員は若手であっても政策決定に広く参加する機会を与えられており、官僚や利害関係者との長期的相互関係による調整とも相まって、安定した政権運営と政策展開が可能になったというのである。

もう一つの見解は、「リベラル・モダニズム」あるいは「近代主義右派」と呼ぶべき立場である。本来的に近代主義の理念は自由主義との関係が深い。ヨーロッパ近代の出発点には中世の身分秩序や宗教秩序からの離脱と個人の自律の追求があったのだから、それは当然のことであった。個々人が自由であり自律していることを重視し、そうした個々人が不当な制約を受けることなく活躍できる社会を理想とするのが近代自由主義である。

日本の場合、長らくこのような意味での自由主義の知的担い手は十分ではなかった。戦後日本の知的空間において、近代主義はほとんどの場合に左派の政治的立場と結びついてきた。それは、一つには日本の左派勢力はマルクス主義の影響が強く、マルクス主義はそもそもヨーロッパにおける近代社会思想の蓄積のうえに成り立った理論体系だったことによる。近代主義が丸ごとマルクス主義に代替されてしまったのである。また、冷戦下では自由主義に依拠しようとすれば日米安保条約をはじめとする西側陣営へのコミットメントを意味するという政治的判断につながり、その広がりを妨げていたことも指摘できよう。さらに、日本の右派ないしは保守派が理論的な体系化を長らく図らず、生活感覚や習慣にもっぱら根ざしたものだったことにもよるのかもしれない。いずれにしても、日本の知的空間では理論的あるいは近代主義的であることはマルクス主義に接近することとほぼ重なるという丸山眞男の指摘は、かなり遅い時期まで妥当するように思われる（丸山［1961］）。

本章にいうリベラル・モダニズムとは、このような拘束から免れていた人々が担った理念であった。彼らは、日本社会とそこに生きる個々人のあり方としては近代的であることを志向しつつ、それと現存する自由

（2）なお、政治学における「日本型多元主義」論とは、アメリカの多元主義モデルによって日本政治を分析しようとした大嶽秀夫や村松岐夫らの立場を指す。この議論と中北のいう香山らの「日本型多元主義」論がどのような関係にあるのかは不明だが、筆者の理解する限りでは思想的な内的連関は存在しないように思われる。本来であれば、研究アプローチとしての「日本型多元主義」が先に存在しており、かつ学界では定着している以上、香山らについてこのラベルを使うのは適切ではない。しかし、ラベルとしての簡明さは否定しがたく、本章では便宜上用いることにする。

主義体制へのコミットメントを重ね合わせて、その日本国内における担い手としての自民党を高く評価した。山崎正和や先に挙げた高坂正堯といった論者がその代表格だが、彼らは佐藤政権期に沖縄返還交渉などのために楠田實首相秘書官が形成したブレーン集団、いわゆる「Sオペ」に参画することを通じて、自民党内の「保守本流」と言われる勢力とも接点があった（山崎［2017］）。[3] 保守本流とは、日米同盟や自由主義陣営への明確なコミットメントを前提に、その具体的手段としては軽武装と経済重視という吉田路線を中心に考える勢力である（北岡［2008］）。代表的な自民党政治家としては、吉田茂の直接的な後継者である池田勇人や佐藤栄作、さらには大平正芳や宮澤喜一らが含まれる。

◆◆Ⅲ　政治改革の理念

1　大平研究会とその後

一九七〇年代の自民党政治をめぐって存在した日本型多元主義とリベラル・モダニズムという二つの知的潮流の担い手たちは、いずれも戦後復興期から高度経済成長期にかけて、自民党およびその前身の保守政党が官僚や経済団体と協調しながら、安定した社会経済条件を確保しつづけたことを高く評価していた。それと同時に、高度経済成長によって生じた社会や人々の価値観の変容、国際政治経済における日本の地位の変化、さらには石油危機後の経済成長の鈍化と財政悪化などを考慮すると、日本政治が新しい課題に直面していることも共通して認識していた。

首相となった大平正芳が一九七九年に設置した「政策研究会」、いわゆる大平研究会は、「文化の時代」「田園都市構想」「総合安全保障」「対外経済政策」「家庭基盤充実」「環太平洋連帯研究」「文化の時代の経済運営」「科学技術の史的展開」「多元化社会の生活関心」という九つのグループから構成され、当時の第一線の研究者や官僚が参画したことで知られる(4)。研究会メンバー（政策研究員）に四〇歳代の人々が多いことも特徴であった。研究会報告書そのものは、八〇年に大平が在職のまま急逝したため、伊東正義首相臨時代理に提出されるかたちとなり、その後の政策に対して直接的な影響を与えたとは言いがたい。しかし、課題認識や政策の基礎的なアイディアを生み出すという意味では、重要な痕跡を残した。また、メンバーの年齢構成が若かったこともあって、この研究会に関与した人々が八〇年代から九〇年代にかけての日本政治において果たした役割は極めて大きいものとなった。

研究会で中心的な役割を果たしたのは「政策研究員幹事」という肩書を有していた有識者たちであった。具体的には、浅利慶太、山崎正和、香山健一、飯田経夫、高坂正堯、志水速雄、佐藤誠三郎、公文俊平、蠟山昌一、石井威望、小林登、飽戸弘であり、このうち山崎、香山、飯田、佐藤が二つのグループで幹事を兼任している(5)。幹事にせよメンバーにせよ全員がオピニオンリーダーというわけではないが、香山や佐藤らの

(3) 山崎や高坂は、戦後になって新制高等学校と新制大学を卒業した最初の世代にあたり、一九五〇年代半ばに研究者の長期在外研究が復活したため、三〇歳前後の若手時代に海外に長期滞在できた世代でもある。かつ、滞在先が戦前に一般的だったヨーロッパではなく、アメリカであったという特徴も持つ。高坂についてアメリカでの在外研究の意味を検討した論考として、待鳥［2016b］参照。
(4) 大平研究会の位置づけと意義については、宇野［2014］が重要な成果であるほか、本書序章のゴードン論文、および第1章の宇野論文も参照。
(5) メンバー一覧などのデータは、北山［2009］による。飯田経夫は、途中から「環太平洋連帯研究」グループの議長代行兼幹事となった。

日本型多元主義論者と、山崎や高坂などリベラル・モダニズムの立場に依拠する論者の双方がバランス良く含まれている。この研究会が、日本政治における高度経済成長期あるいは一九七〇年代までと、それ以降をつなぐ結節点としての役割を果たしたという位置づけは、それほど不当なものだとは言えないだろう。

しかし大平没後の一九八〇年代以降、日本型多元主義とリベラル・モダニズムは明らかに袂を分かつことになる。[6] 八二年に登場した中曽根康弘政権のもとでは、大平研究会に存在していた二つの知的潮流のうち、日本型多元主義が前面に押し出された。中曽根自身は、保守合同前には改進党や日本民主党に所属しており、戦中と終戦直後にごく短期間の内務官僚としての在職経験があったものの、吉田路線を批判し自主憲法制定などで名を上げた政治家であった。保守合同以前の自由党や吉田に近い政治家が中心となっていた保守本流との対抗関係上も、リベラル・モダニズムとは異なる立場を重視したことは自然であった。もちろん首相としての中曽根は同時に現実主義的側面も持ち合わせており、憲法改正を推進するつもりはないことを就任早々に表明し、アメリカとの同盟関係も一貫して重視しつづけた（服部［2015］）。しかし、保守派として日本社会の伝統的価値を強調するという点では、香山らの日本型多元主義との親近性はやはり高かったのである（中北［2014］）。

2　リベラル・モダニズムの復活

中曽根政権期は、リベラル・モダニズムにとっては積極的な出番がない時代であった。またこの時期に、佐藤政権期に形成されたブレーンたちの系譜も、実質的にはいったん途絶えてしまう。山崎や高坂は政府の審議会や有識者会議に依然として参加しており、特に高坂は防衛費の対GNP（国民総生産）一％枠撤廃について、首相の私的諮問機関「平和問題研究会」で助言を与えたとされる（佐道［2003］）。だが、山崎はこの時期に「直接的な政治へのコミットメントはまったくありませんでした」と明言している（山崎［2017: 306］）。高坂に関しても、佐藤政権における沖縄返還交渉や、三木政権期に久保卓也防衛事務次官らと進めた基盤的防衛力構想に比べれば、関与の程度は大きくはなかったようである。中曽根は「戦後政治の総決算」を掲げ、第二次臨時行政調査会（第二臨調）を設置して行財政改革に取り組んだが、主たる成果は国鉄など現業系公共部門の改廃と一律シーリングによる歳出抑制であって、日本政治の基本的な方向性は維持された。

他方で、自民党の長期単独政権を前提とした戦後日本政治は、一九八〇年代末にいたると爛熟の様相を呈し始める。日本型多元主義論者が主張していたように、戦後復興から石油危機後の安定成長期までの日本を支えてきたのは、政治・経済・社会におけるエリート層の緊密なネットワークであり、そこに存在した長期的で互酬的な相互関係であった。競争や評価のメカニズムが作用しないわけではないが、それは長く黙示的な過程であり、かつ敗者にも非礼でないかたちで居場所が用意されていた。だが、そのような関係は基本的に内向きであり、非エリート層や女性、外国人などネットワークに入ることができない人々、あるいはそのような人々が所属する組織を排除する性格を帯びる。国際政治経済における日本の地位向上は、八〇年代にはアメリカで「日本異質論」が唱えられたように、次第に国際標準の受け入れを迫ることとなった。同時に、

（6）山崎［2017: 306］は、八〇年代後半を振り返る文脈で「その昔、いわゆる反体制派と戦っていたグループの中に……開国派と鎖国派に分かれてくる……高坂さんや私は終始一貫して開国派を貫いていました」と述べている。鎖国派が日本型多元主義に連なる人々を指すことは明らかである。

豊かさを当たり前のものとして受け止めるようになった一般市民は、社会の公正さにも関心を向けるようになった。農村部に偏重した政策や政治腐敗に対する不満は強まり、「公費天国」や談合が問題視され、「役得」が許されなくなりはじめたのである。

かくして、戦後日本の歩みを基本的には肯定しつつも、その原動力は日本の独自性とその追求にあるのではなく、アメリカを中心とした先進諸国との基本的価値観の共有と、その具現化としての自由主義陣営へのコミットメントにあるという、リベラル・モダニズムの考え方が再び登場することになった。担い手が代わったという意味では、「新しいリベラル・モダニズム」と呼ぶべきかもしれない。決定的に背中を押したのは、一九八〇年代末から数年間の出来事であった。すなわち、八八年に国内ではリクルート事件が起こっていたが、八九年には冷戦の終結、さらに翌年には湾岸危機が勃発して、九一年には湾岸戦争にいたった。この過程で、国際政治経済秩序の変革期にもかかわらず、日本政治の対応能力が極めて乏しいことが白日のもとにさらされた。リクルート事件への反発は、八九年の参議院選挙と九〇年の衆議院選挙での社会党の勢力回復につながった。だが、冷戦終結に前後して左派政党が勝利を収めるのは世界的に異例であり、社会党が存在感を強めると外交・安全保障政策の展開は従来以上に困難になった。自民党内部にも、過半数とまではいかないとはいえ、少なくない数の有権者の反発が生じかねない外交よりも、従来通りの利益誘導政治で良しとする雰囲気は横溢していた。日本型多元主義の行き詰まりは明らかであった。

3　さらなる近代化としての政治改革

一九九〇年代初頭の状況、すなわち国際政治経済秩序の急激な変化の一方で日本政治が従来型の利益誘導に安住しており、対応能力を欠いていることに対して、最も強い危機感を抱いたのは経済界であったように思われる。主要企業は激しい国際競争や経済摩擦に直面しており、日本異質論が公然と主張され、冷戦後の新しい国際政治経済秩序のなかで日本が適切な存在感を確保できないとすれば、大きな問題となりかねなかった。とりわけ、経済団体のなかでも改革志向が強い経済同友会や日本生産性本部には、このような認識が強かったと考えられる。これらの団体を中心に、経済界は次第に政治改革への関心を高めた。

日本生産性本部と関連が深い社会経済国民会議は、すでに一九八八年に「議会政治への提言――戦後政治の功罪と議会政治の将来」という文書を公表していたが、リクルート事件の発覚以降、政治改革への要求を強める。八九年四月には、竹下登首相の私的諮問機関で、経済界と労働界、学界を横断する「政治改革に関する有識者会議」が提言を行い、中長期的に改革すべき事項として「選挙区・選挙制度」が含められた。同月には経済団体連合会（経団連）などの経済四団体が「政治改革の断行を求める共同声明」を発表した。五月には自民党が政治改革大綱を公表して中選挙区制廃止を唱え、六月には第八次選挙制度審議会が始まって、衆議院の選挙制度改革（中選挙区制廃止）が焦点となっていった。さらに一〇月には社会経済国民会議が中心となって、各界有識者に加えて、自民党を含む主要政党の政策責任者も参加した「政治改革フォーラム」が創設された。政治改革の起点は、ここに定まったと言ってよいだろう(7)。

当初の課題認識の中心にあったのは、政治腐敗とそれにともなう政治不信の解消であった。「政治改革に関する有識者会議」の提言においてその傾向は顕著である。しかし「政治改革フォーラム」の趣意書は、行政改革、税制改革、国際摩擦への対応などが「ここ数年来の課題」として挙げられ、フォーラムの設置により「戦後の政治の仕組み全般を総点検」すると謳う。政治腐敗対策としての中選挙区廃止論が、比例代表制や小選挙区比例代表併用制ではなく小選挙区比例代表並立制の採用にいたる過程について、途中から政権交代可能な制度という理由が後づけされたという見解も存在する（中北［2014］；岡崎［2016］）。各種の提言文書からはそのような理解も成り立つかもしれない。だが、中選挙区制のもとでの自民党政治家相互の争いが派閥と結びつき、利益誘導や政治腐敗の温床になっているという認識は古く、派閥の解消による自民党の「近代化」が必要だという議論は一九八〇年代末に改革論が広がる以前から存在した（野中［2013］）。政治過程あるいは「政治の仕組み」の合理化と、それにともなう政策本位で緊張感ある政党間競争や自民党の組織的近代化への要求は、当初からほぼ同根だったと考える方が妥当ではないだろうか(8)。それはまさに、新しい担い手によるリベラル・モダニズムの復権であった。

◆◆Ⅳ 複数の方向性の混淆とその帰結

1 政治改革の始まり

政治改革が具体化し始めるのは、一九九二年以降のことであった。九〇年に起こった湾岸危機、すなわちサダム・フセイン率いるイラクが隣国クウェートに侵攻し併合を図ったことに対して国連決議に基づく多国籍軍が対峙するという事件は、九一年にはイラクと多国籍軍が交戦する湾岸戦争にいたった。この過程で、日本は多国籍軍には参加せず資金面での支援にとどまり、支援物資輸送などに関しても自衛隊や政府専用機を活用することができなかった。その一因は、国際紛争への関与に対して、とりわけそれが軍事的側面をともなう場合に強く躊躇する雰囲気が、社会党などの野党だけではなく自民党内部にも残っていたことであった。日本政治が冷戦終結後の国際環境の変化に対応できていないことは明らかであった。

当時の海部俊樹政権のもとで自民党幹事長を務めていた小沢一郎はこの問題を痛感し、かねて党内最大派閥であった竹下派の幹部として政治腐敗を目の当たりにしてきたこともあり、政治改革に傾斜していくことになる。小沢は一九九一年の東京都知事選挙で推薦候補が敗れた責任をとって幹事長を辞任した後、九三年に著書『日本改造計画』を刊行して、改革志向を明確に打ち出した。そこにあるのは、自律した個人が創意工夫により活躍できる社会や、有権者が自らの力で政権の担い手を変えられる政治のあり方、国際政治経済における自由主義への明確なコミットメントといった、リベラル・モダニズムの理念である。小沢や羽田孜らは、彼らが属していた竹下派内部の権力闘争を意識しつつ、民間の政治改革の動きに呼応し始めた。

小沢や羽田らは一九九三年に宮澤喜一内閣不信任案に賛成して離党し、非自民八党による細川護熙政権の

(7) 政治改革フォーラム創設以降の動きについては、前田［2013］を参照。前田は、日本生産性本部にあって政治改革の推進組織の事務方を長く務めた。
(8) 政治改革が具体的な課題になる以前に、このような立場を明確に打ち出していた著作として、佐々木［1987］がある。この著作は吉野作造賞を受賞するなど高く評価され、佐々木は政治改革において大きな役割を果たした。

樹立に大きく貢献した。細川政権は短命に終わったが、九四年には衆議院に小選挙区比例代表並立制を導入する選挙制度改革を実現させ、その後の政治改革の決定的な第一歩を踏み出した。それ以降、本章の冒頭にも述べたように日本の政治行政のほとんどの領域において改革が進められた。小沢など特定の政治家の関与があるかどうかにかかわらず、各改革の根底にある理念は共通していた。例えば小沢の竹下派におけるライヴァルであった橋本龍太郎の政権のもとで設置され、内閣機能強化と省庁再編を推進した行政改革会議の最終報告（九七年一二月三日付）は、その目指すところを次のように明確に述べる。リベラル・モダニズムにこれほどはっきりと立脚した政府文書は、あまりないように思われる(9)。

長年にわたる効率的かつ模倣的な産業社会の追求の結果、この国は様々な国家規制や因習・慣行で覆われ、社会は著しく画一化・固定化されてしまっているように思える。われわれは、敗戦の廃墟のなかから立ち上がり、経済的に豊かな社会を追求する過程で、知らず知らずに、実は新たな国家総動員体制をつくりあげたのではなかったか。右肩上がりの経済成長が終焉し、社会の成熟化にともない、国民の価値観が多様化するなかで、かつて国民の勤労意欲を喚起し、社会に活力をもたらした同じシステムが、現在ではむしろ、もたれあいの構造を助長し、社会の閉塞感を強め、国民の創造意欲やチャレンジ精神を阻害する要因となりつつあるのではないか。

（中略）

今回の行政改革は、「行政」の改革であると同時に、国民が、明治憲法体制下にあって統治の客体という立場に慣れ、戦後も行政に依存しがちであった「この国の在り方」自体の改革であり、それは取りも直さず、この国を形作っている「われわれ国民」自身の在り方にかかわるものである。われわれ日本の国民がもつ伝統的特性の良き面を想起し、日本国憲法のよって立つ精神によって、それを洗練し、「この国のかたち」を再構築することこそ、今回の行政改革の目標である。

2　二つの方向性の混在

ここまで述べてきたように、一九九〇年代以降の政治改革は、八〇年代の状況に対する危機意識とリベラル・モダニズムの復権を、その知的源泉にしていた。日本政治をさらに近代化するためのプロジェクトとして、政治改革は進められたのである。それぞれ別個に始まったものではあるが、選挙制度改革と行政改革は、国民（有権者）が政権選択を通じて自ら権力をつくり出し、統治の主体となるという点で一連の変革だと位置づけられていた。地方分権改革についても、有権者にとってより身近でコントロールしやすい統治単位としての地方自治体に、より多くの決定権限とそれを支える財源を委ねるという意味では、通底する要素を持っていた。司法制度改革に際して、法曹人口の増加によって司法を市民により身近な存在にすることが謳われ、かつ裁判員制度の導入により司法への市民の参加が求められたことも、見事なまでに同じ構図に当ては

（9）行政改革会議の最終報告は、以下のＵＲＬで確認できる。<http://www.kantei.go.jp/jp/gyokaku/report-final/I.html>（二〇一七年九月二日最終アクセス）

まる。

その前提、あるいは陰画になっていたのが、一九八〇年代に日本型多元主義論が称揚した政策決定のあり方であった。日本型多元主義論は、高度経済成長期から八〇年代にかけて広く見られた、参加メンバーをエリートに限定しつつ、長期的で互酬的な関係を構築したエリートの間で、安定した政策決定が行われる状態に高い評価を与えていた。自民党政治家と官僚の間の関係、あるいは政官界と財界の関係に注目すれば、それぞれどちらがより大きな影響力を持っているかは時代ごとに異なっていたであろう。そもそも、そのような関係がどの程度実在していたかも議論の余地はある。しかしいずれにしても、日本型多元主義論が描く世界を裏返せば、総体として政官財のエリートネットワークが政策過程において主要な資源と機会を寡占し、そのネットワークに参入できない市井の人々の影響力を著しく制約する構図が見えてくる。

リベラル・モダニズムの立場から見れば、エリートネットワークと、そこに存在する癒着構造を解体することが、一九九〇年代以降の政治改革の根底にある方向性であった。この立場をとった人々は、少なくとも望めばネットワークの一員になることができた人々であり、現実にも一員であった人々も少なくなかった。それを解体しようとしたのは、八〇年代の日米経済摩擦や外圧、さらには冷戦終結後に顕在化した日本政治の環境適応能力の低下への危機認識によると理解すべきなのであろう。中曽根政権期の人的断絶を経て、九〇年代の政治改革を主導した新しいリベラル・モダニストたちの多くは、一九四〇年前後の生まれであり、六〇年代前半に大学を卒業していた。個々人の違いを考慮しない世代論は危ないことを承知で、あえて試論的に言えば、彼らは六〇年代末からの学生運動や住民運動などの隆盛を、「体制側最若手」として受け止めた人々ではなかったか。運動側が主張する「戦後民主主義の欺瞞」や「体制破壊」には同意できなくとも、体制に内部改革が必要であるという認識は持っていたはずである。

しかし、リベラル・モダニストたちの現状認識と根底にある志向の共通性は、意外なほどに具体的な改革内容についての一貫性をもたらさなかった。その大きな理由は、エリートネットワークあるいは日本型多元主義的な政策決定構造が存在していたとして、それを解体する場合の方向性は、少なくとも二つあったところに求められる（Machidori［2015］）。一つは、政策決定を行う領域（ドメイン）相互間の分離であり、もう一つは分離されたドメイン内部での集権化であった。エリートネットワークの癒着構造とは、制度的あるいは機構的にはドメイン相互間の連動の過剰であり、ドメイン内部における拒否権者の過剰であった。具体的には、例えば中央政府と地方自治体の関係が極めて密接である場合、中央政府が積極財政により公共事業を進めようとすれば、地方自治体は地方交付税や補助金などの移転財源を獲得できる代わりに、中央政府に「お付き合い」して自らの予算配分が制約される。また逆に、中央政府は政策実施の多くを地方自治体に依存しているため、政策決定に際して地方自治体の同意が必要な場面が著しく多くなる。これを解体しようとすれば、地方分権改革を進める一方で、中央政府の政策決定を集権化して地方自治体やその意向を受けたアクターの関与できる範囲を極小化する必要が生じるのである。

ドメイン相互間の分離とドメイン内部の集権化は、一方において各ドメインの自律性（自己決定権）確保と説明責任の明確化につながるが、他方においてドメイン間の不整合を導きやすくなる。再び中央政府と地方自治体の関係を例にとれば、分権改革が行われると、地方自治体はもはや中央政府の積極的な財政政策に応えて自らも同じく積極財政に舵を切る必要性は乏しくなる。そのようなことをしても、中央政府が財源面で手厚く対応してくれるとは限らず、かつ地方自治体内部では住民からの批判を浴びかねないからである。そもそも、中央政府の政策決定に地方の意向を伝える機会も乏しい以上、自分たちのあずかり知らないところで決まった政策に追従する理由はあまりない。その結果として、中央政府の期待した政策の効果が得づらくなる。このような傾向は、ドメイン相互間の分離が行われた中央政府と地方自治体の間、政府と日本銀行の間などに見られ、対立が公然化することも少なくなかった[10]。

改革が一貫性を欠いたもう一つの理由は、改革がなされないまま残ったドメインが存在するからである。ドメイン相互間が分離され、各ドメインの自律性が高まる一方で、ドメイン内部には拒否権者を多数抱えたままの状態になると、ドメイン間の不整合の可能性は大きくなる。典型的には、中央政府内部における国会改革が挙げられる。選挙制度改革により小選挙区中心の選挙制度が導入された衆議院では、上位二党に勢力が集中する二大政党化につながった。これは、二大政党の一方が与党になり、与党内部では内閣機能強化の影響も受けて党首（首相）への集権化が生じることとも整合的であった。他方で、参議院の選挙制度はほとんど変革を経験せず、多党制が継続して、衆議院とは異なった政党システムになった。さらには衆議院と参議院の権限関係も変わらなかったことから、参議院には衆議院とは異なった多数派が存在し、かつ衆議院とほぼ対等に政策決定に関与する状態が生じたのである。これがいわゆる「ねじれ国会」であり、一九九〇年代後半から二〇一〇年代初頭にかけて、中央政府における政策決定に重大な影響を与えた。

3 日本は例外だったのか

政治改革によって生じたドメイン相互間の分離とドメイン内部の集権化は、日本政治に混合的な制度構造をつくり出した。すなわち、選挙制度改革や内閣機能強化に見られる中央政府レヴェルでの集権化は、かつてのイギリスを典型例とするウェストミンスター型あるいは多数主義型の政治過程を目指した制度変革であった。多数主義型の政治過程とは次のようなものである。二大政党が小選挙区制を中心とした選挙制度のもとで競争し、勝利を収めた政党が単独与党となって政権を確保する。与党内部では党首と執行部を中心とした集権的意思決定がなされ、内閣と与党執行部から構成される執政中枢部が重要な政策決定を行って、それを与党が次々と立法化することが想定される。これに対して、地方分権や司法の独立性強化などは、大陸ヨーロッパ諸国に多いコンセンサス型の政治過程と適合的である。そこでは、政治過程に関係する多くのアクターが自律性を持ち、かつアクター間の合意形成がなされた政策のみが実現する。日本型多元主義論が想定していたようなエリートネットワークによる政策決定との違いは、各アクターが持つ自律性（自主的な判断）の程度である。[11]

多数主義とコンセンサス主義の混淆は、政治改革を推進した人々が本来的に意図したものでは必ずしもな

(10) 国政レヴェルと地方政治レヴェルの間に存在する政党システムおよび政党組織の不整合に注目しながら、その帰結を分析する優れた研究として、砂原［2017］がある。

(11) 多数主義とコンセンサス主義の基本的特徴については、レイプハルト［2012=2014］を参照。

かったであろう。選挙制度改革のように理論的な基礎づけが比較的明確であった場合には多数主義への傾斜が見られており、個々人の自律的な意思決定を重視するリベラル・モダニズムの基本的な立場から考えても、多数主義化が改革全体の方向性となるはずだったのではないかと思われる。しかし、先にも触れたように、リベラル・モダニストにとって現実の日本政治の改革とはエリートネットワークの解体であり、それを旗印にしない限りは政治改革への有権者やマスメディアの期待と支持を確保することはできなかったであろう。それゆえに、コンセンサス型に親近性のあるドメイン間分離が含まれざるを得なかったのである。

このような混淆は日本のみに生じたわけではない。例えば、一九九〇年代以降に同じく大規模な政治制度改革を進めたイギリスの場合、スコットランドやウェールズへの権限移譲、最高裁判所と上院（貴族院）の分離など司法の独立性強化、政策過程における上院の権限回復と世襲貴族議員の大幅削減、そしてヨーロッパ連合（EU）議会選挙や地域議会選挙における比例代表制の導入などが図られた。これらの改革はいずれも、コンセンサス型を採用する大陸ヨーロッパ諸国主導のEUが望ましいとする政治制度への移行であり、イギリス政治をコンセンサス型に接近させる効果を持つものであった。しかしイギリスの場合、多数主義として最も重要な要素である中央政府レヴェルの小選挙区制や議院内閣制は継続し、地域政府への権限移譲が行われたとはいっても連邦制に移行したわけではなかった。結果として、イギリスの政治制度構造は、多数主義型とコンセンサス型の混合となった（近藤［2017］）。そのような混合は、例えばスコットランドにおける地域政党の躍進と、その影響を受けた国政レヴェルでの二大政党の弱体化をもたらし、EU離脱をめぐる国民投票実施の遠因ともなったのである。

◆◆ V　おわりに

本章では、ときに「失われた二〇年」の起源あるいは原因とされることすらある政治改革を取り上げ、改革の背景にあった理念とその帰結について検討を加えてきた。一九九〇年代以降の政治改革は自民党内保守派と経済界の深い結びつきの産物であり、エリートネットワークによる政策決定を積極的に評価する日本型多元主義の固定化や日本政治の右傾化につながったという説明もある。このような説明の背景には、改革の過程において経済界の存在感が比較的大きかったことや、今日の自民党に日本の伝統などを強調する勢力が目立つことなどがあるのだろう。だが、日本政治の現状が右傾化しているというのは一部の論者の見解に過ぎない。また、政治学における分析の基本として、現状から過去の人々の意図を推測することは妥当ではない。実際には、政治改革はむしろ個々人の自律性を高め、創意工夫の余地を広げることを望ましいと考える、近代主義や自由主義の理念の産物であった。本章では、そのような立場のことを「リベラル・モダニズム」と呼んだ。

日本型多元主義とリベラル・モダニズムは、一九七〇年代末の大平政権期には自民党に併存していた。八〇年代における日本型多元主義の隆盛を経た後、冷戦終結など国内外の環境変化に適応するための改革が求められるようになると、新たな担い手を得たリベラル・モダニズムが再度台頭して、主導的な理念になったのである。それは八〇年代における日本型多元主義の爛熟を前提にした改革構想であり、エリートネットワークの過剰な影響力を低減することを基本的な関心とした。そのため、政策決定を行うドメイン相互間の分離（自律性向上）とドメイン内部の集権化を、同時に追求することとなった。政治制度の原理や設計の観点からは、ドメイン相互間の分離とドメイン内部の集権化は基本的な方向性が異なっており、両者を同時に追求すべきではなかったのかもしれない。だが、政治改革は白紙からの制度設計とは異なり、既存の政治や社会のあり方やルールに慣れ親しんだ人たちを含めた多数派からの支持を得なければ、進めることはできない。多数派形成のためにはやむを得ない面があったと言うべきだろう。

とはいえ、異なる方向性が混淆した改革だったために、政治の停滞が生み出されたことも否定しがたい。国会や地方自治体内部の制度のように、改革がほとんど、ないしは全くなされなかったドメインも残ったことで、事態はさらに悪化した。例えば、衆議院に小選挙区中心の選挙制度を導入して二大政党制と党内集権化を図るのであれば、参議院も同様の効果を持つ選挙制度改革を行うか、あるいは衆議院や内閣との権限関係の変革を行うべきであった。それがなされなかったために、衆議院とほぼ対等な権限を持つ参議院は、衆議院とは大きく異なった政党システムになってしまい、「ねじれ国会」が生じる可能性が大きくなったのである。選挙制度改革と内閣機能強化のように、異なるドメインでの連動が意識されている例は、必ずしも多くはなかった。

一九九〇年代の日本政治は自己変革を大規模に試みており、課題が放置されたという意味であれば「失われた二〇年」という言い方は全く妥当しない。政治に対してこの語をあえて用いるのだとすれば、それは改革が期待した帰結をもたらしていないことを指す場合に限られよう。だとすれば、それを終わらせる方策は、本章の立場からは次のようなものになるのだろう。すなわち、多数主義志向とコンセンサス主義志向が混淆した改革の方向性を一本化したうえで、それに適合しないドメインについては再改革を行うとともに、これまで改革がなされていないドメインについては改革に着手することである。このようなことは実現が困難に思える。だが実際には、一九九〇年代の改革によって政府からの独立性が強められた日本銀行について、総裁人事を活用して政権と同じ方針を掲げるよう促すなど、実質的な一本化が図られている事例も存在する。大規模で連続的な制度改革には、改革ムードの高まりのようなものが必要であり、九〇年代から二〇〇〇年代初頭のようには進まないと考えられる。しかし、少しずつであっても変革を続けることが、停滞を過去のものにするには不可欠なのであろう。

参考文献

イングルハート、ロナルド／村山皓ほか（訳）1993『カルチャーシフトと政治変動』東洋経済新報社
宇野重規 2014「鈍牛・哲人宰相と知識人たち」『アステイオン』81: 172-183
NHK放送文化研究所（編）2015『現代日本人の意識構造［第八版］』NHKブックス
大嶽秀夫 1999『日本政治の対立軸』中公新書
岡﨑晴輝 2016「サルトーリ再考」日本政治学会（編）『年報政治学』2016(2): 56-77
蒲島郁夫 2004『戦後政治の軌跡』岩波書店
北岡伸一 2008『自民党―政権党の三八年』中公文庫
北山晴一 2009「八〇年代を語ることの意味（2）」『二一世紀社会デザイン研究』8: 13-54
近藤康史 2017『分解するイギリス』ちくま新書

斉藤　淳 2010『自民党長期政権の政治経済学』勁草書房
佐々木毅 1987『いま政治になにが可能か』中公新書
佐道明広 2003『戦後日本の防衛と政治』吉川弘文館
砂原庸介 2017『分裂と統合の日本政治』千倉書房
中北浩爾 2014『自民党政治の変容』ＮＨＫブックス
野中尚人 2013『さらばガラパゴス政治』日本経済新聞出版社
服部龍二 2015『中曽根康弘―「大統領的首相」の軌跡』中公新書
前田和敬 2013「二一世紀臨調の軌跡」佐々木毅・二一世紀臨調（編）『平成デモクラシー』所収、講談社
待鳥聡史 2016a「政治学からみた『憲法改正』」駒村圭吾・待鳥聡史（編）『「憲法改正」の比較政治学』所収、弘文堂
―― 2016b「社会科学者としての高坂正堯」五百旗頭真・中西寛（編）『高坂正堯と戦後日本』所収、中央公論新社
丸山眞男 1961『日本の思想』岩波新書
山崎正和（述）／御厨貴・阿川尚之・苅部直・牧原出（編）2017『舞台をまわす、舞台がまわる―山崎正和オーラルヒストリー』中央公論新社
レイプハルト、アレンド／粕谷祐子（監訳）・菊池啓一（訳）2014『民主主義対民主主義』勁草書房
Machidori, Satoshi. 2015. "The Last Two Decades in Japanese Politics." in Yoichi Funabashi & Barak Kushner (eds.). *Examining Japan's Lost Decades*. Routledge: 135-157.

第 III 部

どこへ行くのか
——ポスト「失われた20年」のゆくえ

1991年のバブル崩壊からすでに20年はとうに過ぎている。「失われた20年」は過去のものなのか。それとも、われわれは「失われた30年」のただなかにいるのか。政治や経済の社会的諸制度だけを眺めていると、まだまだ先は見通せないようにも思える。だが、「失われた20年」の過程で、日本の文化シーンでは新たな胎動が始まっていた。それは果たして日本社会の行く末を指し示すものとなるのだろうか。日本文化の内と外で展開している動きに注目したい。

第9章

グローバル化時代における「社会設計《ソーシャル・デザイン》」

――Social Design の未来にむけて

稲賀繁美

◆◆ I 序――グローバライゼイションとその限界

ヴァヌアツ共和国でのある事件から始めたい。(1) この島嶼は観光客が多く、交通事故が多発する。ある島でオーストラリア人の運転する車が地元の少年を殺傷した。地元の慣習に従い、事故を起こした運転手の依頼で、別の島から「チーフ」と呼ばれる仲介者が示談のために招かれる。初面会に続く二度目の会合で、遺族から示された示談金の支払いに加害者が同意し、事態は迅速に落着にむかうかと思われた。だがこの後、遺族の家族が、事故は運転手が起こしたものではなく、彼らが被った呪詛ゆえに発生したものだから、示談金は受け取れない、と言い始める。運転手に責任がない以上、示談金は減額されるべきだが、その代わりこの

(1) 大津留香織「グローバル社会における葛藤解決手段の考察―ヴァヌアツ共和国の事例から」第三回アジア未来会議、公益財団法人渥美国際交流財団関口グローバル研究会(北九州、二〇一六年一〇月一日)。資料提供と公表許可について、大津留香織氏に謝意を表す。

機に運転手は被害者の遺族と象徴的な家族関係に入ってほしい、それが彼らの訴えだった。この申し出をオーストラリア人は素直に受け入れ、両者の和解は成立したかに見えた。

ところが、たまたま弁護士を生業としていたこのオーストラリアからの白人旅行者は、減額された示談金を支払い、帰国するや、連絡を絶ってしまう。おそらく彼は遺族側の言う「家族関係」なるものを額面どおりには受け取れず、金銭での賠償が終わった以上、そこから先の地元の慣習（とりわけ「呪詛」云々）に深入りする気は元からなかったのだろう。欧米の法律感覚からすれば、一件はすでに落着済みであり、それ以上本件に関わる謂れはない。この一件に取材した第三者の文化人類学者に対して、仲介者は依頼主の態度に不満を示し、被害者の家族にも割り切れない感情が蟠ったという。実際、事情通の見るところ、同様の交通事故死であれば、加害者は、最低数年間収監されるのが当然のケースだったという。

本章は「社会設計」（social design）を話題とするが、社会設計が「多文化共生のための技術」を意味するならば、ヴァヌアツの事例も、けっして無縁ではあるまい。ローマ法の法理に基づき、ユダヤ＝キリスト教の「罪と罰」の倫理観にも裏打ちされた法体系は、正義を等価交換によって回復できるとの前提に立っている。さらに社会的な制裁は犯罪行為に対する予備的な警告としても用いられ、犯罪の再発や増幅への防壁の役割を果たした。だが罪に対する懲罰だけで、社会的な絆を修復することは容易でない。被害者は回復不可能な喪失や損失になお苦しんでいるし、加害者側も賠償や服役によって、すべてを清算することは適わない。出獄してもかつての社会的関係を回復できず、孤立して立ち直れぬままの人生を送る場合も少なくない。とすれば、修復不可能な損失を、「共感」による新たな家族関係の創出によって置換しようとするヴァヌアツ・モデルは、別次元でそれなりの合理性をはらんでいる。[2]

グローバル化する時代にあって、和解不可能な状況下で修復的司法の可能性を探るには、地域の知恵が役立つ場合もあるのではないか。思えばグローバル化とは、もっぱら経済や金融の次元で、度量衡や制度的な統合がなされる過程だが、そこで獲得された表面的な透明性は、共存する複数の文化圏の道徳的あるいは心情的な融和を保証するには、あまりに暴力的で粗野な「手切れ金」しか想定していない。それぞれの共同体はそれなりに高度に整えられた官僚制度を有し、専門化した規律や風紀によって統御されている。そしてそれら大小無数に等しく、相互に乗り入れして入り組んだ垂直構造群は、電子通信網に代表される情報伝達手段によって水平に連結されているように見える。だがそれだけでは、この環境で発生する社会問題や、とりわけ利害対立、文化間の葛藤を円滑に解消してゆくには、いかにも不十分だろう。冒頭に述べたヴァヌアツの事例は、司法面での全球化の限界を示唆している。

◆◆Ⅱ 美術館・博物館の設計に見る社会空間の刷新

ここで、美術館・博物館空間の設計に視点を移そう。司法問題とは一見無縁とも映るが、公共空間の社会設計一般を考えるには、共同体の記憶収蔵庫にして人々が集う広場として、その機能を問い直すことが、い

(2)「共感」(empathy)は、掛川大輔の提案による用語。注(1)の会議での司会発言より。

ま求められている。なおdesignは日本語では「デザイン」だが中国語では「設計」であり、そこには「社会設計」（social design）も地続きで含まれる。

現代美術のmuseumとして近年大きな成果をあげた事例としては、ロンドンのサウス・バンクに位置するテイト・モダンを逸することはできまい（図9—1）。利用された建物は重工業時代の廃墟と言ってよい煉瓦作りの工場だった。人々は、あたかも過去への郷愁に惹かれたかのように、この建物へと引き寄せられる。

図9－1　テイト・モダン（2000年に公開）工事中の内部（中央に発電機の残骸）

出所：Tate Modern 公式サイトより

この巨大な建物の入り口までやって来た訪問者は、下り坂のスロープに沿って、中央の広間へと自然に足を進めることになる。まるで想像上の水流に従って導かれたように。その床の中央にはかつて巨大な発電機のタービンが据えられていた。いまや除去されたこのタービン、これが市民や観光客を引き寄せ、社会的な靭帯を回復する発動機《ダイナモ》の役割を果たしている。

この空間設定は、古典的な博物館・美術館とは著しく異なっている。Museumの入り口といえば、丈高い階段によって、あたかも高次の文化空間へと登楼するという趣向が一般的だった。だが身体が不自由な高齢者や身障者にとって、こうした設定は不便極まりない。車椅子のスロープや昇降機を設けるという手段もあるが、得てしてこうした追加措置は、元来の建築に対する予期せぬ侵害となり、審美的・機能的デザインにかえって棄損を来しかねない（図9―2）。

ここには展示物の社会的位置についての変更が絡まっている。かつては王侯貴族の財産保管庫であったものが、国民国家体制への移行とともに、大衆の眼差しにも開かれた提示施設へと変貌を遂げた。だがその多くは、奉納された豪華絢爛たる高価な財宝に目を奪われる体験、さもなければ、異国から将来されて展示ケースに収められた珍品に嘆声をあげる見世物だった。だが収蔵品が国民の血税や寄贈によって賄われるようになれば、それらはもはや一般庶民とは無縁の垂涎の的というよりは、国民そして世界市民の共有財産へと変質する。

テイト・モダンが位置するサウス・バンクは、工場が閉鎖されて以来、長らく荒涼とした犯罪多発地帯の汚名を帯びてきた。だがテイト・モダンの始動とともに、近辺の環境は一変した。セント・ポール寺院のあるテームズ川左岸からは、ゆらゆらと揺れる歩道橋、ミレニアム・ブリッジを伝って何千という訪問者が到来する。西のウォータールーから右岸へと橋を渡れば、テイト・モダンまでは木で舗装した歩道が広がり、その両側には立ち食いの店舗や土産物店、あるいは露店の骨董屋や古本屋などが連なっていて、歩行者に心地よい気晴らしを提供する。人通りが頻繁になったおかげで、地域の安全も著しく向上した。gentrification に伴って高級

図9－2　パリ、プティ・パレ美術館（1900 年）階段室
写真撮影：筆者

住宅地に変貌しはじめたことには、地価高騰や物価上昇を含め、むろん弊害もないではない。だが地域共同体がこの一五年ほどで刷新されたことは疑えない。工場で廃棄された発動機が、地域社会の再活性化に裨益し、新たな連帯意識を育んだ。経済的な波及効果を挙げるならば、テイト・モダンは西暦二〇〇〇年の創業以来、ロンドン市に年額一億ポンドに相当する利益を齎し、サウス・ワークにその大半が拠点を置く四〇〇を超える雇用を創出し、宿泊業やケイタリングもこの地域で二三%の向上を見た。初代館長を務めたラース・ニッティヴは、そのように誇らしげに、というか、むしろ淡々と「成功」を報告する。(3)

◆◆Ⅲ 宮殿型財宝保管庫から公共空間への脱皮

博物館/美術館は、かつての富の象徴としての宮殿から、市民の集う公共空間へと変貌を遂げてきた。日本の場合を簡単に回顧してみよう(図9—3)。近代美術館の嚆矢といえば、倉敷の大原美術館(一九三〇年)、敗戦後、世界で初めて近代美術館として新造された建築としては、鎌倉の鶴岡八幡宮の一角に土地を貸与された神奈川県立近代美術館(一九五一年)がある。倉敷も鎌倉も、どちらも「倉」の文字を共有する。倉敷が、後背地の農産物と瀬戸内の海産物との十字路をなし、交易の要所たる水郷の町として発達を遂げたなら、鎌倉は一三世紀の政治の中心地であり、由比ヶ浜から八幡宮への経路を中央幹線として街並みが発展した。どちらも商業の繁栄が富をもたらし、文化財の保存庫としての博物館/美術館は、それぞれの港湾都市の歴史を背負っている。(4)

(3) 統計資料は、神奈川県葉山で開催された第七回二一世紀ミュージアム・サミット(二〇一六年二月二七〜二八日)におけるラース・ニッティヴ(Lars Nittve)による発表 "The Museum as Generator" より。
(4) 鎌倉と倉敷の市街発展の歴史と美術館の来歴との関係は、注(1)に触れた国際サミットの席で、それぞれ水沢勉、高階秀爾の両館長から、説明がくだされた。

図9−3 日本の近現代美術館の遠隔
上:神奈川県立近代美術館 / 旧館、鎌倉市雪ノ下 1951 年落成
中:大原美術館 倉敷 1930 年開館
下:金沢 21 世紀美術館 2004 年開館
出所:public domain

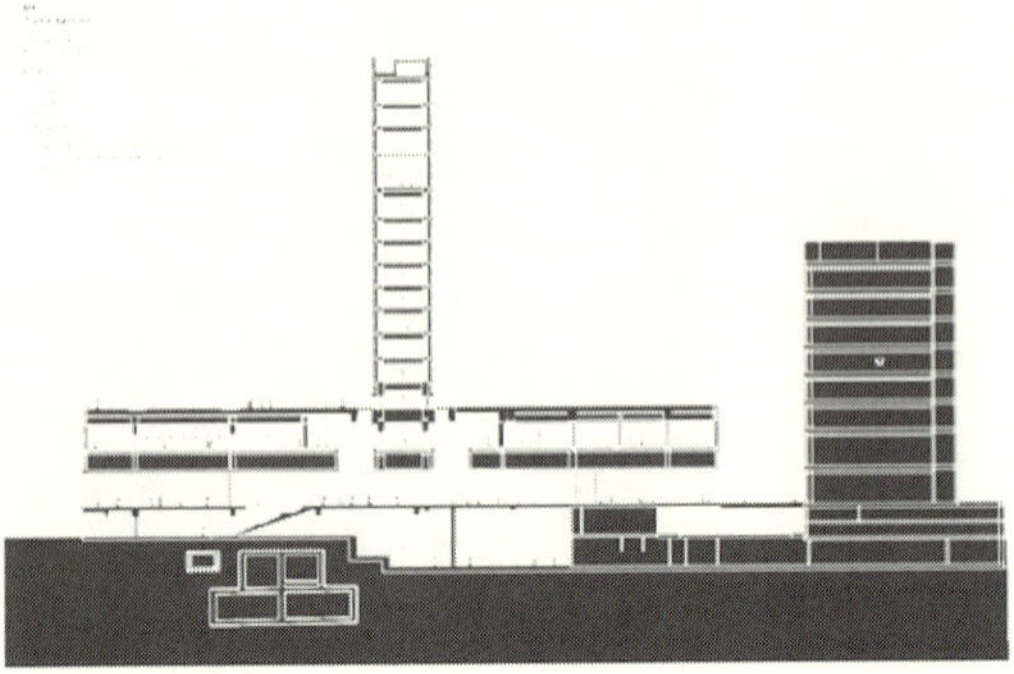

図9－4　香港　M+Museum（立面図）
出所：M+Museum 公式サイトより

これら鎌倉や倉敷の美術館／博物館が、倉を起源とした宝物殿の近代的変貌を物語るのに対し、城下町・金沢に開館した金沢二一世紀美術館（二〇〇四年）は、四方からのアクセスを許容する構造と、透明なガラスによる外壁によって、開放された公共空間を演出し、美術館／博物館機能のパラダイム刷新の模様を如実に物語る。商業の中心街である香林坊に隣接し、城下に位置するこの美術館は、緩やかに中央が窪んだ円形の地所の中央に低層で佇んでおり、訪問者たちは、テイト・モダンの場合と同様、自ずと建物に吸い寄せられるようにして接近する。入場料を払わなくても、美術館内部のあちこちのユニットで何が開催されているかが一瞥で見通すことができ、興味があれば入場料を支払って、個々の展示を堪能する。こうした工夫が功を奏し、この美術館は観客動員数においても世界的な成功をおさめ、フランスのルーヴル美術館からも視察があいついだ。この建築を担当した妹島和世と西沢立衛を中心とするSANAAは、実際にローザンヌ大学の一角のロレックス・ホールの発注を受けたほか、フランス北部、ランスのルーヴル美術館別館 Louvre-Lens（二〇〇九〜二〇一二年）では、金沢モデルの拡大版を実現することとなった[5]。

現在、香港では西九龍地区に M+Museum の建設が進んでいる（図9—4）。ここでも金沢に見られた新たなパラダイムが具体化しつつある。四〇年前のパリのポンピドー・センター建設に匹敵する、それ以来の野心的な規模の事業と言われるが、ここでも入館に際しての敷居＝閾は極力排除して、地上階は屋外あるいは他の都市空間と水平に連続し、開放した空間を提供することで、市民の自由な通行（passage）に眼目を置く計画となっている。ここにアゴラないしフォーラムとしての流通と出会いの広場を確保する一方、展示会場や収蔵庫は高層階に配置する。

なんでもない工夫とも見えるが、思えばニューヨークなどを皮切りに展開した一九二〇年代のモダニズム時代の摩天楼では、佇立する高層建築一つひとつの垂直性が強調される反面、それらの高殿を水平に連結する自由通路や水平空間の発達は後手に回り、居住性や迅速快適な移動を妨げる欠陥が嵩じていた。東京の新宿でも、初期の高層ビル群では、ビルどうしの行き来が（今なお）極めて面倒だが、地所が限られ、地価も著しく高騰した香港は、この弊害が地上で最も高密度に具現され、不便の露呈しがちな都市空間でもあった。公共施設には、こうした垂直性の孤立や閉塞感から脱却する往来のための自由通路を市民に提供することが不可欠となる。

◆◆Ⅳ　貯水池＝井戸モデルの提唱

官僚機構は、とりわけ日本社会では、能率の名のもとに、高度に洗練された垂直構造を亢進させがちな傾

（5）固定した仕切りや枠の欠如した空間構造について、筆者はパリの Institut d'Extrême-Orient du Collège de France に招聘され、二〇一三年五月に連続講演で検討を施している。

図9－5　ペーター・ブリューゲル（父）《バベルの塔》ウィーン美術史美術館 1563 年

出所：public domain

向を呈する。だが思えば、こうした専門主義の異常肥大が、バベルの塔崩壊の一因ではなかったか（図9—5）。省益を追求するあまり省庁間の相互協力が達成されない現状は、旧約聖書の逸話に含まれた暗喩を裏書きする。さらに、込み入った私有地所有が合理的な都市計画に対する侮りがたい障壁となる。かつて「縦社会」とも名づけられた垂直的社会構造に、相互の情報流通や意思疎通を図るためには、水平方向の「横串」が必須となる。そしてNPO（非営利組織）やNGO（非政府組織）などの活動を見てもわかる通り、社会に「横串」を刺して水平方向に多様な網の目を張り巡らすには、自主的な草の根組織の方が、より有効な機動力を発揮する。[6] このような地域に根ざした創意をいかに能率よくしかも高圧的にではなく励起させるか——。

ここに「社会設計」が直面する厄介だが枢要な課題がある。アクセス自由な公共空間は、テロ攻撃に対しては極めて脆弱だが、だからといって保証すべき自由を制限するのでは元も子もない。無意味な行政的障害物を生み出すことなく、しかも必要な安全策は講じつつ、社会に「横串」を入れる工夫。それは相反する要求を満たさねばならない責務である以上、現今の都市空間にあっては、言うは易く行うは難し、の難題である。

では水平軸ではなく、垂直軸にはいかなる工夫が必要か。ここで近現代の廃墟を考えたい。テイト・モダンにも見たように、そうした産業廃棄物と化した建造物の再利用が近年、注目を集めているからだ。二〇一六年に新規公開されたシンガポール国立博物館も、かつての英国支配時代の議事堂を再利用したものであり、廃墟のリサイクルに該当する。そこでは植民地時代の記憶の再発掘展示が課題とされている。日本でも辺鄙な場所で人口減少ゆえに廃校となった小学校の校舎が、条件を満たせば展示施設や催し物会場あるいは創作の場として復活している。台北でも市街中心に近年出現したデザイン博物館と展示場は、かつての日本支配時代の煙草工場を再利用したものだ（図9―6）。こうした再循環がすべて成功を収めるとは限らない。だがその地域の先祖たちが共有していた記憶をふんだんに含む場所や文物が再開発によって復権し復活していることは、注目に値する。循環型の再生利用とは、祖先の過去へと考古学的な発掘を進めると同時に、集合的な記憶を後世へと伝達する営みでもある(7)。

図９－６　台北国際デザイン館　International Design House, Taipei
出所：同館公式サイトより

過去の記録は、土壌の堆積にも似て、時間の層のなかへと少し

（6）葉山での「ミュージアム・サミット」では、山辺純也が「別府プロジェクト」、中村正人が「アーツ千葉」、拝戸雅仁が愛知トリエンナーレのケースをそれぞれ報告した。
（7）この論点を筆者はシンガポール国立アート・ギャラリーの Shabbir Hussan Mustafa との会話に負っている。彼がシンガポール国立大学で企画した以下ずつ沈み込み、埋もれてゆく。明日への礎をしっかりと築くには、そうした過去を掘り起こし再吟味することが不可欠だろう。ここで井戸を思い出してみたい。貯水槽の底には水が眠っている。それは死んだように見えるが、実際には生きていて、地表では見えない地下の水流がどこにあるのか、その在処を指し示している。この水底から過去の記憶を汲みあげることで、我々は「生気を取り戻させる資源」(refreshing resources)を手に入れ、それを元手として我々の未来を築いてゆく。かつての村々には、その中心に共同の井戸があった。その井側は、住民の不断の努力なくしては毀たれ、土砂が崩れて、源泉は埋もれてしまいかねない。垂直の井戸を維持管理することと、その周囲に水平の共同体が繁栄することとは、たがいに持ちつ持たれつの関係にある。ここまでくれば、見えてくるだろう。井戸を中心とする村落共同体の模式図は、地上階に自由な流通回路を開いた公共空間の雛形であり、その隠喩でもあった、ということが。

例えば内陸アジアの絹の道の交易路ならば、トゥルファンのような乾燥地帯に位置するオアシス都市を想起すればよかろうか。共同体の井戸や地下灌漑水路網(ホガラ、カナート)の終点は、水の供給を司る要であり、文字通り村落共同体の生存を握る生命線と言ってよい。

V 塔と階段と

井戸が村人の生活を支え、村人たちの努力が井戸を支える。この互助体制を、比喩的に、垂直軸と水平面との交差において図示してみた(図9—7)。これが「文化センター」の基礎的「設計」となる。もちろんこの素朴この上ないモデルがどこにでも適用できるわけではあるまい。住民たちの意向を場所に沿って具体化せねば、実効性はともなうまい。それを前提にして、ここではふたつの装置に限定して、いま少しsocial design（台湾で言うところの「社会設計」）を考えてみたい。対象としたいのは、一方では塔、他方は階段である。

まず塔だが、香港だけでなく台北でもソウルでも、あるいはシンガポールでも高層ビルの四階と一三階の扱いには、いまなおいろいろと問題があるらしい。それが風水に関係するのか、単なる数字にまつわる迷信なのかはさておき、地域の慣習は、これを無碍に蹂躙すべきではあるまい。これら扱いの厄介な階を歴史的保存階と指定するような法的措置はいかがだろうか。あるいは荒唐無稽な提案と一笑に付されることは、もとより覚悟の上。だが四階と一三階の一部だけでも祖先の霊のために取り分けておいてはどうだろう。いまなおその場所に憑依し

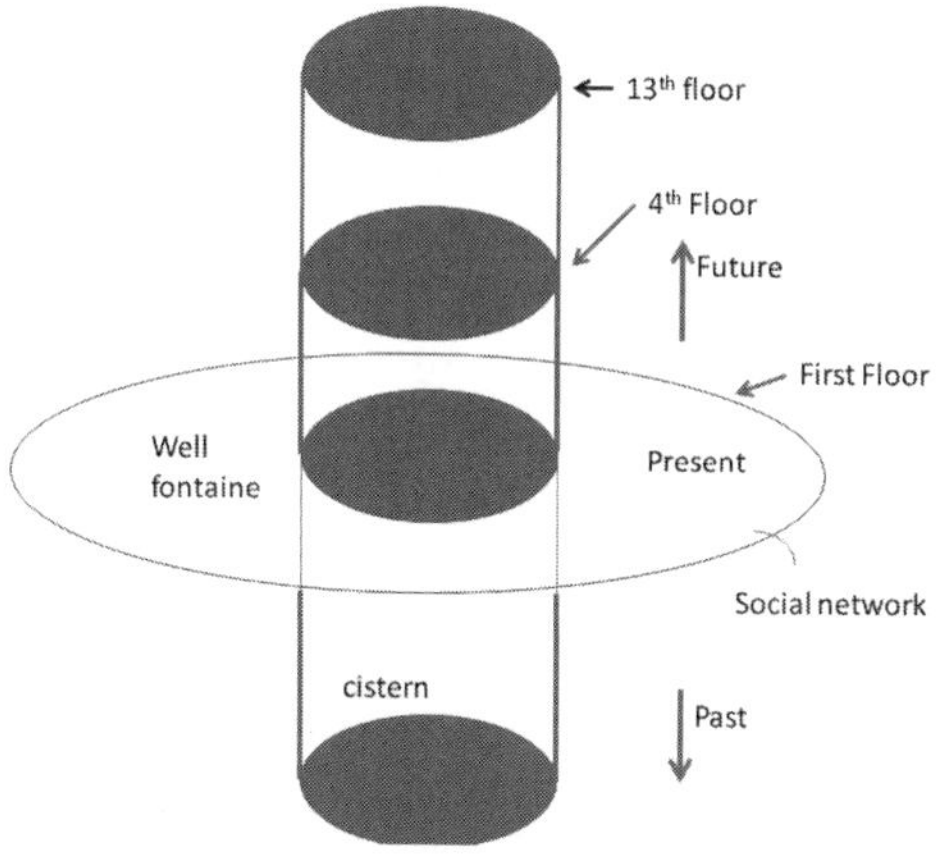

図９－７　知的遺産と地域共同体との関係に関する井戸型模式図

作図：筆者

のような展示を参照のこと。*Archives and Desires: Selections from the Mohammad Din Mohammad Collection* (2008); *I Polunin: Memories of Singapore Through Film and Photographs* (2009); *Writing Power / Zulkifli Yusoff* (2011); *Semblance / Presence: Renato Habulan and Alfredo Esquillo Jr.* (2012); より最近のものとして *Come Cannibalise Us, Why Don't You? / Erika Tan* (2013).

ている地霊に捧げるべき空間として。こうすれば土地の記憶は敬われ、祭られる。社屋の屋上に設けられる社と同様の発想だが、こうした、一見合理性とは背馳する配慮が、社運の隆盛につながったりする験担ぎは、かつての著名な創業者たちにも無縁ではなかった。地霊や祖霊の庇護を受けて、建物も地震や火事といった災厄から守護される。たとえそれが無根拠な祈りに過ぎなかったにせよ——。「霊安室」など縁起でもないと言われるなら、いっそのこと、代わりに「化け物屋敷」でも設えて、遊技場に当ててはいかがなものか。納涼お化け屋敷は夏場に格好の遊興を提供して、老若男女を問わず、家族団欒のアトラクションとなるはずだ。

幽霊大会は半分冗談だが、半分は実利的な計算である。実際、一九九五年一月一七日に発生した阪神淡路大震災では、中層ビルでぺしゃんこに押し潰され、最も被害が集中したのが四階だった。いわゆるパン・ケーキ・クラッシュ症候群（pancake-crash-syndrom）である。さらに一三階は、一部のホテルなどでは、すでに保管庫など、来客や居住とは別の用途に充てられている。これらの階に対してなんらかの法的規制を加えることは、気まぐれではなく、むしろ現実的ですらある。さらに短絡な機能性の追求を回避する余裕は、生活空間にも、ゆとりや遊び、言い換えれば（憑霊による？）霊的・精神的な余裕すら、付加価値として授ける仁徳があるはずだ。死者たちを迎え入れる「無駄」な空間をあらかじめ確保しておくことが、大規模災害の際には、被害抑制にも役立つ。

もう一つは、怪談ならぬ階段である。先に触れた「倉庫」に戻るなら、蔵は商品の搬出・搬入、流通や貯蔵の場所であり、水運の便もあって運河や河川沿いに設けられる。太田川のデルタの上に発達した広島の市街には、河川にそって「雁木」と呼ばれる石段が各所に見られ、いまでは原爆ドームとなった産業奨励館のある基町《もとまち》も、江戸時代には米俵を貯蔵する蔵が軒を連ねる川岸であった（図9―8）。兵庫県立美術館は、阪神淡路大震災のあと、安藤忠雄設計で湾岸沿いに新設された。ウォーター・フロントを巧みに利用しており、海に臨むテラスは、本来ならば船着き場の機能を果たす設計である。だが実際には法的な規制があって、港湾施設としては使用できず、かつて栄華を極めた港町の、いわば遺物あるいは墓場といった佇まいを晒している。

このせっかくの岸壁を有効に活用して、せめて港祭りの期間だけでも、船着き場として使うことはできまいか。海の側から美術館へとアクセスできれば、訪問客にとっても興味津々だろう。思えばヴェネチアの魅力も、船舶バスのヴァポレッタをはじめとした水上交通機関がいまなお健全なことにある。本来、運河の街ヴェネチアの場合、邸宅への正式な戸口は運河側の水門であって、陸地の側の狭隘な通路は裏口でしかなかった。神戸は、大震災の結果、日本の主要なハブをなす商業港としての地位から転落した。そうした地位喪失のなか、せめて文化施設に面した海岸部だけでも再活性化させることができれば、港町としての神戸のかつての栄華繁栄を、少なくとも文

図9－8 「原爆ドーム」（旧・産業奨励館）とその手前の元安川に面した「雁木」

出所：「広島の視線」<https://blogs.yahoo.co.jp/mitokosei/10532961.html>

化遺産として再生することには繋がるまいか。同様の発想は、松江や柳川のように水郷を擁する街並みにとどまらず、シャッター街が広がる、多くの地方中枢都市の鉄道駅前を再生させるためのヒントともなるはずである。前橋駅前の「アーツ・マエバシ」と周囲の商店街での試みは、その一例である。

◆◆ Ⅵ 連結と隙間と——ジグゾー・パズル・モデル

ここまで、分散しがちで散乱した社会セクター相互を連結するための方策について検討してきた。だが筆者は、連絡網の傍らにあって、実は占拠されていない空虚な空間が、連絡網の構成に劣らず重要だと考えている。高度の利権が複雑に入り込んだ大都市市街地でも、よく見れば気づかれない空隙があちらこちらに取り残されている。垂直方向であれ、水平方向であれ、縦横に張り巡らされた建築規制の網をかい潜るようにして、手つかずの土地や空間があちこちに見えてくる。こうした空隙は合法的に、あるいは非合法裡に占拠されもする。

非合法にといえば、定住所を持たない所謂「不法滞在者」や、「ホームレス」とも呼ばれる「浮浪者」のことが脳裏に浮かぶだろう。あるいは河川敷の藪のなかにアジルを構え、そこに避難を余技なくされる境涯だが、オリンピック以前のリオ・デ・ジャネイロなどでは、風光明媚な郊外の高台の、眺めの良い一等地の傾斜地が不法占拠される事例も知られていた。もとより風紀地区だったため、課税対象となることからも免れていた地域に、住所不定の人々がちゃっかりと住み着いた。反対に合法的な空き地を巧みに占有する様々な技術については、貝島桃代と塚本由晴のスタジオ・ワンが、実地調査に基づき、自分たちの「ペット建築」に関する詳細な類型学を提案している。(8) 数次にわたる都市計画が相乗した結果、幹線の交差部に残された三角形の空き地、あるいは段差のある崖を跨ぐ隙間など。都市空間の忘れ去られてきた手つかずの空隙――。そうした見落とされてきた処女地を、埋めるべき格好の攻略ターゲットとして、スタジオ・ワンは新奇だが合理的な建築計画を、多様で柔軟な発想に基づいて提唱してきた。

こうした空隙は、輻輳する市街地整備計画の負の遺産としての、まだ縫い合わせられていない空虚でもあれば、反対に当初の計画が破綻した結果残された、裂け目のような不毛地帯であったりもする。さらに都市部におけるスプロール現象だけではなく農村地帯でも、過疎化にともない、あるいは自然資源の無計画な簒奪の結果として、様々な無秩序が拡大しつつある。日本語では「穴場」とは開発や搾取に好適なのに、なぜか気づかれなかった場所を指す言葉だが、文字通りには「穴」として放置され、見落とされてきた場所を指す。手つかずのままで一般公衆からは隠されてきた。それゆえにこそ、そこから新たな利潤も引き出しうる。

ここで都市の、そして国土の再開発が視野に入る。ここでの眼目は、かつての右肩上がりの高度経済成長期のように、未採掘の資源を掘り尽くす、根絶やしの収奪ではあるまい。むしろ一方で、社会動態の再活性化のためには、いままで連結のなされてこなかった経路を縫い合わせる工夫が要請され、他方ではすでに耐用年限に達して綻びの目立つインフラ網を、回復不可能なところまで酷使することなく、また脆弱な生態系

(8) 貝島・塚本 [2001]: 東京工業大学建築学科塚本研究室・アトリエ・ワン [2001]。塚本らスタジオ・ワンによる、京都や金沢の町屋再生計画も参照。

に過剰な負荷をかけることなく修繕してゆく配慮が求められよう。社会の靱帯を再生させることが「社会設計」には不可欠だと言われる。だがそれらが政治的経済的あるいは金融上の利潤追求を自己目的とするような、さらなる「成長」神話に加担することは、百害あって一利なしだろう[9]。

ここで発想を転換するために、ジグゾー・パズルをモデルとして導入したい。パズルから必要なピースが一つ欠けているとしよう。これが先に見た空虚な場所に相当する。ここに穴埋めするには、欠けている最後のピースを見つけなければならない。その形状はそれを囲む八つのピースによって決定される。それらの均衡のうちに全体の構図が決定され、完成する。すべてのピースが相互依存の関係にある以上、そこには自分勝手な自律は許されまい。とはいえ個々のピースは独自の形状を備えており、けっしてほかと代替可能ではない。さらに、空隙の場所にピタリと当て嵌まることがなければ、件のピースはそれとして認知されることもない。だがほかのピースでは代用とならないからこそ、そのピースの相対的かつ部分的な自律性が尊重される。全体が全体として機能するためには、無駄なピースは存在しない（福岡［2015］）。

日本民藝館館長の深澤直人は、デザインとは、このようなまだ欠けている最後のピースを発見する営みなのだと主張する[10]。それなくして全体は完成しない。だが、と深澤は続ける。もしもその全体が歪んでいたらどうだろう。そこに最後のピースを無理矢理ねじ込むことは、企画の完遂どころか、かえって社会全体の捻れを助長して固定するような害悪を為すことになりかねない。むしろそこに社会の歪みが集約されていたからこそ、最後のピースが嵌まるべき箇所は、空白として残されてきたのではなかったか。この空虚には意味がある。

◆◆Ⅶ　空虚と海賊と

装飾過剰の美学が飽和に達していた一九世紀世紀末ヴィーンの産んだ建築家、アドルフ・ロースは、装飾を犯罪視する著名な著作『装飾と犯罪』をなした（ロース［2011］）。装飾はデザインにとって不適切な余剰に過ぎない、というのがその論拠だった。これと相同の論理をもってすれば、デザインもまた犯罪的な役割を演じかねまい。すなわち歪んだ邪悪な世界観や計画の完遂に、最後の必要なピースを提供するならば、これは犯罪行為への立派な加担になるからだ。

ここで我々は、発想の転換を迫られる。もはや事前に設計されたジグゾー・パズルに最後のピースを嵌め込めばよい、とは参るまい。むしろ欠けたピースは、必然的に残された空隙を代理するものであり、全体の絵柄が歪み、基盤が捻じれているからこそ、件のピースは弾き出されて脱落した、と見る方が健全だろう。全体の不合理の皺寄せが糾合して発生した弱点こそがこの空隙であり、ユニット総体の機能不全の不都合がそこに露呈している。そこに最後のピースを力任せに嵌めたところで、問題の解決はおぼつくまい。それどころか病状はかえって悪化しかねまい。最後のピース嵌め込みは、すでに回復不能なまで捩れていたシステムに、致命傷となる死刑宣告を突きつける、最後の一撃となるやもしれないのだから。

とすれば、残されたこの空隙こそが、望まれた種や、あるいは望まれない種が着床し、宿り繁茂すべき孵

（9）不幸にして東日本大震災からの「復興」土木計画は、多くの場所でこの点への配慮に失敗している。竹沢［2013］；岡村［2017］。
（10）深澤直人「新館長と語り合う会」（日本民藝館、二〇一三年一月一九日）。

卵器、正体不明の未熟児を発育させる保育器に相当するのではあるまいか。生命力の強い（と言われるが、実は「弱い」）「雑草」が舗装道路のわずかな割れ目を目ざとく見つけて根を張り、芽を吹き、休耕地に侵入し、人知れず繁殖を遂げるのにも似て、外来の、あるいは来歴不明の征服者が不法占拠を画策し、寄生虫よろしく、そうした空き地をいつの間にか領土として占拠してしまう（塚谷［2014］）。穴場には無法者や不可触選民が蝟集し、犯罪行為が頻発し、闇社会の無法地帯が繁盛するといった事態も、あるいは発生することだろう。それはまた脱法行為や海賊行為の温床ともなる。海賊は定義からして、自分たちの違法性を高々と見せびらかすとか、その疑わしい出自や帰属を白日のもとに晒すといった愚行は犯さない。むしろ彼らの自己同一性の不確かさこそが、もとより怪しげな「海賊」たる地位を保証するには不可欠なのだから(11)。

ここで生体の免疫系を考えよう（多田［1993］）。免疫系にとって自己の身体は欠如として認識される。免疫系は外敵と判断したものを攻撃する。したがって免疫系が正常に働いている生体は、その当の免疫系によってその存在を感づかれ、認識対象と悟られては困る。むしろ認識できない不在に徹しなければならない。自分の免疫系によってその存在が感知されないからこそ、生体は生き残ることができる。感知されてしまえば、自らの免疫系の餌食となってしまうのだから（これが自己免疫症で発生する事態である）。換言すれば、生物学的な自己同一性は、免疫系からは不在の欠落、まさしく空隙として認識されていることになる。だからこそ抗原・抗体反応から免れる。それはまさに、ジグゾー・パズルの欠けたピースと言ってよい。

これは、国際法の父として名を残すフーゴー・フォン・グロチウスが言うところの terra nullis つまり「無主地」と言ってよい。思えば海賊船もこの定義に当てはまる。海賊船とは正当な所有者を持たず、合法的な船主の欠如した船舶である。その素性や所在が警察権力によって把握され損ねてこそ、海賊船は無事に航行を続け、存分に海賊行為に及ぶこともできる。警察という免疫系は、社会秩序の維持と回復を任務としており、その探索の目をかいくぐることに失敗すれば、海賊船は直ちに攻撃の対象とされて拿捕されかねないのだから。

◆◆Ⅷ　世界東京化計画

ここで我々は厄介な問題に遭遇する。そもそもデザインとは、既存の秩序や社会的自己同一性を強化する任務を負っているのか、それとも反対にそれを揺さぶることが期待されているものなのか。これは「社会設計」の根幹に関わる哲学的な問いとなる。近年ではウェブサイトなどで海賊版が跳梁跋扈するにいたり、コピーライトや知的財産権などを保護するために様々な規制や規則が強化されている。正統性あるいは純正性（authenticity）をめぐる問いが、経済的利潤や金融的利害と絡まってしきりと話題にされる。日本語で「パクリ」は他人の発案などを不法に盗む行為をさす。カール・ラスティアラとクリストファー・スプリグマンによる“*The Knock-off Economy*”は、日本語訳では『パクリ経済』と訳された（Raustiala & Sprigman [2012]；ラウスティアラ&スプリグマン [2015]）。「パクリ」と「クリエーター」をかけた冗談として「パクリエーター」なる

（11）稲賀 [2017a]。そのほか、ウィルソン [2013]；クーン [2013]；メイソン [2012]；デュラン&ベルニュ [2014] など、重要な著書の翻訳も近年集中している。

新語も鋳造され、「インチキ」な詐欺まがいの嫌疑を受けた藝術家やデザイナーを揶揄するのにも用いられた。二〇二〇年に予定の東京オリンピックのエンブレムに選ばれながら盗作と指弾された佐野研二郎のケースが典型的だろう。ここでイザコザの細部を蒸し返すことはすまい（稲賀［2016a］）。グラフィック・デザインの世界では、誰であれ、思わぬデザイン盗用の嫌疑を受ける危険から、我が身を完全に保護することなど、容易ではない。そしてひとたび嫌疑を受けたとなると、背後に控える莫大な金銭的利潤からして、被疑者が愚かな醜聞から無傷で立ち直ることは、極めて困難なのが実情だろう。

そのうえで、解毒剤として石井大五の映像作品「世界東京化計画」（World Tokyo-lization Project）に注目したい。(12)二〇一六年のヴェネチアでの展示で、彼は「よく似た」という視覚印象がいかにして得られるかを実験することで、正統性＝真正性（authenticity）の脆弱さを明るみにだした。一見すれば東京は銀座の街並みと見える往来が、ニューヨークはマンハッタンに偽装を施した風景と判明する。日本風の広告を貼りめぐらせるだけで、ブロードウェイはその見かけの自己同一性を容易に喪失し、人々はこの変装にいとも簡単に騙される。同様に暮れなずむコペンハーゲンの旧市街も、日本風のネオンや電飾を吊り下げれば、簡単に東京の赤坂見附か、京都の祇園の風情に仮装できる。ヴェネチアのサン・マルコ寺院は、ファサードに仏殿の垂れ幕を施し、周囲に松の木を植え、何本かの幟を立てると、奈良か築地の仏教伽藍へと変身を遂げる。これは常識を揺さぶるに十分な体験だ。文化的同一性の中核をなすと我々が素朴に信じているものが、実際には刷り込まれた固定概念に過ぎず、先入見にも近い錯覚だったことが判明するからだ。これみよがしの表面的な視覚記号を皮膚移植しただけで、文化的独創性は容易に隠蔽されてしまう。

この「世界東京化計画」によって、original と copy の二項対立は、根底から疑問符を突きつけられる。フランスの都市空間に設けられた緑地帯は、その幾何学的な構図によって日本の回遊式庭園とは著しい対称をなす、と我々は観念的に信じている。満開の桜の下で飲食をするといった行動様式は、フランスの公共公園では法律上でも禁じられている。だがドレス・コードをちょっと変換すれば、事態は一変し、フランスの首都も俄かに「東京」へと変貌する。エッフェル塔を赤と白のツートン・カラーに塗り替え、シャン・ド・マルスの芝生を満開の桜で埋め尽くし、そこに毛氈ならぬ青の防水シートを広げて、酒や弁当を手に興ずる群衆を配するだけで、あたりは上野公園そのままの情景に転ずるのだから。ここでソフィア・コッポラの映画『ロスト・イン・トランスレーション』（二〇〇三年）を思い出すのも一興だろう。文化意匠を翻訳して置換するだけで、人の抱く帰属同一性（identity）意識など、いとも簡単に喪失されてしまう。

◆◆ Ⅸ 黄色の雨傘と世界の電子的連帯

漂流するアイデンティティはいかに文化圏を越えて流通するのか。二〇一四年の香港に横溢した黄色の雨傘の増殖を思い起こそう。まず、なぜ黄色なのか。東日本大震災（二〇一一年三月一一日）の慰問と慰霊に訪れた天皇皇后を黄色の水仙が迎えたことは、ひろく知られる。黄色には絶望的な境遇にある人々に勇気を与

(12) http://www.future-scape.co.jp

図９－９　Have you met Totoro?　香港での黄色い雨傘革命で（無断で）使われた意匠

出所：「となりのトトロ」無料PCデスクトップ壁紙（nelde.deviantart.com）

える効能が知られる。二〇一四年三月、台湾の行政院を包囲・占拠した学生運動は、「三一八向日葵運動」として知られる。黄色の花が日本から台湾へ、さらに海峡を越えて香港に飛び火した。その香港では、トトロが、「雨傘革命」のマスコットとなった（図9—9）。複製権にこだわるならば、こうした模倣の繁殖は非合法の海賊行為と言ってよい。商業的利潤に抵触するならば、私的な再利用でも、法的制裁の対象となる。違法トトロは訴訟により損害賠償の対象ともなりうるわけだ。そして同様のアイコンの増殖は、一五年前であれば、北京政府筋から「ソフト・パワー」の武器による「文化侵略」として糾弾されうる事態を招いても不思議でなかった。

だが大衆文化の複製権を独占しようとする商魂は、すでに時代錯誤と言ってよい。熱心なカトリック信者とても、トトロが森の精であることは、容易に理解できる。熱帯雨林あるいは、温帯の鎮守の杜によって覆われ、保護されるという生態学的な安心感、一体感（identification）が黄色の雨傘の繁茂を促したことは、疑いあるまい。トトロはそこに相応しいマスコットとして受け入れられた。さらに雨傘が運動の象徴となったのも、偶然ではあるまい。東南アジアの亜熱帯モンスーン気候にあって、突然の降雨は日常の体験に裏打ちされている。人々の連帯は、忌むべき突然の降雨があればこそ、確保される。いかに期待に反したものとはいえ、土砂降りに付き纏われるからこそ、それは政治的抑圧の暗喩として、人々に共有される。

自然発生的に確保され、黄色の雨傘が繁茂した「自由空間《フリー・スペース》」（free space）は、無菌処理を施された殺菌温室ではありえない。自由が保障される限りにおいて、自由空間は完璧な安全圏であるどころか、むしろ容易に棄損されうる脆弱性を抱えている。だがだからこそ自由空間はまた政治的な実験室たりえ、文化的あるいは社会的な冒険を許す温床ともなる。公的認可を得たとは必ずしも言えない、未公認種発育のための苗床には、歓迎されざる藝術的実践の胚芽も着床しうる。だがいかに表面的には失敗に終わろうとも、そこには不意の思わぬ発見という僥倖（serendipity）が発芽する可能性も退けられてはいまい。突然の豪雨は災害の引き金ともなるが、それはたとえ束の間でも、幸運を呼ぶ萌芽を約束する培養地にもなりうるのだから（稲賀[2016b]）。

「君は僕を夢想家と言うだろう。よろしい。でも僕だけが唯一の夢想家ではない」。ジョン・レノンの唱えたこの「社会設計」の理想は、危機のさなか、黄色の雨傘革命の基調をなした。

レノンの傍らに、その盟友でもあったいま一人の夢想家として、最後に白南準＝ナムジュン・パイクを召還しよう。パイクを所謂ヴィデオ・アートの先駆者と見るのは、視野狭窄だろう。むしろ彼はノーバート・ウィナーとマーシャル・マックルーハンの申し子として、世界を電子回路で自由に連結する夢に一生を賭けた実験家だったはずだ。物理的な美術館は、電子情報が世界的に流通する時代には、ヴァーチャルな記憶収蔵庫へ優位を譲る。そしてそれとは裏腹に、パイクが作品として後世に遺贈した旧式モニター群たちは、脱工業化時代における機械文明時代の歴史的遺物として、世界の主要な美術館に殿堂入りを果たす。個々のモニターは世界の他のすべての事象を映し、他のすべてのモニターにも、この一個のモニターの映像が伝達される。それは電子機器時代の黎明にあって実現された華厳教学の電動曼荼羅にほかなるまい。甲羅にモニターを背負った巨大な亀は現代の亀碑であり、一〇〇三個のモニターを積み上げた《多々益善》*Dadaikseon*（図９—10）（一九八八年）は、現代のバベルの塔のはらむ危機と時代錯誤とを見事に具現する（稲賀［2017b］）。

図９－10　ナムジュン・パイク《多々益善》*Dadaikseon*、1988 年　国立現代美術館、ソウル

出所：public domain

◆◆ X 結　論

白南準の故地たる韓国には、広大な空白の土地が広がり、いかなるピースもその空虚を埋め尽くしえない。二五〇キロの長さを持ち、五七〇平方キロにわたって広がる、北朝鮮との非武装地帯、ＤＭＺである（図９—11）。これは民族の魂が分裂し、家族が離散し、なお統合に失調を来している不幸の象徴だろう。朝鮮戦争で命を失った魂の慰霊に失敗したままの歴史の証が、この巨大な空白となって現象する。戦場に斃れた多くの屍が、実際になおこの非武装地帯に埋まっているのだから。記憶の収蔵庫として機能することに失敗した現実が、ここに集約される。そして韓半島に発生したことは、実際にはアジアの各地で反復されているはずだ。東浩紀は、ここに見られるような、国境と時代区分との、矛盾して折り合いのつかない幾多の霊的切断面を犀利に分析している。地理的な分断と歴史認識の齟齬とによって切り離されたままの多重人格の錯乱が、アジア現代史の真実をなす。歴史的な和解も、地政学的融和も実現できない現実がＤＭＺなのだから（東［2016］）。

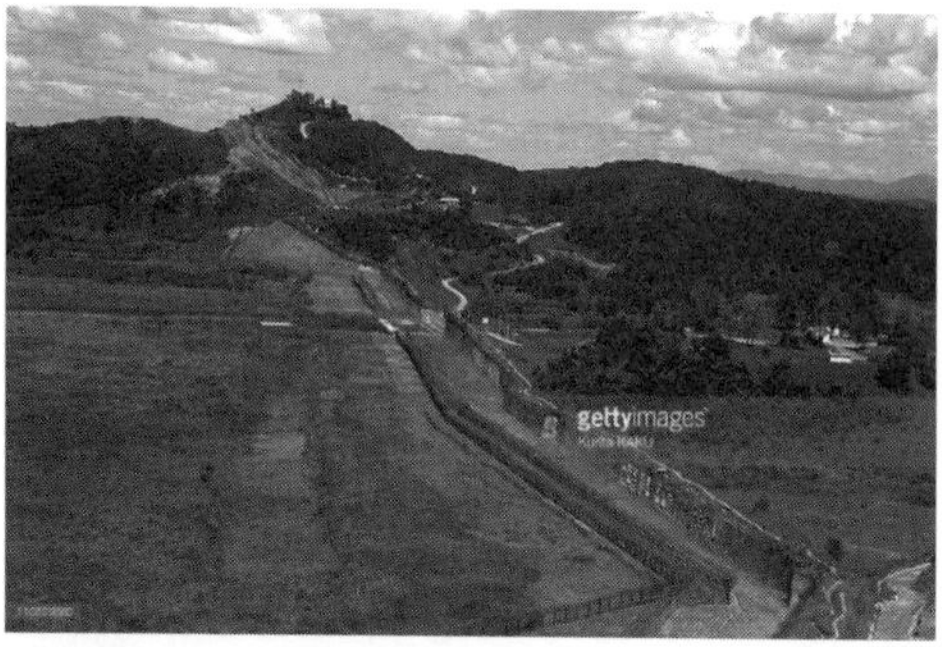

図９－11　DMZ　1990年８月17日
Getty images, Karita Kaku
出所：http://www.gettyimages.co.jp

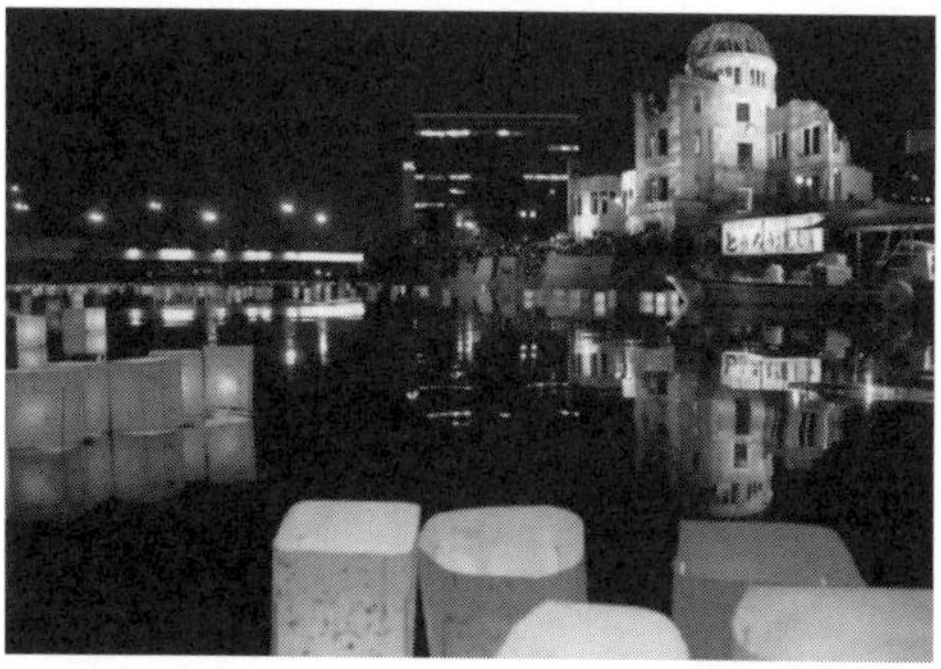

図９－12　８月６日　広島　元安川　灯籠流し
「原爆ドーム」（旧・産業奨励館）の川岸「雁木」に人々が集っている。

日本列島を含む東アジアの「社会設計」は、こうした未完の和解とも、けっして無縁ではない。分裂した人格を表象し、統合の失調を証する空虚な裂け目が、なお「社会設計」（social design）のあちこちに生々しい傷口を晒している。あらためて振り返れば、広島市中心部の原爆ドーム足下の「雁木」、その石段からは八月六日の慰霊の夕べには、無数の灯籠が太田川へ流される（図9―12）。そして地震で被災した建物の四階や一三階にも、成仏できぬ浮遊霊たちが今もなお憑依する（磯前［2015］）。

二一世紀前半の「社会設計」の精神的・霊的な課題がここにある。おりから文化庁の京都移転が決定され、様々な胎動も始まっている。二〇一九年にはＩＣＯＭ国際博物館会議の京都開催も予定されている。だが東京オリンピックの開催は、冒頭に述べたヴァヌアツの観光公害、交通事故の多発にもあい似た「グローバル化の葛藤」と言うべき状況を、否応なく日本各地に発生させることとなるはずだ。ヴァヌアツ社会の教訓が示唆するような「家族の絆」は、まだ実現からはほど遠い。穴だらけのジグゾー・パズルによる「海賊化」にいかに対処するかが、いま問われている。

以上の分析と事例検討が、日本の文化力の再生に何がしかの参考となれば幸いである。

＊本章は、国際デザイン史研究学会ＩＣＤＨＳ総会に招聘されて行った基調講演“The Era of Globalization: A New Task of the Design History”（台北、二〇一六年一〇月二七日）の未刊行英文原稿を一部割愛のうえ、日本語に訳したものである。

参考文献

東　浩紀 2016「ダーク・ツーリズム以降の世界」『ゲンロン』03: 14-29
磯前順一 2015『死者のざわめき：被災地信仰論』河出書房新社
稲賀繁美 2016a「パクリエイター異聞―台北での国際デザイン史研究学会での体験から（1）」『図書新聞』3283

――2016b「世界制覇の夢と離散状況と―『日本およびアジア地域におけるグローバル・アートとディアスポラ・アート』より」『あいだ』222: 24-29; 223: 37-44
――（編）2017a『海賊史観からみた世界史の再構築―交易と情報流通の現在を問い直す』思文閣出版
――2017b「ナムジュン・パイクと仏教思想―『没後一〇年二〇二〇年　笑っているのは誰？　?+?=?』展より」『あいだ』231: 2-14
ウィルソン、ピーター・ランボーン／菰田伸介（訳）2013『海賊ユートピア―背教者と難民の一七世紀マグリブ海洋世界』以文社
貝島桃代・塚本由晴 2001『Made in Tokyo』ワールドフォトプレス
岡村健太郎 2017『「三陸津波」と集落再編―ポスト近代復興に向けて』鹿島出版会
クーン、ガブリエル／菰田伸介（訳）2013『海賊旗を掲げて―黄金期海賊の歴史と遺産』夜光社
竹沢尚一郎 2013『被災後を生きる：吉里吉里・大槌・釜石奮闘記』中央公論新社
塚谷裕一 2014『スキマの植物図鑑』中公新書
デュラン、ロドルフ&ジャン＝フィリップ・ベルニュ／永田千奈（訳）2014『海賊と資本主義―国家の周縁から絶えず世界を刷新してきたものたち』阪急コミュニケーションズ
東京工業大学建築学科塚本研究室・アトリエ・ワン 2001『ペット・アーキテクチャー・ガイドブック』ワールドフォトプレス
福岡伸一 2015「無くしたピースの請求法に感心」『芸術と科学のあいだ』所収、木楽舎［『日本経済新聞』二〇一四年一二月一四日初出］
多田富雄 1993『免疫の意味論』青土社
メイソン、マット／玉川千絵子ほか（訳）2012『海賊のジレンマ―ユースカルチャーがいかにして新しい資本主義をつ

くったか』フィルムアート社
ロース、アドルフ／伊藤哲夫（訳）2011『装飾と犯罪』中央公論美術出版
Raustiala, Kal & Christopher Sprigman. 2012. *The Knockoff Economy*. Oxford University Press〔ラウスティアラ、カル＆クリストファー・スプリグマン／山形浩生・森本正史（訳）2015『パクリ経済―コピーはイノベーションを刺激する』みすず書房〕.

第10章

「米国と企業の利益」対「利用者の要望」

――一九九〇年代から日本の著作権法はどのように変化したか

山田奨治

◆◆Ⅰ 「失われた二〇年」と著作物の質的変化

著作権法[1]は一国の文化活動のあり方と深く関わる法律である。それは作品の権利を保護することで文化の発展に資するものである一方、保護が強すぎると著作物利用の利便性が失われる。時代の変化に合わせてそのバランスを探ることが、立法上の重要な観点になる。

「失われた二〇年」を仮にバブル景気が終わった一九九一年以後の現象と考えるならば、その間、日本の大衆文化には質的な変化が起こったことを、まず指摘しておきたい。それはすなわち、一九九五年の

（1） 日本の著作権法はドイツ法を範とする大陸法であり、英米法とは体系を異にする。米国コピーライト法と日本の著作権法との大きな違いは、後者では個別の権利内容を条文で規定していること、フェアユース法理を持たないこと、権利者の告訴がなければ裁判に持ち込むことができない親告罪の概念を持つことなどである。

Windows 95発売を画期とする、パソコンと各種ソフトウェアの高性能化・ネットワーク化によって、デジタル・コンテンツを受容しながら生産・発信する「プロシューマー」が大量に出現したことである。彼らがつくり出す作品は、User Generated Content（UGC）と呼ばれている。UGCはネット経由で無料提供されることが主流になり、そうした無料コンテンツを楽しむことが、若年層の娯楽として定着した。もちろん、その背景には、有料娯楽の消費をためらうような所得格差の出現があるのだが、失われた二〇年の社会経済分析は本章の目的から外れるのでここでは触れない。

代表的なUGCに、画像共有サイトのpixivなどで公開されている漫画・アニメの模写や二次創作、パロディ的なコラージュ作品を意味する「クソコラ」、既存の映像・音楽作品をリミックスした「MAD動画」、人気楽曲を自分で歌いあるいはそれに合わせて踊る動画の「歌ってみた／踊ってみた」、社会現象となっているボーカロイド「初音ミク」を使った作品などが挙げられる。これらは権利上の問題を解決した分野もあるため、すべてに著作権の問題があるわけではない。しかし、UGCをつくるユーザーの多くは、著作権を意識することなく作品を制作・公開しているため、法を厳格化して手足を縛るようなことに対しては彼らの間には拒絶反応がある。

しかし一方で、ときに行き過ぎた遵法意識に基づいて、権利侵害が疑われる作品を見つけ出しては、それをネット上で徹底的に糾弾する人々も登場している。そのような人々を心理的に後押ししている要因の一つが、著作権保護強化の流れであると言えよう。

本章では、最近二〇年間の日本の著作権法の変化を振り返りつつ、そこに働いている米国からの要望、そ

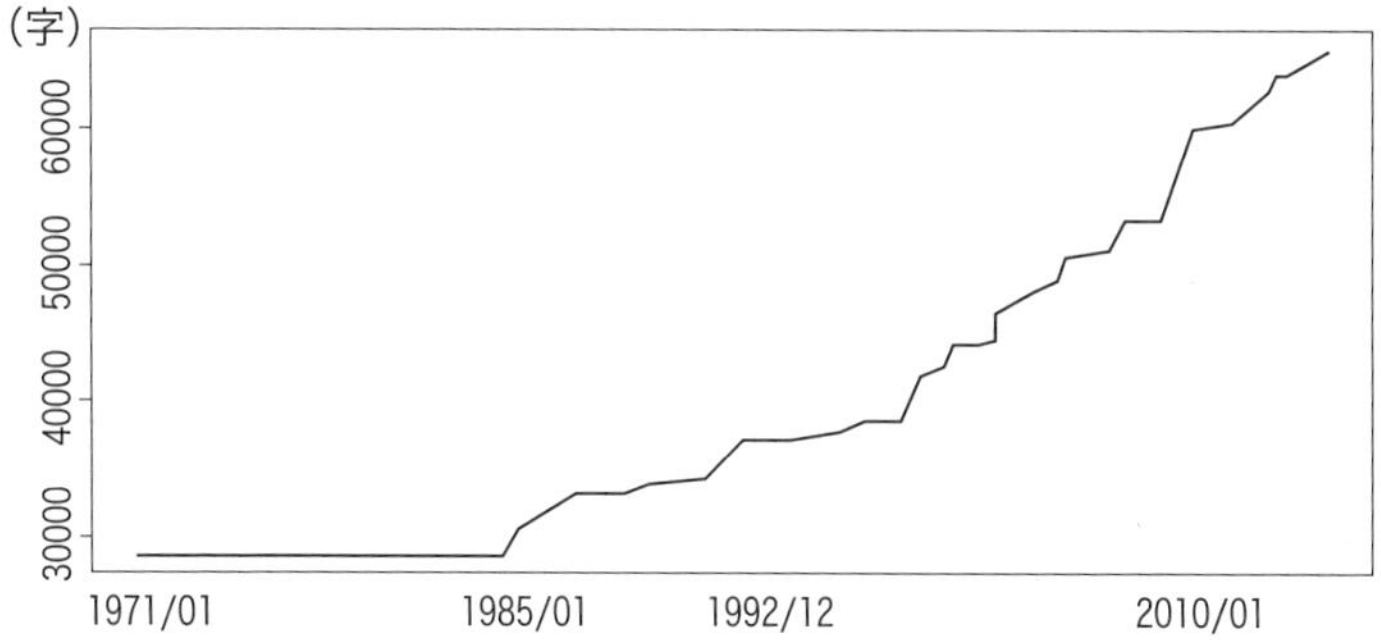

図10－1　著作権法の総文字数の変化（概数）

して文化産業のロビイングとそれに対する主としてネットユーザー側の反応を振り返り、今後の日本文化の方向性に影響するであろうFTAでの著作権分野の議論について述べる。

◆◆Ⅱ　著作権法の複雑化・厳罰化

まず、日本の著作権法の変化の概要を把握しておきたい。現行著作権法が施行された一九七一年から二〇一五年までの同法の総文字数の概数をグラフにしたものが**図10－1**である。総文字数は四四年間でおよそ二・三倍、「失われた二〇年」が始まった一九九一年と比較してもおよそ一・九倍に膨れ上がっている。とりわけ一九九二年以後の増加はすさまじく、著作権法改正がほぼ「年中行事」のように行われている。日本の主要な法律のなかで、これほど頻繁に改正が重ねられているものはほかに例がない。

その改正の中身は、ほとんどの場合、違法となる事柄の追加、罰則の強化など権利者側に配慮したもので、著作物ユーザーの利便性のための改正は、障がい者の情報アクセスのための規定や国立国会図書館に限定された規制緩和など、ごく限られたものになっている。
厳罰化の推移を見ると、現在の著作権法が施行された一九七一年には、個人に対しては「三年以下の懲役又は三〇万円以下の罰金」、法人に対しては「三〇万円以下の罰金」であった。一九八五年には罰金が個人・法人とも一〇〇万円以下に、九七年には三〇〇万円以下になった。二〇〇一年には法人に対しては一億円以下になり、〇五年には個人に対しては「五年以下の懲役若しくは五〇〇万円以下の罰金に処し、又はこれを併科する」となった。法人に対する罰金は同じ年に一億五〇〇〇万円以下に引き上げられた。そして〇七年には個人に対しては「一〇年以下の懲役若しくは千万以下の罰金に処し、又はこれを併科する」、法人に対しては「三億円以下の罰金」という現在の規定になった[2]。
著作権法の規定の最も複雑化した部分は、「私的使用のための複製」を定めた第三〇条の規定に見いだすことができる。一九七一年当初の著作権法では、第三〇条の規定は次のような大変シンプルなものだった。

第三〇条　著作権の目的となつている著作物（以下この款において単に「著作物」という。）は、個人的に又は家庭内その他これに準ずる限られた範囲内において使用することを目的とする場合には、その使用する者が複製することができる。

この第三〇条の規定は、ユーザーの著作物利用の利便性を確保するために著作権を制限している部分で、著作物の保護と利用のバランスを図る観点から極めて重要な条文である。しかしながら、第三〇条は一九八五年、一九九三年、一九九九年、二〇一〇年、二〇一二年に条文が書き加えられるかたちで改正され、ユーザーの利便性は大きく狭められていった。現在の第三〇条は、以下に示すように著作権の専門家でないと概要すら把握できないような極めて複雑なものになっている。

第三〇条　著作権の目的となつている著作物（以下この款において単に「著作物」という。）は、個人的に又は家庭内その他これに準ずる限られた範囲内において使用すること（以下「私的使用」という。）を目的とするときは、次に掲げる場合を除き、その使用する者が複製することができる。

一．公衆の使用に供することを目的として設置されている自動複製機器（複製の機能を有し、これに関する装置の全部又は主要な部分が自動化されている機器をいう。）を用いて複製する場合

二．技術的保護手段の回避（第二条第一項第二〇号に規定する信号の除去若しくは改変（記録又は送信の方式の変換に伴う技術的な制約による除去又は改変を除く。）を行うこと又は同号に規定する特定の変換を必要とするよう変換された著作物、実演、レコード若しくは放送若しくは有線放送に係る音若しくは影像の復元（著作権等を有する者の意思に基づいて行われるものを除く。）を行うことにより、当該技術的保護手段によつて防止される行為を可能とし、又は当該技術的保護手段によつて抑止される行為の結果に障害を生じないようにすることをいう。第一二〇条の二第一号及び第二号において同じ。）により可能となり、又はその結果に障害が生じないようになつた複

（2）詳細は、山田［2011：第一章］を参照のこと。

製を、その事実を知りながら行う場合

三．著作権を侵害する自動公衆送信（国外で行われる自動公衆送信であつて、国内で行われたとしたならば著作権の侵害となるべきものを含む。）を受信して行うデジタル方式の録音又は録画を、その事実を知りながら行う場合

2．私的使用を目的として、デジタル方式の録音又は録画の機能を有する機器（放送の業務のための特別の性能その他の私的使用に通常供されない特別の性能を有するもの及び録音機能付きの電話機その他の本来の機能に附属する機能として録音又は録画の機能を有するものを除く。）であつて政令で定めるものにより、当該機器によるデジタル方式の録音又は録画の用に供される記録媒体であつて政令で定めるものに録音又は録画を行う者は、相当な額の補償金を著作権者に支払わなければならない。

◆◆Ⅲ　法改正手続きと年次改革要望書

これら厳罰化や第三〇条の変化に象徴的に表れているように、著作権法の改正は文化産業の要望にほぼ沿ったかたちで行われてきた。しかし国内の文化産業の意向と並んで、米国政府が示す意向も無関係とは言い切れないかたちで法改正に作用した経緯がある。ここでいう米国政府の意向とは、「日米規制改革および競争政策イニシアティブに基づく要望書」（以後、年次改革要望書と略す）のことである。

年次改革要望書を交換することは一九九三年に当時の宮澤喜一首相とビル・クリントン大統領との会談で

決まった。これは日米の両政府が相手方への要望を伝えるもので、毎年一〇月頃に要望書を交換し、それを検討した結果が翌年六月頃に両国首脳に対して報告されていた。郵政民営化や人材派遣の自由化など、「失われた二〇年」の時代の日本社会の象徴的ないくつかの出来事が年次改革要望書で要望されていたため、そこには日本の未来が書かれてあったという見方もある。要望書の交換は一九九四年に始まり、鳩山政権がこれを廃止した二〇〇八年まで続けられた。しかし二〇一一年には日米経済調和対話の名称で同種の対話が復活している。

日本の著作権法の方向性についても年次改革要望書に何点かの言及があり、米国の要望に沿って法改正がなされたように見える部分もある。具体的にそれらの実情はどのようなものだったのか、いくつかの個別のイシューを取り上げて検討してみたい。

その前に、日本での著作権法改正の典型的な手続きについて整理しておきたい。著作権法を管轄するのは文化庁の著作権課である。文化庁に置かれている文化審議会の著作権分科会が法改正にむけた検討を行う。毎年、集中的に審議すべき事項を著作権分科会が設定し、小委員会で一～二年の期間をかけて検討して報告書にまとめる。その報告書が分科会で承認され、文化庁において具体的な法案にまとめられ、閣議での決定を経て国会に上程される。そしてそれが衆参両院で可決されて法改正が実現する。このようにして、閣議決定によって上程される法案を「閣法」という。閣法として国会に上程されるのが典型的な手法であるが、これでは利害関係の対立する審議会で合意を得られないこともある。また一連のプロセスに数年を要するため、急ぐ必要のある法改正には対応できない。

審議会での議論を経て閣法とすること以外にも、国会議員が議員立法で改正案を国会に上程することもある。これは迅速な法改正が可能になる半面、専門家による熟議を経ていない分、問題のある改正になる危険性をはらむ。また、業界団体から政治家へのロビイングによって、ユーザーの利便性を奪う法改正や新規立法が、議員立法でなされてしまう問題もある。

◆◆Ⅳ 著作権にまつわる個別イシュー

1 著作権保護期間延長問題

ここからは、国内のコンテンツ業界の動き、年次改革要望書、審議会での議論、それらに対するユーザーの反応の具体例を見ていこう。最初は著作権保護期間の延長問題である。

二〇〇二年までは日本では一般的な著作物の場合は著作者の死後五〇年間、無名・変名・法人著作物の場合は公表後五〇年間保護されていた。米国では一九九八年に制定されたソニー・ボノ著作権延長法によって、一九七七年までに発表された作品の法人著作権の保護期間を発行後七五年から九五年に延長し、また一九七八年以降に発表された作品については、一般の著作物では著作者の死後七〇年間、法人著作物の場合は発行後九五年間か制作後一二〇年間のいずれか短い方となった。米国はこの世界的に見ても長い保護期間を世界標準にしたいと考え、そうなるような圧力を諸外国に加えつづけている。

日本国内においても、長い保護期間を与えられるならば文化活動がいっそう活性化するとの主張が、主に権利者側から続けられている。一九九九年の文化庁著作権審議会で保護期間延長問題が審議されたが、直ちに延長すべきとする結論にはいたらなかった。二〇〇二年に文化審議会で日本映画製作者連盟が、映画の著作物に限って保護期間を公開後七〇年にするよう主張した。

同年の年次改革要望書に初めて、著作権保護期間を一般の著作物は死後七〇年に、法人著作物は公表後九五年に延長すべしとの要望が記載された。年次改革要望書と日本映画製作者連盟の動きはほぼ同時であり、両者になんらかのつながりを予想させるものだった。日本映画製作者連盟の働きかけは奏功し、映画の著作物に限って保護期間を公開後七〇年にする法改正が二〇〇三年に行われた。二〇〇三年に交わされた年次改革要望書の報告書には次の記述が見られ、まるで映画以外の著作物についても保護期間の延長を米国に約束するかのような書きぶりになっている。

日本政府は、映画の著作物の保護期間を最初の公表後五〇年から七〇年に延長するため、二〇〇三年五月一三日に著作権法の一部を改正する法律案を国会に提出した。日本政府は、著作権法で保護されるその他の事項の保護期間延長について、国際的な動向を含む様々な要因を考慮しつつ、検討を継続する。

二〇〇三年の文化審議会著作権分科会では、一般の著作物についても保護期間を七〇年にするよう権利者団体が主張した。首相官邸に置かれている知的財産戦略本部が毎年発表する「知的財産推進計画」の二〇〇四年版には一般的な著作物の保護期間について必要ならば法改正することが盛り込まれ、延長が事実上の既定路線になった。年次改革要望書においても保護期間の延長は二〇〇七年まで継続的に記載されつづけた。

二〇〇六年には日本文芸家協会ほか一六団体が保護期間延長を求める声明を出した。その一方で、保護期間を延ばすことは新たな創造を産まないばかりか、過去の著作物の利用を著しく困難にし、文化を停滞させるとの懸念がユーザーの間に広がった。そうした問題意識を持った人々が集まり、「著作権保護期間の延長問題を考える国民会議」が二〇〇六年に発足し、公開討論会をたびたび開催して議論を深めていった。

二〇〇七年には文化審議会にこの問題を考える小委員会が設置された。この小委員会の第一回会合で文化庁が用意した資料には、保護期間を延長する必要性の背景の一つに年次改革要望書で米国から要望されていることが明記されている。一方で文化庁は保護期間の延長への懸念が市民的な広がりを見せたことを考慮し、権利者に偏りがちな小委員会構成を改め、幅広い層の意見を議論に取り入れた。二〇〇九年に取りまとめられた報告書では、「保護と利用のバランスの調和の取れた結論が得られるよう、検討を続けることが適当である」とまとめられ、事実上の既定路線であった保護期間延長が市民のパワーによって覆されるという、日本の著作権史上極めて異例な結論になった。

年次改革要望書では保護期間延長は二〇〇七年まで連続して要望されていたが、上記のような流れを受けて二〇〇八年の要望書には記載されなかった。その後すぐに年次改革要望書自体が廃止されたのだが、二〇一一年に年次改革要望書がかたちを変えて復活した日米経済調和対話では再び保護期間の延長が米国から要望されている。その方針が環太平洋パートナーシップ協定（TPP）に引き継がれていることは後述する。

2　映画盗撮防止法

著作権保護期間の延長が議論されていたさなかの二〇〇六年に、自民党の知的財産戦略調査会で日本映像ソフト協会会長だった角川歴彦《つぐひこ》は、映画館で映画を「盗撮」することを禁止する法整備を求めた。映画館で私的使用を目的に映画を撮影する行為は著作権法上、合法だった。しかしそうして「盗撮」された映画が海賊版になって出回っていることを理由に、それをなんとか抑止したいという趣旨の要望だった。それから三ヶ月後に公表された二〇〇六年版の年次改革要望書に突然「映画の海賊版」の要望が現れ、「海賊版ＤＶＤ製造に利用される盗撮版の主要な供給源を断ち切るために、映画館内における撮影機器の使用を取り締まる効果的な盗撮禁止法を制定する。」の文言が入れられた。見かけ上、国内業界の動きが年次改革要望書にやや先行したかたちになっているが、両者は連携して動いていたと推測できる。

この法制を実現するには、審議会で合意のうえ著作権法第三〇条の「私的使用のための複製」規定の改正案を閣法で国会に出すのが通常の方法である。しかしこの時は、著作権法を上書きする「映画の盗撮の防止に関する法律」（映画盗撮防止法）を別に起草し、それを審議会にかけることなく議員立法で上程する手法を業界と自民党はとった。国会上程から成立まで三週間で、その間、こうした動きに気づいた人は少なかった。翌年に出された年次改革要望書の報告書には「著作権法の罰則の適用により、私的使用目的の場合についても、映画館における音声・影像の録音・録画行為の処罰を可能にすることを定める法律案が二〇〇七年五月二三日に国会で可決された。」と、米国の要望の成果が記載された。同法は二〇〇七年八月三〇日に施行され、その日からは頭がビデオカムの男がパントマイムをしながら盗撮禁止を呼びかけるPR映像が、日本中の映画館で流されることになった。

映画盗撮防止法の内容それ自体には深刻なレベルの問題は多くないと考える。しかし、本来、専門家をまじえた議論を経て著作権法改正で臨むべきことを、業界団体のロビイングによる議員立法で著作権法を上書きする法律を別に用意し、それをスピード成立させた手法が妥当であったかは議論の余地がある。このときの議員立法の成功モデルが、次に述べる「違法ダウンロード刑事罰化」の際にふたたび試みられたからである。

3　違法ダウンロード刑事罰化

著作権法第三〇条の「私的使用のための複製」の範囲を見直せという要望は、二〇〇〇年の年次改革要望書から見られる。二〇〇一～〇三年にはいったん当該記述は消えたが二〇〇四年に復活した。その後二〇〇六年から始まった文化審議会著作権分科会の小委員会で、違法にアップロードされた音楽と映像をそれと知りながらダウンロードする行為を「私的利用のための複製」から除外することを、音楽・映像業界が強く要望した。そうした流れに呼応して、二〇〇七年の年次改革要望書での該当部分の記述は次のようになった。

私的複製の例外範囲を合法な源からの複製に限定し、その範囲を（ピア・ツー・ピア・サービスを介した複製物のダウンロードなど）家庭内利用の範囲を超えることを示唆する行為にまで広げない、などの措置を取ることによって、権利者が不利益を被らず、また競争法や営業秘密の保護に配慮がなされるように、デジタル・コンテンツ関連規則や規制の透明性を確保する。

小委員会ではユーザー側を代表する委員との激しい議論の末、刑事罰をつけないことを前提に著作権法を改正し、違法ダウンロードを違法化することで二〇〇八年に合意した(3)。その最終合意に先立つ二〇〇八年一〇月の年次改革要望書には、「日本の著作権法における私的使用の例外が、違法な情報源からのコンテンツのダウンロードには適用されないことを明確にする」と記述され、違法ダウンロード違法化が確実に行われるよう、米国がプレッシャーをかけていたことがわかる。

違法ダウンロードを違法化した改正著作権法は二〇一〇年一月に施行された。繰り返しになるが、この改正の対象は音楽と映像に限定され、刑事罰をつけることまでの必要性は権利者サイドも主張しなかった。しかし、二〇一一年の日米経済調和対話では「すべての著作物を対象に、日本の著作権法の私的使用に関する例外規定が違法な情報源からのダウンロードには適用されないことを明確にする」と、違法ダウンロードの適用範囲を広げるよう米国は要望している。

同じ二〇一一年夏に、日本レコード協会は人気俳優を使って国会議員にロビイングを仕掛け、違法ダウンロードに刑事罰をつけるよう活動を始めた。映画盗撮防止法のときのような議員立法が一度は計画されたが

---

(3) この小委員会の経過については、山田［2011: 第四章］に詳述した。

頓挫し、最終的にはもともと閣法で予定されていた二〇一二年の著作権法改正に議員提案による修正を加えて違法ダウンロード刑事罰化を国会で可決させることに業界は成功した。このときはネットユーザーを中心に激しい反対運動も起きたが、最終的に国会を動かすにはいたらなかった。

これによって、違法にアップロードされた著作物をダウンロードするという、ネットユーザーなら誰でも行う可能性のある行為に「二年以下の懲役若しくは二〇〇万円以下の罰金に処し、又はこれを併科する」刑事罰が科せられることになった。これは著作物の保護と利用のバランスを崩す改正で、違法ダウンロード違法化に賛成した有力な法律家たちもこれには反対を表明した。しかし、こうした手法がまかり通ったことは、将来の法改正に大きな禍根を残すことになったと考える。

V　著作権法改正過程の変質

権利者団体が米国からの外圧を利用しながら、政治家を使って違法ダウンロード刑事罰化をしたことで、いわばパンドラの箱が開かれたと言える。政治の力に訴えることができるのは、権利者団体だけではない。コンテンツを活用したいＩＴ企業はもちろんのこと、選挙に力を及ぼすことができるのは、コンテンツ・ユーザーとしての国民である。これらの主体が同じように政治家を利用するようになると、専門性の高い議論の場である審議会が空洞化してしまう。(4) そうした事態が起きたとしたら、それを呼び込んだのは権利者団体であろう。

今後の日本の著作権法改正に重大な影響を与える要因は、TPPや日米二国間協議をはじめとする外国とのFTA交渉である。近年のこうした交渉は厳密な秘密主義のもとにおかれ、妥結するまで条文を見ることができない。そうした交渉手法が民主的でないことには、米国内においても非難する声がある。(5) TPPの著作権分野で日本は著作権保護期間の延長、著作権侵害罪の一部非親告罪化、そして法定損害賠償制度の導入に合意した。これらはすべて、米国が年次改革要望書と日米経済調和対話で要求していたことである。しかも、国内での審議会での検討では直ちに法改正する必要はない、もしくはそうした制度を導入することはマイナスであると結論づけられた事柄である。こうした「ポリシー・ロンダリング」が、非民主的な手法で露骨に行われることが、著作権をFTAで扱うことの大きな問題点である。

TPPは二〇一五年九月に大筋合意し、二〇一六年二月に参加の一二ヶ国が署名した。ただし、協定では米国が批准しないと協定そのものが発効しない取り決めになっていたため、翌年の米国大統領選挙の主な候補者がすべてTPP反対を表明するなか、日本以外の一一ヶ国は批准のための国内手続きをすぐには進めなかった。日本は安倍晋三首相の「日本が率先して動く(6)」の方針のもと、二〇一六年一一月の臨時国会で関連法案を強行採決した。その関連法案中に著作権保護期間の延長、著作権侵害罪の一部非親告罪化、そして法定損害賠償制度の導入を含む著作権法改正が含まれていた。ただし、改正法の施行はTPP発効と同時とさ

(4) コンテンツ・ユーザーを支援する立場で政治活動をしてきた前参議院議員の山田太郎が、二〇一六年七月の参議院議員選挙で比例全国区に出馬して落選するも二九万票を集めたことから、ユーザーの政治的影響力は強くなっていると見られる。
(5) 元ハーバード・ロースクール教授でマサチューセッツ州選出のエリザベス・ウォーレン上院議員がその急先鋒である。
(6) 二〇一六年七月一三日の日本経済団体連合会会長の榊原定征らとの会談。

れた。

二〇一七年一月に就任したトランプ米大統領はTPP離脱を指示する大統領令に早々と署名した。それにより、本章の執筆時点ではTPPは発効する見通しが立っていない。日本の著作権法のTPP関連部分も、法改正はしたが施行されないままの「塩漬け」部分を抱えることになった。こうした事態に陥ることはあらかじめ予想されたことであり、「率先」の名のもとに混乱を招いたことに日本政府は責任がある。

米国抜きでTPPを発効させようという、CPTPP（TPP11）が二〇一七年一一月に「大筋合意」し、著作権保護期間延長の合意については凍結された。著作権強化を含む知財条項は、もともと米国が強く主張してTPPに入ったものだ。日本を除く一〇ヶ国のなかからは、TPP11では知財条項を凍結すべきとの当然の主張が起きたが、日本がそうした主張をしたとは、報道では伝えられていない。また、TPP11交渉と並行して進められ、二〇一七年七月に「大枠合意」した日EU経済連携協定（EPA）で、日本は著作権保護期間延長で密かに合意していた。そして「大枠合意」から四ヶ月後に、TPP11で保護期間延長が凍結されたと報道されるなか、日本政府はその事実を目立たぬように公表した。

著作権強化がTPP11や日EU・EPAによって施行されたならば、米国は何もせずに利益だけを得ることになる。国益を叫んでFTAを推進する人々がそうした態度であるのは理解に苦しむ。「米国と企業の利益」と「利用者の要望」の対立は、「失われた二〇年」から始まり今後も続くことが予想され、制度設計を誤ると日本の大衆文化を萎縮させることにつながりかねないことを結論として指摘しておく。

＊本章の主要な部分は、『日本の著作権はなぜもっと厳しくなるのか』（人文書院、二〇一六年）第一章と一部重複するが、編者と版元の意向と了解のもと、ここに収録するものである。

参考文献

山田奨治 2011『日本の著作権はなぜこんなに厳しいのか』人文書院

第11章

世界へはばたく建築家——その出現をささえたもの

井上章一

◆◆I　まえがき

安藤忠雄は、世界的にひろくその名を知られた建築家である。いや、安藤にかぎらず、日本からはおおぜいの建築家が、国際的な桧舞台へはばたいた。現代日本は、そういう人材の宝庫として、諸外国の建築界からみとめられている。

その勢いは、いわゆるバブル崩壊後も、弱まらない。「失われた二〇年」とよばれる時代でも、たもたれている。一般的には、日本文化のガラパゴス化が、さまざまな分野で取沙汰された。そんな時期に、日本の建築家は国際的な存在感を高めている。

ここでは、そうした事態を可能にした社会的なからくりの、その一端にせまりたい。日本の建築界がグローバルにみとめられていった背景を、考えてみるつもりである。

ひとり、安藤だけを論じたいわけではない。だが、人文書の読者は、あまり建築界の事情につうじていないだろう。建築家たちの名前を列記しても、ピンとはこないような気がする。ただ、安藤の名は、日本国内でも例外的に知られている。議論のとっかかりに、安藤と彼の仕事をえらんだのは、そのためにほかならない。

◆◆ II 下町の現代建築

安藤忠雄は、「住吉の長屋」(一九七六年竣工)を世に問うて、いちやく有名になった。建築面積は三三・七平方メートル、一〇坪ほどの小さな住宅である。敷地面積も五七・三平方メートルだから、一七坪を少し上まわるていどしかない。そんな小規模住宅の完成が、世をにぎわせたのである。

一般には、寝室やリビングから便所と風呂へ、中庭をとおっていくことが、さわがれた。雨の日は傘をささなければ、便所へいけない。なんて住みづらいすまいなんだということが、評判を、一種の悪評だが、よんでいる。

この小住宅は、三軒つづきとなっている長屋の、その中央にある。真ん中の家だけを鉄筋コンクリート造にして、なりたった。だから、竣工後もその左右には、あいかわらずじゅうらいの木造長屋がのこされている。

もとより、大阪市住吉区の下町にたちあがった建築である。小さな長屋がたてこむ地域であり、プライバシーの確保はむずかしい。そんな敷地で、安藤は外部からとざされた、コンクリートの箱とも言うべき住宅を建築した。玄関の出入口以外に外へひらく開口部がない、コンクリートの壁でかこわれた住宅を。外界からは切断されている自閉的な空間を、つくりあげたのである。

だが、外の光や風などは、やはり家の中にもとりいれたい。そのため、安藤は細長い敷地を三等分し、中央に中庭を設定した。外の世界とは、もっぱらこの中庭をつうじてむきあう配置にしたのである。

家の中からは、下町のいりくんだ様子が、目にはいらない。ただ、空《そら》の様子は、中庭からうかがうことができる。光や風も感じられる。周辺には背をむけ、もっぱら上空へむかって解放された空間を、実現したのである。

だが、こういう中庭をもうけると、いくつかの部屋はとうぜん分断されてしまう。便所へいくさいでも、中庭をとおらねばならないという状態に、おのずとなる。あるいは、中庭へもうけられた階段やブリッジをわたることに、なってしまう。住み手は、いやおうなく雨ざらしの長い導線を、歩かされる。そして、「住吉の長屋」を安藤にたのんだ施主は、この居住環境をうけいれた。

モダンデザインの建築理念は、導線が短かくまとめられた計画を、良しとする。だが、安藤は自作に、あえて長い導線をもちこんでいる。中庭ぞいの導線、階段やブリッジで光や風があじわえる家を、こしらえた。導線を短縮化するのではない。全体のハイライトとなる場所に、長い導線を設定したのである。

じゅうらいのモダンデザインを、のりこえようとする。新しい挑戦がなされたのだと言ってよい。そして、一九七〇年代後半の建築界も、この提案をおもしろがった。

さらに、この家でくらす覚悟をきめた施主も、評価をされたらしい。某建築賞の審査でこれを見た村野藤吾は、住み手にこそ賞をあたえたいと、言いはなった。この逸話を、安藤じしん何度も紹介しており、そうした発言は、じじつあったのだと思う。

くりかえすが、建築界での高い評価とはべつに、一般世間では悪評のほうが強かった。便所へいくのに、中庭の外階段やブリッジをとおらなければならない。雨の日は、自分の家で傘をさすことも余儀なくされてしまう。かわったものをたてたがる建築家には、あきれる。そんな声を当時は、たぶん今でも同じだろうが、よく聞かされた。

しかし、「住吉の長屋」をおもしろがる人も、いなかったわけではない。いや、ああいう家を自分もたててみたいという者さえ、少なからずあらわれた。安藤じしん、当時のそんな情勢を、つぎのようにふりかえっている。

> 最初のうちは、ある地域で一つ家をつくった後、近所の人々が工事中から完成するまで何回か見に来られて依頼されるというケースが多かった。〈住吉の長屋〉の後……周辺の地域に仕事が集中したのがいい例だ。（安藤［2008］）

建築作品としては新しさがあり、建築界でもみとめられていた。だが、打ちはなしのコンクリートで全体をしあげており、快適な住宅だとは思いにくい。導線も、住み手に困難をしいる形で、とおされている。そんな家にすんでみようと思う者が、少なからずでてきたというのである。

じじつ、これ以後、安藤のところには住宅設計の依頼が、あいついだ。なかでも、私を感じいらせたのは、狭小敷地の持ち主がもちこんだ注文である。「住吉の長屋」と同様、土地はせまい。下町のやや雑然としたところに、自分の土地はある。そんな人たちの注文が、けっこうあったことに、私は感銘をうけている。ためしに、一九八〇年代以後にできたそういう事例を、いくつか紹介しておこう。

①井筒邸　大阪市西区、敷地面積七一・二平方メートル、建築面積四六・〇平方メートル、竣工一九八二年

②茂木邸　神戸市長田区、敷地面積三二・一平方メートル、建築面積二五・〇平方メートル、竣工一九八四年

③吉本邸　大阪市西区、敷地面積四一・三平方メートル、建築面積二八・七平方メートル、竣工一九八五年

④野口邸　大阪市天王寺区、敷地面積六八・五平方メートル、建築面積四〇・〇平方メートル、竣工一九八六年

⑤ギャラリー野田　神戸市灘区、敷地面積三九・八平方メートル、建築面積二七・〇平方メートル、竣工一九九三年

⑥金森邸　大阪市中央区、敷地面積五七・八平方メートル、建築面積四三・五平方メートル、竣工一九九四年

もちろん、この間に、安藤はいわゆる豪邸の設計もこなしている。規模の大きい集合住宅や商業施設にも、とりくんでいた。狭小住宅だけに、こだわっていたわけではない。

だが、同時に一〇坪から二〇坪ぐらいしか敷地のない者も、安藤へ設計をたのんでいる。そういう依頼をりちぎにうけとめた安藤が、えらいと言いたいわけではない。感心させられるのは、むしろ施主のほうである。それぐらいの土地しかないのに、建築への夢を見る人びとが、点在していた。そのことに、私は感慨をいだく。

今紹介した六作品は、たいてい大阪や神戸の下町にたっている。まわりの家屋や商店と見くらべれば、どれもきわだつ。周囲のなかでは、異彩をはなっている。そして、まわりにとけこまない安藤作品をほしがる人びとが、下町にも少なからずいた。狭小土地しか用意できない人びとが、それをもとめたのである。

私はヨーロッパの住宅地を、やや南欧にかたよるが、これまでけっこうながめてきた。だが、そういうところに打ちはなしのコンクリートでできた家屋は、まず見ない。あるいは、アルミのスパンドレルなどがかがやく物件も。

あちらの人びとは、いわゆるアーキテクトに家の設計などを、あまりたのまないだろう。そういう注文をするのは、ひとにぎりのいわゆるセレブにかぎられる。住宅地でアーキテクト物件とでくわすことが、基本的にないのはそのためである。あらたにできる住宅も、おおむね在来工法という枠のなかでたてられる。

しかし、日本では、下町の住民にまで建築家の作品をほしがる気持ちが、ひろがっている。近所の家とはちがう、自分だけの館をいとなみたい。自分の家を、周囲から屹立させたがる。そんな建築へのエゴイズムが市民にいきわたる度合いで、日本はヨーロッパを上まわる。はるかに、凌駕する。
下町の安藤作品を見るたびに、私はそのことをかみしめる。

◆◆Ⅲ 日本のブルジョワ革命

ねんのため、のべそえる。安藤忠雄の初期住宅には、きびしい立地条件をあたえられたものもあった。だが、こういう仕事とむきあってきたのは、安藤ひとりにかぎらない。多くの建築家が、家屋のたてこんだせまい敷地の住宅設計へ、いどんできた。

「『住吉の長屋』は、まだ条件がめぐまれている。自分がてがけてきた物件とくらべれば、豪邸と言ってよい」。安藤より若い岸和郎は、口癖のようにそう言っている。

「住吉の長屋」は、一七坪少々の土地にできていた。いっぽう、岸が設計をした「日本橋の家」(一九九二年竣工)は、一二坪しか土地がない。その間口も、わずかに三メートルである。「住吉の長屋」にあたえられた三メートル四五センチよりせまい。

なお、岸がむきあった敷地は、奥行きも一三メートルしかなかった。一四メートルをこえる「住吉の長屋」とくらべれば、やはり不利である。岸の言いぶんも、その点に関するかぎり、もっともだとみなしうる。

いずれにせよ、建築家たちは、しばしば限界いっぱいの条件で、仕事をすすめてきた。家屋がかろうじてたてられる、そのK点ぎりぎりとも言うべき区画の上で。

こういうきわどい敷地に、いわゆる商品化住宅はまずたたない。セキスイ・ハウスやパナ・ホームなどの規格化された住宅を、おしこむのは困難である。悪条件のもとでは、特殊解のひねりだせる建築家にたのむしか、手はない。アーキテクトの狭小住宅が、たくさんたつのも、ひとつにはそのせいだろう。

さきほどは、せまい土地しかもたぬ者でも建築への幻想をいだくことがあると、強調した。しかし、K点物件の場合は、建築家にたよらざるをえないという一面もある。この点を見すごせば、叙述の公平性はたもてない。

それにしても、である。日本の都市部には、十数坪の土地持ちが、おおぜいいる。いや、じつは十坪を切る地主も、いないわけではない。そして、そんな敷地でも、建築家たちはなんとかやりくりをして、家をたててきた。

竹山聖には、九坪強の三角形敷地で苦闘を余儀なくされた仕事がある（「緑が丘の住宅」一九八八年竣工）。東孝光は、同じく三角形の七坪弱という土地に、自邸をたてている（「塔の家」一九六六年竣工）。

ひところ、欧米の住宅事情とくらべ、日本のそれを「うさぎ小屋」のようだと、よく言った。一九八〇年代の、ちょっとした流行語にも、この文句はなっている。とにかく、せまい。うさぎをかうような家である。そんな含みをこめての物言いではあったろう。

統計的にはかれば、日本の居住面積はそれほどヨーロッパより小さくない。アメリカよりはせまいが、欧州とは互角の広さをたもっている。

「うさぎ小屋」の初出は、ＥＣの『対日経済戦略報告書』（一九七九年）であるという。原文のフランス語では、フランスなみにせまいという意味で、そうしるされていたらしい。それが、英訳をされた段階で、日本の狭小性にあきれる方向へ、ねじまげられた。日本のマスコミは、その歪曲された「うさぎ小屋」像を誇張したのだと、言われている。

今、「うさぎ小屋」の翻訳史をおいかける用意はない。ただ、原文の「うさぎ小屋」が、それほど日本の家を見下さなかった可能性はあると思う。そのことは、否定しきれないだろう。

しかし、日本の都市部に、こまかく分割された土地があるのは、まちがいない。十数坪、場合によっては十坪未満の土地持ちが、極限的に小さい家をたてている。それが、日本的な土地所有と、都市住宅の特色になっていることは、たしかである。

じっさい、ヨーロッパに、十数坪の地主など、ほとんどいないだろう。たとえば、インナー・ロンドンには、数人の地主しかいないと言われている。爵位をもつような貴族が、大土地所有者として、この都市を分有しているのだという。

インナー・ロンドンの居住者は、だからそのほとんどが借家ずまいとなる。労働者は、たとえば某侯爵のいとなむアン女王様式の集合住宅で、くらしている。それが一般的な居住形態であるらしい。

さしてゆたかでもない人びとが、十数坪の土地を自分のものとして、自前の家をたてる。こういう日本的な市中景観は、ロンドンの市中だとありえない。その狭小土地に、前衛的なアーキテクト物件が出現することも、ないだろう。ロンドンのみならず、ほかのヨーロッパ諸都市でも。

土地は、まちがいなく資産のひとつである。その意味で、土地持ちは資産所有者だと、みなしうる。つまりは、ブルジョワジーである、と。

現代日本は、都市部に大量の小土地所有者を出現させた。ヨーロッパだとありえない細分化で、土地という資産を多くの市民にわかちあわせている。都市民をブルジョワ化させた、その強度はいちじるしい。資産分割のすすみぐあいでは、ヨーロッパをぬきんでた地平にまで、たどりついている。

戦後改革や高度成長の成果と言うべきか。日本は、事実上のブルジョワ革命を、都市部の土地所有に関するかぎり、なしとげている。二〇世紀後半の住宅政策は、住宅無策かもしれないが、それだけの達成をもたらした。

そして、狭小土地の持ち主は、しばしばありきたりの家屋にすむことを、うけいれない。自分だけの、周囲からはきわだってうつる住宅をたてたがる。いかにもブルジョワ的な個人主義、建築的なエゴイズムにめざめているのである。ヨーロッパでは、あまり見かけない個人主義に。

◆◆Ⅳ 住宅作家がなりたつ国

住宅は芸術である。建築家が、施主のもとめにおうじた設計をするのは、よくない。建築家は、施主からも自由であるべきだ。篠原一男は、一九六〇年代からそう公言してきた。建築家の自律性を、たからかにうたいあげつづけた住宅作家である。

こういう揚言に、建築家の増長ぶりを感じる人は、少なくないだろう。えらそうに、何様のつもりだ、と。

だが、そんな篠原の設計をよろこんでうけいれた施主も、いなかったわけではない。生活を犠牲にして形をきわだたせた篠原へ、設計をゆだねた者は、けっこういる。

篠原によれば、一九八〇年の手前ごろから、施主のありようがかわってきたらしい。どんな形態でも許容する、その傾向がはっきりしてきたという。一九八〇年には、ある対談の場で、こう言っている。

今は、クライアントのほうでも生活様式とフォルムに対しておおらかになっている……少なくとも二〇年前、あるいは一〇年前の状況よりも急速にその部分はやわらかくなっていると思います。（篠原・槇[1980]）

この点は、篠原の仕事をてつだった所員たちの回想からも、たしかめることができる。こころみに、『篠原一男住宅図面』（二〇〇八年）から、いくつかの言葉をひいておく。

施主の心をいったんつかんだら、言葉は悪いが施主は先生のいいなりになる。（柳道彦「担当者による回想」）

大辻先生と篠原先生の間には、住宅が「住める」「使える」というレベルではない、双方向の強固な信頼関係があったと思う（実際のところ、大辻先生は「私はどこにでも住める」といわれ、初めからそのようなことは問題にしていなかった）。（葛西秀一郎「担当者の回想」）

文中にある「大辻先生」は、「上原通りの住宅」(一九七六年竣工)をたてさせた。篠原を信奉してきた施主のひとりである。

この作品では、方杖のように床からひろがる柱が、天井をささえている。形はおもしろいが、室内での自由な通行は、この柱にさまたげられる。いかにも、くらしにくそうな家である。だが、そんなところでも、「私は……住める」と言いきれる施主はいた。

篠原一男の名は、安藤忠雄ほどひろく知られていない。だから、その居住性を度外視した作風も、それほど世間の話題にはなってこなかった。つかい勝手の悪さという点では、安藤のほうが矢面にたたされやすい。安藤には気の毒だが、これも有名税と言うべきか。じっさいには、安藤以上に住み心地をないがしろにする建築家も、けっこういる。篠原だけが、そうだというのではない。住宅は芸術だと、篠原なみに想っている建築家は、少なくないのである。

せまい敷地には、いわゆる商品化住宅がたてづらい。三角形の区画をはじめ、地権のおよぶ範囲がいびつな形になっている場合も、同じである。ふつうの家らしい家は、たてにくい。土地が下町のいりくんだところにあるケースだと、そういうことが、ままある。いきおい、設計を建築家にたのまざるをえなくなることがあると、さきほどのべた。

しかし、建築家がたよりにされるのは、かならずしもそのためだけではない。施主が凡庸をきらい、突出した住宅をほしがる場合もある。私はそういうふうにも書いている。

じっさい、アーキテクト物件がたつのは、下町の小さな敷地にかぎらない。郊外の住宅地でも、そういう住宅は、よく見かける。篠原の作品も、多くは郊外の比較的広い敷地にできている。

平均的な商品化住宅、標準的な間取りをもつ家も、じゅうぶん成立する。庭のスペースも、あるていどは確保することができる。それだけのゆとりがある土地でも、イレギュラーな建築家の作品はたっている。

住宅の形では、まわりにそまりたくない。街区のなかでは個性的に見える建築を、ぜひともかまえたいと思う。そんな情熱も、現代日本には、ゆきわたっている。少なくとも、ヨーロッパとくらべれば、圧倒的な浸透力がある。

そして、その傾向は一九六〇年代、七〇年をつうじて、強くなっていった。「二〇年前、あるいは一〇年前の状況よりも急速に」事態は、すすんでいる。篠原が時代の推移を一九八〇年に、そうとらえていたことを、もう一度強調しておこう。

このごろは商品化住宅も、アーキテクト物件風になってきた。三角形の瓦屋根をいただく、いわゆる「おうち」らしい住宅の割合が、へっている。幾何図形風に全体をまとめた、建築家の作品めいてうつる住宅が、目に見えふえてきた。

ハウスメーカーの提供する住宅は、新しさをも売り物とする商品になっている。ア・ラ・モードであることが強調される、ファッションなみの商品に近づいた。

郊外の住宅地によっては、各年代の商品化住宅が軒をつらねてもいる。たとえば、高度成長期、バブル期、ごく近年の住宅商品がむらがり、街並を形成する。そんな街区にでくわすことも、よくある。

そういう光景をながめていると、すまいの流行がうつりかわってきた様子を、見てとれる。わずか半世紀そこそこの間に、住宅はこれだけかわったのかと、痛感する。昔ながらの家屋だけで構成されるヨーロッパの街並とは、まったくちがう。あちらは因習的で、日本は進歩的だったのだなと、かみしめる。

じっさい、日本の新しい郊外住宅地に、在来工法でたてられた日本家屋は、まず見ない。塗り壁の左官工事をへてこしらえられた家が、一軒もない街区はたくさんある。日本社会は、住宅づくりにおける伝統をすてきたんだなと、あらためて実感する。

◆◆Ⅴ 「まことちゃんハウス」のかがやく街

多くの日本人論は、語ってきた。日本人は、近代的な自我にめざめきっていない。はっきりした自己主張は苦手で、まわりの気配にあわせる傾向がある。よく言えば、自分の個性より全体の調和を重んじやすい。聖徳太子の言葉をかりつつ、和をもってとうとしとする民族だと言いつのるむきもある。

いっぽう、欧米は近代的な自我がはぐくまれたところとして、位置づけられがちである。ヨーロッパの思想史に、その発達史を読みこもうとする人も、少なからずいる。

しかし、都市建築を見くらべると、まったく逆の印象をいだく。ヨーロッパの古い都市は、たいてい街並の調和を重んじる。少なくとも、旧市街では新しい建築表現の混入を、なかなかゆるさない。歴史的にかたちづくられてきた景観を、墨守しようとする。そこには、各建築の個性をおさえつけようとする因習の力が、うかがえる。よく言えば、エゴをゆるさぬ公共性の束縛が。

あちらの都市には、たいてい建築委員会がもうけられている。古いビルをたてかえる、あるいはきめられた街区に新しいビルを設営しようとする。そうした時、建設者側は、その完成予想図面を建築委員会へ提出しなければならない。そして、そこで図案の当否を審査してもらう必要がある。

この審査がかなりきびしく、新しい造形はなかなかゆるされない。その意味で、近代的な表現の自由は抑圧をうけている。街並の構成を見るかぎり、ヨーロッパの都市は集団主義的にできていると言うしかない。

いっぽう、日本はこういう統制を、建築にかけてこなかった。新しい建築が制限をうけるのは、もっぱら安全対策面である。建物の色や形、意匠は地権者や建築家の自由に、ゆだねられてきた。くらべれば、日本こそがエゴイスティックな表現をはぐくんできたと、みとめてよい。

住宅地に関しても、同じことが言える。ヨーロッパの郊外では、今でも在来の伝統的な家屋がならぶ光景に、よくであう。まわりから浮きあがったアーキテクト物件など、ほとんど目にしない。

このごろは、日本でも景観への配慮という考えが、ひろがりだしているせいだろう。一定のデザイン規制を宅地にかけるところも、ちらほらあらわれだしている。二〇〇四年に景観法が制定されてからは、この規制を強化する地区も、ふえていよう。

しかし、そういった景観面での手枷足枷を、たいていの建設者は不快がる。自分の土地に、自分好みのビルや家をたてて、何が悪いのか。近隣の住民や自治体からは、色や形のことで、とやかく言われたくない。自由を束縛するなと、建設側でことをすすめる人びとは、そう考えよう。ヨーロッパへいけば、もっときびしい規制があるとは、あまり思うまい。

二〇〇七年から二〇〇九年にかけてのことであった。漫画家の楳図かずおが東京の吉祥寺に、たいそう派手な新居をたてている。「まことちゃんハウス」とよばれた家である。これが景観面で物議をかもし、一部の近隣住民が東京地裁へうったえでた。

工事を、さしとめてほしい。建て主は家を撤去するまでの期間、景観権を侵害された原告に、補償をはらいつづけよ。櫓の部分には、そこから外をのぞけないよう目隠しをするべきである。訴状は、以上のようになっていた。

けっきょく、東京地裁はこれをはねつけている。景観法を気にとめなかったわけではない。近隣の住民が「景観利益」をうしなう。その可能性があることも、一般的にはみとめている。

ただ、地裁は吉祥寺界隈に、その景観美が構成されていると、みなさなかった。美しい街並ができているところなら、楳図邸による景観破壊も、考えうる。しかし、吉祥寺には、じゅうらいよりさまざまな色や形の建物がたっていた。けっして、ととのった街並にはなっていない。この街区にならば、楳図邸がたっても、さしたる被害はないと判断をしたのである。

どの地区なら、その景観美も成立していると裁判所は、みなしたのだろう。ざんねんながら、今のところ、基準はしめされていない。

岐阜の白川郷にひろがる集落なら、世界遺産に登録されている。さすがに、ここでなら異化効果の強い建築が混入することを、当局はゆるすまい。あと、埼玉の川越をはじめとする伝統的建造物群保存地区でも、同じ姿勢をしめすだろう。

今のべたような街区や集落は、しかるべき機関が、お墨付きをあたえている。保存されるべき景観であることの、いわゆるエビデンスが、とりあえず存在する。こういうところについてなら、裁判所も判断をなやむまい。

だが、吉祥寺ていどの街区にならば、けっきょく「景観利益」をみとめないだろう。つまりは、たいていの地区が「まことちゃんハウス」の出現を、うけいれる。そんな状態が今後もつづいていくのではなかろうか。

日本人は個性が弱く、集団主義的にふるまいやすい。そうあらかじめ聞かされていたヨーロッパの建築家たちは、たいてい日本へきておどろく。東京や大阪の都市景観をながめ、この常套的な日本論に違和感をしめしやすい。どこが、集団主義的なんだ、建物はそれぞれ、ぞんぶんに自我を発揮している。集団主義的なのは、むしろヨーロッパのほうだ、と。

ここに、サイモン・コンダーというイギリス人建築家のしめした日本観を、ひいておく。一九八八年に東京をおとずれたコンダーは、こんな感想をしめしていた。

　ロンドンのような歴史的な都市で生活し、仕事をしていた私にとって、東京、それ自身が最も衝撃的であった。広大で、急速に発展した都会の街並み、心をときめかせる新しさ、東京には表現豊かな建築をつくる機会が限りなくあるように思えた。

さらに、彼の文章は、こうつづく。

ヨーロッパでは、都市は本質的に公共的な存在であると長い間考えられてきた。ここでは、建物自体よりも建物の間の空間のデザインに、優先権が与えられるべきであるとされている。そのため、都市は依然として、控え目で、慎み深く、大部分は同じようなものの繰返しのままとなっている。（大橋訳［1991］）

ヨーロッパでは、「同じような」建物の「繰返し」で、都市景観が構成される。「控え目で、慎み深」い建築が、つらなることになる。いっぽう、東京では「表現豊かな建築をつくる機会が」、あふれているように見えた。これが、ヨーロッパからやってくる建築家の、平均的な感想である。

日本では、強い主体性をもつ個人が、そだちにくい。そうとなえつづけた戦後の社会科学とは、まったくあいいれない像が、浮かびあがってくる。建築や住宅、そして街並は、これまでのステレオタイプ化された議論に修正をせまれるかもしれない。

◆◆ Ⅵ あとがき

建築や住居方面で、思うぞんぶん自我を肥大化させた人びとが、日本にはおおぜいいた。それを抑圧するヨーロッパ的な力学が、日本ではほとんど作動しない。

おかげで、日本の建築家は、腕をふるう機会にめぐまれた。戦後日本のこういう土壌は、多くの建築家を、世にはばたかせたと思う。とりわけ、篠原一男が強調する一九八〇年代へむかうころあたりから。そして、それは「まことちゃんハウス」を許容する社会の、副産物でもある。日本の建築家は、楳図邸が成立する環境のなかで、はぐくまれてもいたのである。

そんな環境でみがかれた腕と技が、今、世界からむかえられている。諸外国のプロジェクトに、日本の建築家は二〇世紀末以後、どんどん参入した。

「失われた二〇年」をとらえる、一味ちがった見取図として、この稿を提示する。その常套からは、はずれすぎてしまっただろうか。

参考文献

安藤忠雄 2008『建築家安藤忠雄』新潮社

大橋竜太郎（訳）1991「コンドルを訪ねて」アルシーブ社（編）『鹿鳴館の夢』所収、ＩＮＡＸ

篠原一男・槇文彦 1980「一九七〇年代から一九八〇年代へ」『新建築』1980-1: 187-198

第12章

「貧乏なんて気にしない」
――二一世紀日本の資本主義、音楽、若者文化

イアン・コンドリー

◆◆Ⅰ 「貧乏なんて気にしない」

日本のラッパーKOHH（コー）の二〇一四年の曲は、日本の「失われた二〇年」の若者文化について、非常に面白い視座を提供してくれる。

貧乏なんて気にしない
目の前にお金が無くても幸せな事がいっぱい
あるから大丈夫　色んな事もっとしたい
大金持ちでも心の中が貧乏じゃ意味無い
わざわざ見栄張って値段が高いルイ グッチ ヴェェルサーチ

本当に必要な物意外全く必要じゃない
何かあったら周りのいい友達が助けてくれたり
っていうより行動が大事
みんな言う　お金よりも愛

KOHHアルバム「MONOCHROME」(二〇一四年)より

こういう見方は経済停滞のなかに育った日本の多くの若者の気持ちを代弁しているように思えるし、若者が経済的な成功の彼方に満足を求めるのは別に不思議ではない。であるなら、この曲は若者文化が成長と衰退という経済の揺れとしだいに縁を切り、代わりに仲間どうしの支え合い、寛容、シェアリングに重きを置くようになったという見方を示してくれる。では個人主義的で合理的な利己心を典型的な動機づけとする生き方から遠ざかろうとし、またそれが音楽をめぐる新興産業の諸相に反映されているとするこの見方は、どのくらい広まっているのだろう。

音楽は産業転換について興味深い視座を提供してくれる。それは日本でも海外でも同じだ。とくにポップカルチャーの一部の分野では、共同体内部の社会価値がビジネスを介して経済価値を抽出する可能性につながることがある。ここで言いたいのは、新しい産業がどのように育つか、そしてどの産業がより包括的な資本主義の形態モデルをもたらすのか知りたいならば、まずは情熱と積極的コミットメントに牽引される創造的共同体に関心を払うべきではないかということだ。こういう空間は、レコード音楽の売上が落ち込みつづけるなかにあってさえ、新しいビジネスモデルが育つ基盤をつくり出す。音楽はとくに興味をそそる。なぜならそこには、商品戦略としてのポップアイドルであれ、アート制作の資金獲得手段としてのクラウドファンディングであれ、社会価値と経済価値のバランスの上に成り立つ様々な新しいビジネスがあるからだ。そして、そういう新しいビジネスモデルは、所得格差をめぐる現代の問題に新しい視座を提供してくれる。

近ごろ一般書でも学術書でも、悪化する所得格差に対する関心が高まっている。このトピックは、新たな「ギグ・エコノミー」(Berlant [2011]) に見るような不安定雇用の問題から、経済格差に関する古今の学説 (Piketty [2014]) にまでわたる。過渡期の産業として音楽がとりわけ興味深いのは、テクノロジーと文化の変化によって「空洞化」されながらも、この分野が驚くべき活力で新しい社会経済的文脈に適応している点だ。その結果として、Jポップ・アイドルカルチャーからアンダーグラウンドのDJカルチャーまで、Spotify や YouTube のようなグローバルテクノロジー企業のストリーミング音楽から、Kickstarter や Patreon などのサイトを通じて新しい音楽プロジェクトを支えるクラウドファンディング戦略まで (Palmer [2014])、様々なビジネスモデルが勢ぞろいした。こうした多様なアプローチは、音楽業界内部での生計維持を可能にするための様々な試みが、(富の過度な集中の再生産とは対極にある) 資本主義のより包括的な形態につながるダイナミズムについて何を教えてくれるか考える機会を与えてくれる。では格差を解消できるのは音楽だけだろうか。そうは思わない。だが、音楽によって私たちは包括的か否かで異なる社会経済的群集《アサンブラージュ》(assemblages) を知り、それらを比較することができる。「群集」は耳慣れない言葉ではあるが、「ビジネスモデル」を超える何かという意味で使っておく。

新しいビジネスの前兆としての創造的共同体に焦点を絞るとき思い出すのは、多くの学者が指摘するように（Miller [1997]; Graeber [2011]）、資本主義が単一の一枚板でできたシステムではなく、社会経済関係の混合体であるということだ。とはいえ、フランスの経済学者トマ・ピケティは二〇一四年の著書『二一世紀の資本』で、巨万の富を持つ者は労働生産性を食いつぶして、経済の分け前をいよいよ増やしてきたと主張する。要するに大金持ちは「レント」（rent）を引き出す（搾取する）ということだ。「レント」とは、不動産の地代だけでなく、生産労働とは対照的な、力関係に基づくもっと広義の金銭的搾取を意味する（例えば独占レント）。この関係をピケティは「$r>g$」と呼んだ。「r」は資本利益率のことで、歴史的には一八八〇年代後半から五％前後、「g」は労働生産性利益成長率で、歴史的には二％前後だった。「r」は「g」より大きいので、各時代の若い世代集団は従来からの大金持ちの集団をさらに富ませる手段として使われる。このようにピケティが自説として主張する主要点は、多くの場合相続によって富を得た大金持ちが、時の経過とともに、現在働いている人々から収入を搾取できるということだ。端的に言えば、「過去が未来を食い尽くす」のである。だから私はこの力学を「ゾンビ資本主義」と呼んでいいと思う。少なくとも比喩的には、死者が生者を食う図式だからである。

では、どうすればよいのか。これに対するピケティの答えは、世界中で金持ちに課税するというものだ。この案は実行不可能ということで一笑に付されたが、ピケティが目的とするものは方策そのものより重要かもしれない。ピケティによれば、こういう税の目的は実体的再分配というより、より高い透明性の実現であり、それが所得格差に何か意味のある対処をするための力強い政治運動につながるだろうという。ピケティはまた社会科学がもっと相互協力するよう呼びかけ、経済学部はエリートの特権を梃子に利用して、他の学部との緊密な協力をせずに独走しようとしていると批判する。

本当のことを言えば、経済学は他の社会科学と自分を切り離そうなどとはけっして思うべきではなかったし、経済学が進歩するには他の社会科学と連携するしかないのだ。社会科学全体として、くだらない縄張り争いなどで時間を無駄にできるほどの知識など得られてはいない。富の配分や社会階級の構造の歴史的動学についての理解を深めたいならば、当然ながら現実的なアプローチを採って、経済学者だけでなく、歴史学者、社会学者、政治学者の手法をも活用すべきだ。根本的な問題から出発して、それに答えようとすべきだ。（Piketty［2014: 32-33］；ピケティ［2014: 35-36］）

私はピケティの本を読みながら、人類学もまた格差をめぐるこの問題にどれほど貢献できるか、とりわけ、より包括的な資本主義の形態を構成するものは何か、そしてそういう形態がどのように進展するかを問うことによって、それができることに気づいた。社会価値のどのような形態が経済価値を導くのだろうか。別の言い方をすれば、大金持ちと彼らの搾取の方法をつきとめることに加え、どんな投資がより生産的で、より搾取の少ない経済形態につながるのかをも見きわめねばならないように思える。ここにこそ、音楽で生計を立てる様々な方法に対する民族学的アプローチによって、社会経済的なモデルと結果の多様性について知る糸口がある。フィールドワークはこの種の調査にとりわけ向いている。なぜなら、どんなイベント、共同体、ハプニングが「活動拠点」なのかを見定めるには、「そこにいる」ことほど相応しい手段はないからだ。本章はそうした可能性を探る初期的な試みである。

ここにはゾンビ資本主義を相殺するような、「サイボーグ資本主義」とでも言うべきものに向かう傾向があることを示したいと思う。私が思い描くのは、アニメ映画シリーズ『攻殻機動隊』(*Ghost in the Shell*) から得たイメージだ。この作品は、人の生きた意識 (Ghost) をサイボーグ化された身体 (義体＝Shell) に移植することができる未来を描く。この意識はまた、静的データも対人コミュニケーションも含む膨大な情報ネットワークに接続されている。この文脈で、サイボーグは人間と技術の共生関係として描かれる。それは互いのなかに埋め込まれていないながらも、その関係性のネットワークを物理的、社会的、技術的、政治的、経済的に活性化する。

ここで「サイボーグ資本主義」と私が名づけるものの核心にあるのが、この「共同体とネットワークの共生」という考え方だ。これは死者が生者を食らう (つまり相続した富が生産労働から所得を漸増的に搾取する)「ゾンビ資本主義」の対極にある。もちろん資本主義はこの二種類だけではないが、この二つを対比させるのは、それが社会経済的群集《アサンブラージュ》の異なる形態をはっきり識別し、評価するのに役立つからである。サイボーグ的理想は、純粋に経済的なものを超えた価値という代替ビジョンを強調するKOHHの曲にはっきり描かれている。「お金よりも愛」、そして「貧乏なんて気にしない」。なぜなら、必要なら友達が助けてくれるからだ。この道具的、合理的、動作主体的な個人主義からの離脱は、ゾンビよりサイボーグの感性に特徴的だと思う。この違いに踏み込む前に、日本の「失われた二〇年」が、格差という観点からどのように見えるか考えてみよう。

◆◆Ⅱ　格差というレンズを通して見た日本の「失われた二〇年」（はそれほど酷くない）

「失われた二〇年」の若者文化についてもう一つの観点は、様々な資本主義が政府の政策とどのように関わっているかを考えることである。いくつかの点で、日本の「失われた二〇年」はアメリカの状況と比べたら、大したことではないように見える。ここで思い出してほしいのは、「ゾンビ資本主義」と「サイボーグ資本主義」が、経済の発展と変化の異なるプロセスを考える手段に過ぎないということだ。

ノーベル賞経済学者ジョゼフ・スティグリッツは二〇一三年の著書で、格差というレンズを通して見た最近の経済の推移について自説をまとめている。日本の「失われた二〇年」という私の理解と違い、スティグリッツは一九九〇年代以降、格差という点で日本はアメリカよりましに見えるという点を強調している。彼は、格差の拡大が始まったのは一九八〇年代のレーガン、サッチャー、中曽根ら政治指導者による改革の時期であるとし、こう説明している（Stiglitz [2013: 416]）。「一九八〇年代の時代精神の一部だった『改革』」は国から国へ次々と格差を拡大させるのに貢献した。「例えば税制改革は大金持ちと金融市場解放に巨大な恩恵をもたらした」。こうして格差は日本、アメリカ、欧州諸国の多くを含む先進諸国で悪化した。

私はつねに日本の「失われた二〇年」をGDPに基づく「弱々しい成長」という概念でとらえてきた。だがスティグリッツはこの通説に、ある重要な微細要素を加味する。

詳しく調べてみると、日本の低成長はそれほど酷くないように見える。経済パフォーマンスを真剣に調べようと思うなら、全般的な成長だけでなく、人口規模との関係で成長をとらえなければならない。日本の勤労年齢人口（一五〜六四歳）は二〇〇一年から二〇一〇年までに五・五％減ったのに対し、同じ年齢人口がアメリカでは九・二％増えている。であれば、日本の成長は低くて当たり前だ（Stiglitz [2013: 335]）

ということは、とスティグリッツは続ける。「日本の真の経済産出量は労働力一人当たりで考えると、二〇〇〇年代を通じてアメリカ、ドイツ、イギリス、オーストラリアより高い成長率を示している」（Stiglitz [2013: 335]）。アメリカの二〇〇〇年代の成長は、このより微細な計測法を使って考えると、日本より低い。

格差への対処という点でも日本はアメリカに勝っている。格差を測る標準的な方法であるジニ係数を考えてみよう。完全な平等を零、完全な不平等を一とする。ＯＥＣＤの統計によれば、日米両国の納税と移転支出前のジニ係数は、アメリカ〇・四九九、日本〇・四八八とほぼ等しい（Stiglitz [2013: 336]）。しかしアメリカの格差緩和策は日本より劣り、その結果、ジニ係数はアメリカ〇・三八、日本〇・三三となった。あるいは、格差を測定するもう一つの手段である平均所得を考えてみると、アメリカでは上位一割の平均所得は、下位一割の一五・九倍となっているのに対し、日本は一〇・七倍だ（Stiglitz [2013: 336]）。こうした変動を加味すると、格差は経済の必然ではなく、政治的決断と関連するという私たちの見解が補強される。

格差を測るその他の手段についても――日本はたとえやるべきことがまだあるとしても――アメリカよりうまく処理している。スティグリッツは、日本は七五歳以上の「後期高齢者」にもっと手厚いケアをすべきだと述べている。二〇〇八年のOECD推計では、日本の「後期高齢者」の二五・四%は相対的貧困のなかにあり、所得は国民所得の中央値以下である。日本はこの点でアメリカの二七・四%よりややましとはいえ、OECD平均の一六・一%よりはるかに悪い。しかし日本は子どもの貧困への対処という点ではアメリカを凌駕している。日本の子どもの貧困率は一四・九%程度だが、アメリカでは二三・一%という衝撃的な数値を示している。この数値が、世界的に成功した日本の若者ポップカルチャーとどの程度直接に関係しているかを判断するのは難しいが、日本の若者の方が金銭的に余力があり、新しい産業を支える消費者になれるのはたしかだろう。

◆◆Ⅲ 新しい職はどこから来るか

日米共通の、それもとりわけ若い世代にとっての懸案は、これまで高給が支払われていた製造業に代わって、どんな産業が登場するかということだ。新しい職業を支えるだけの経済成長が望めるだろうか。ピケティは、年率一%とか一・五%の比較的低い成長率であっても、一世代が経過するうちには大きな変化がありうると指摘する。三〇年たてば、年成長率一%は三五%の累積成長となり、一・五%であれば累積成長率は五〇%だというのだ(Piketty [2014: 95]; ピケティ [2014: 101])。さらに、こうした変化は雇用の構造に強い影響を与えるとピケティは言う。「一人当たり生産が三〇年で三五~五〇%も増えるということは、今日生産されているもののかなりの部分——四分の一から三分の一——は三〇年前には存在せず、したがって職業や仕事の四分の一から三分の一は当時は存在しなかった」(Piketty [2014: 95]; ピケティ [2014: 101])。橋ができなければ、橋の修理という仕事には就けない。インターネット、ハードウェア、ソフトウェアを支える職業はインターネット以前には存在しなかった。失われた職業を強調する学者もいるが(Brynjolfsson & McAfee [2014])、これから登場する未来の産業の可能性にも関心を向けるべきだ。新しい職業がどこから来るかという問題に有益な洞察を与えてくれるのは、フィールドワークや民族学という研究上有利な武器を駆使する人類学だと私が思う理由はここにある。

文化的生産について民族学的研究を行うなかから、私はどの集団が前向きなエネルギー、前進する勢いを持つかに関して、フィールドワークはそれを非常に鋭く嗅ぎわけられる能力があることを学んだ。「そこにいる」ことによって、私たちは活動のありかを知ることができる。「活動」にはいろいろなタイプがあり、それが何を意味するかずばり定義するのは不可能だが、それでも、活動の存在しない場所や、ネガティブな社会勢力が創造的生産の可能性を制限しようと企む場所がどこなのかについては、多くの人が賛同してくれると思う。そのうえ、人類学は社会研究の民主化について一つの考え方を提供してくれる。民族学者は人々とともに暮らし、その言語を学び、その世界にある程度足をつっこみながら、その人々にとって大事なこと、日々の葛藤や希望を学ぶ。人々が価値を置くものは何かについて調べるのにもっと民主的で開かれたアプローチがとれれば、新しい産業がどこから生まれるか洞察できるに違いない。生者を食らうゾンビのように、古い搾取システムを維持しようとする近視眼的エリートの観点から新しい職業について議論を始めるのとは、まさに対照的なアプローチだ。

新しい職業がどこから生まれるかについて、スティグリッツは斬新な考え方を示している。彼は大金持ちを「職業創出者」とするのではなく、消費者が、とりわけ購買手段のある人々こそが新しい仕事の創出を真に押し進める人だと言った。

もし適切な需要があれば（そして資本へのアクセスや適切なインフラなど、ある種の前提条件が満たされれば）、世界には創造性という豊かな富や、起業家精神があふれるほどに存在する。こういう見方をするなら、真の「職業創造者」は消費者であり、欧米諸国が職業を創出してこなかったのは、所得の停滞が需要の停滞をもたらしているからである。（Stiglitz [2013: 415]）

この見方は、創造的共同体が受け手と参画者を構築するなかで、新しい産業を創造する駆動力になるという考え方を後押しする。こういうあり方にはたくさんの例がある。とくに顕著なのがアニメ産業の歴史と、日本のバーチャルアイドルの人気者、初音ミク現象である。まずアニメから見てみよう。

いまから一〇〇年前、アニメは滑稽なほど労働集約型のメディア形態として生まれようとしていた。この時代のアニメは手描きの漫画と映画を合体させたもので、場面を手描きしてから一コマずつ撮影し、動きの錯覚を作り出していた。ばかげた発想であり、こんな職種で富を築く者などまずいなかった。ところがアニメは数百万ドル産業になった。なぜ日本だったのか。アメリカより大きな、そして積極的な消費者基盤があったからである。いくつかの推計によれば、世界のＴＶアニメの六〇％は日本が原型だという（JETRO [2005]）。

端的に言うと、日本の成功は消費者こそが職業創出者だというスティグリッツの理論を証明するものだと言いたい。繰り返すようだが、比較研究は啓発的だ。

日米ではともに一九五〇年代初めから漫画本の出版が盛んだったが、両国は五〇年代半ばから異なる道をたどった。アメリカでは精神科医フレデリック・ワーサムとその著書『無垢への誘惑』(*the Seduction of the Innocent*)によって、漫画本は暴力的かつ性的な描写で子どもに害を与えるという通念が世に広まった。後の調査でワーサムが研究結果を歪曲し、面談相手の言ったことを誤って伝えたことが暴露された。しかし、このとき上院聴聞会が開かれ、圧力を感じたアメリカの出版社は、不快な内容をふるいにかけて排除する一九五四年のコミックス倫理規定委員会(the Comics Code Authority)設置に動いた(Hajdu [2008])。この規制によってアメリカの漫画作家たちは子どもに相応しい内容のみを描くよう強いられた。日本でも同様に暴力的で卑猥な漫画本に反対の声があがったが、日本の出版社は子ども向け漫画のほかに、大人向けの広い市場に向けて漫画を出版しつづけることができた。これはファンの視点を基盤とする大きな漫画市場を意味し、そのうち最も成功したものがアニメになった。言い換えれば、アニメの全世界的成功は、ある意味で日本の漫画ファンという大市場が決定したのである。まさにスティグリッツの、消費者は職業創出者であるという主張の通りだった。日本には全世代にまたがるファンの王国と男女を問わないコンテンツがあったがゆえに、この消費者集団が後のアニメの世界展開を支えたのである。漫画キャラクターの社会価値がビジネスモデルの経済価値の基盤を整えたのだ。漫画キャラクターを支える多様で広い読者層は、同人誌や毎年開かれるコミケを通じてさらに強化されていく。コミケは五〇万人以上の入場者を呼び込む夏の最大イベントである。

◆◆Ⅳ サイボーグ資本主義の雄、初音ミク

この「共同体ファースト、ビジネスセカンド」原則のもう一つの例が、日本でダントツの人気を誇るバーチャルアイドル、初音ミクである(1)。日本で開かれたコンサートのビデオを見ると、東京のクラブを埋めた一〇〇〇人ほどのファンはネギ型をした緑色のペンライトを手に、ショーの主役の登場を待ち受けている。音楽が始まると、ステージからせり上がるようにミクが突然登場する。背後にはライブバンドが控えているが、すべての中心はミクだ。青い二本のポニーテールにアニメの巨大な目をした一〇代の少女の等身大イメージのミクは、ステージで歌い踊る。華奢な腕をしなやかに振りながら、持ち歌『ワールド・イズ・マイン』の最初の歌詞を大声で歌い始める。

　世界で一番のお姫さま
　そういう扱い心得てよね

そしてコケティッシュに一本指を左右に揺らすと、聴衆は大興奮だ。
私はミクのパフォーマンスを二〇一四年一〇月のニューヨークでのコンサートと、それ以前の二〇一一年

(1) ミクに関するこの部分は Freedman & Slade [2017] からとった。

図 12－1　観客の前でパフォーマンスするミク
Imaginechina/ アフロ

七月にロサンゼルスで開かれたアニメエクスポのファン大会で見た。ロサンゼルスのショーはチケット発売から数日で完売し、ある人によれば六〇〇〇枚が売れたという。ショーの始まる前の会場は興奮が渦巻き、私の隣に座っていたコスプレ姿のファンの一人が、これまたコスプレ姿の友人にこう言うのが聞こえた。「ねえ、歴史的瞬間だね」。友人は厳粛な表情でうなずくのだった。

初音ミクは日本の人気バーチャルアイドルだ。そもそもの始まりは、札幌を拠点とするクリプトン・フューチャー・メディア（Crypton Future Media Inc.）という会社がリリースしたボイス・シンセサイザー・ソフトだった。クリプトン社はこのソフトを販売すると同時にミクの画像をファンに無料で使わせ、やがてミクの周囲に巨大なファン共同体が生まれた。日本が主体ではあるが、それは海外にも広まった。

日本国内ではミクの世界は同人文化の一環とみなさ

れている。ここに集うファンは人気の二〇キャラクターをもとにしたコミックブック、フィギュア、イラストなどの派生作品を作る。「同人」という言葉は仲間を意味するが、同時にアマチュアという意味もあり、彼らは一般にただの消費者というより、グループ内でものをつくる人である。ファンの「サークル」は同人誌を作り、同人音楽、同人ゲームなどをつくる。正確ではないが、「同人」の英訳としては「fan-made」がいいかもしれない。「fan」は活動的なアマチュア現象のことだし、「made」にはプロジェクトを原料からこね上げるサークルやクリエイターという含意がある。

ミク共同体はどのように出現したか、また、それをめぐる社会価値と経済価値の混合物について何を教えてくれるのか。二〇〇七年にボイス・シンセサイザー・ソフト「初音ミク」はデスクトップ・ミュージシャンたちに、女声の歌声という新しいツールを提供した。これはクリプトン社のビジネスで、具体的にはオーディオ制作に使うデジタル音源とソフトの販売である。だが音楽クリエイターたちが自分たちの曲をオンラインでシェアしはじめると、オンライン、オフラインにいたそれ以外の人々も、別のやり方で参加し始めた。つまりそうした曲にあうイラストやダンスビデオをつくり始めたのである。このオンライン制作の爆発とともに、コメントを通じて、聴き手としてのメンバーの群が登場した。コメントは肯定的なもの、否定的なもの、ときには真面目、大半は不真面目なものだったが、この過程を通じて音楽クリエイターに精神的支援を与えたり、美的観点からの批評を加えたり、あるいは単に楽しむためだったりした。最初の二年間、ミクのビジネスはクリプトン社によるソフト販売であり、ファンの活動はほとんどが非商業的な空間だけだった。「非商業的」というのは、ファンたる制作者たちは金を払うだけで、その生産性に対して支払いを受けなかったからだ。

創造的共同体は社会価値が経済的交換に優先する空間である。ミクがボーカル・インストゥルメントからクリプトン社のいう「ボーカル・キャラクター」に変わるのは、作詞、ファッションスタイル、ダンスの動き、ミクのキャラクター設定などをめぐるファンの相互交流を通じてだった。アマチュアクリエイターとアクティブな聴き手の群は、後に経済活動が依って立つ、ある種の基盤になったのである。そしてビジネスは、ゲームセンターや携帯ゲーム機用の人気ビデオゲーム、カラオケで歌われる曲、最初に紹介した『ワールド・イズ・マイン』のような本物のヒットになったCDなどを通じて発展した。

さらに重要なのは、レコード市場が急激に衰退する時代にあって、音楽界の新しい分野が新しい聴き手の層をいかに開発し、その過程で支持層の新しいモデルをどのように生み出すかが、ここからわかることである。ただ、音楽のほかの諸相、例えばライブや楽器などに消費が増えることは注記に値するとしても、では、ミクはレコード会社と違って、より公平で民主的なポップカルチャーの王国を実現してくれるだろうか。結論を出すにはまだ早すぎるが、希望の兆しはある。創造的共同体は非経済的動機から活力をもらうことが多いが、ミク現象が明らかにするのは、そういう共同体が新しいビジネス、それどころか全く新しい産業が登場するための基盤づくりに道を開いてくれるかもしれないということだ。そうして生まれる産業の持つ意味は、資本化されたその資金だけでなく、経済を下支えする社会的原動力にある。これは、その「基金」には搾取、差別、過剰がないと言っているのではなく、次に見るように、ミク・ソフトの作り手であるクリプトン社がミクの社会交流面と、この現象の周囲に登場してくるビジネスとを仲介する試みにいかに挑戦したかということが興味深いのだ。

音楽ジャーナリストの柴那典《とものり》はミク現象について、それがまさに「世界を変えた」と言っている。柴は例えば誰もが「クリエイター」になれることを挙げると同時に、たぶんもっと重要なこととして、似たような精神を持つクリエイターどうしが互いにつながれると説く。


二一世紀のインターネットに、誰もがクリエイターとして名乗りを上げることができる場が登場した。プロフェッショナルな作り手ではなく、アマチュアのクリエイターによって作成された様々なコンテンツが、当たり前のように消費されるようになった。ネットを介して作り手同士の繋がりも生まれた。新しい文化が花開き、フィールドを超えたコラボレーションも次々と生み出された。言ってしまえば、それは「一億総クリエイター」時代への大きな入口だった。（柴 [2014: 4]）

クリプトン社のウェブサイトによれば、ミクの場合、「Miku-P」（ミク・プロデューサー）によって一〇万曲以上が書かれ、ミクの曲をフィーチャーした一七万本以上のビデオがアップロードされたという。だが最大の貢献は一〇〇万を超える同人のアート作品で、同じ数が頒布されている。

クリプトン社はこうしたクリエイターをどのように育てたのだろうか。それは同社がほかより開かれた版権システムを開発したからである。日本では（二〇一五年以降）、クリプトン社は PiaPro Character License（PCL）（ピアプロとは peer production ＝仲間うちのプロダクション）と同社が呼ぶ、三層に分かれた版権管理を行っている。彼らはこのライセンスを、同人という長い歴史を持つ日本固有の法的、文化的文脈にあてはめた。クリプトン社はそのライセンスについて、英語版オンラインビデオでこんな風に述べている。

（1）画像を作っても、いかなる手段でもそれを販売しないなら、クリプトン社から許可を得る必要はありません。

（2）グッズを作り、それを販売しているが、ご自分のクラブやグループの活動を支える程度ならば（つまり「非営利」だが、正式の法的規定ではなく自主管理下にあるならば）、グッズのサンプルをクリプトン社に送ってください。それに対してクリプトン社は2Dバーコード（QRコード）を送ります。それをコピーし、グッズに付ければ、正式認可商品であると示すことができます。

（3）あなたのミク・グッズの売れ行きが良ければ、クリプトン社は販売に参加させていただきたいと思います。その場合はケースバイケースで交渉しましょう。

これは（オリジナルか、派生物かの）作品タイプ別ではなく、ユーザーとその収益性に基づいて多重の版権を決める、非常に面白いアプローチである。こういうルールは変化しうるし、その存続はもっと大きなコミュニティに受け入れられるかによって決まる。ある意味で、これはDJ向け音楽サンプリングの非公式な運営法とそう違いがない。もしアイドル程度のDJならば、有名アーティストをただでサンプリングしてよいし、しかも作品を売ることができるかもしれない。だが有名DJだったり、大手レコード会社がついていたりすれば、サンプリングされたアーティストは報酬を期待するかもしれないどころか、たぶんそれを要求するだろう。クリプトン社が違うのは、この非公式な版権処理を公式なものにし、自社ビジネスの中心に据えようとしていることだ。私に言わせれば、これこそ「サイボーグ資本主義」の完璧な例である。クリプトン社はファン共同体の倫理を優先し、印税支払いを要求することなく、ファンの作品制作やシェアリングを許容し、派生キャラクター商品の販売を許す場合すらある。クリプトン社のやり方はファン共同体とのつながりを尊重し、それに依拠するサイボーグ倫理のほうに似通っている。

◆◆V 結論

台頭する格差による負の結果と戦うために、私たちの政治・経済領域を構築し直そうと格闘するなかで、新しい職業や新しい産業がどこから生まれるかという問題はいよいよ重要になってくる。この二〇年、私は日本のヒップホップや世界的現象としてのアニメのようなポップカルチャーに研究の焦点を絞ってきた。これらは下からのグローバリゼーションと呼べるだろう。こういうものは少なくとも当初はエリートのパワーブローカーからの支援のない新興産業の一例であり、情熱に発する努力や、どちらかというとアンダーグラウンドっぽい共同体を通じて広まった。私にとってそれはサイボーグ資本主義である。なぜなら、それは大企業による力ずくのマーケティングほどではないにしろ、ファンの間に目に見えないシナジー（協働）を意識させるからだ。私はこれを「ダーク・エナジー」とも呼んでいる。高級不動産や高価な現代アートのように大金持ちの支配が強い王国で私たちが見るのは、搾取型のはびこる経済交流、つまりゾンビ資本主義である。そこでは大金持ちたちが鵜の目鷹の目で詮索に来る税務署の目から資産を隠そうとする。本章で私は、創造的共同体がいかに新しいビジネスモデルの、いやもっと言うなら新しい社会経済的群集《アサンブラージュ》の基盤となれるかを紹介したいと思った。そういう場では、ファン共同体を価値づけ、育てることが、それをどうやって金にするか考えるのと同じくらい大切なのである。

ＫＯＨＨの曲に戻ろう。そこには新しい価値観を通じて経済の再構成に向かう考え方の文化的下支えがすでに進行していることが見てとれる。たぶんこれまでも、世代を問わず、こういうことが繰り返されてきたのだろう。現代の託宣であるＫＯＨＨの曲からは、彼がアーティストとしてのいまの地位に到達するのに努力を惜しまなかったことが伝わってくる。「でも周りの人達がいなけりゃ俺もここにいない」。私たちが目撃しているのは価値についての新しい考え方であり、とくに社会価値がどうしたら経済価値より重要なものに変わるかということだ。日本でもアメリカでも、「失われた二〇年」は先進経済が過渡期にさしかかっていることと一部、関係している。いずれの国でも製造業の職が失われ、何をもってそれに代えるか、多くの人が考えを巡らせてきた。一〇〇年前、アメリカは農業から製造業への過渡期にあって、似たような状況に直面していた。そしておそらく、資源と労働力を動員して工場をフル稼働させるのに世界大戦が一つ必要だったのだろう。今日、日米のような先進経済は一九〇〇年代初期に農業から仕事が奪われた頃と同規模の製造業の雇用危機に直面しているように思える。解決は職業をとりもどすための戦争ではなく、新しい価値創造的職業や産業を求めることだ。どこにそういうものがあるだろう。そしてそれをどう支えたらいいだろう。

過去、格差を急速に解消するには世界戦争が一つ必要だった。犠牲の規模はけっして小さくない。しかし戦争のために政治的意志が糾合できるのであれば、再活性化のための動員も可能なはずだ。この「戦争」は破壊や戦闘ではなく、未来の子どもたちのための生産性や繁栄の分かち合いとなるべきだ。この戦争は言い換えると、ゾンビとサイボーグの戦争だ。クリプトン社のような新しいビジネスは、消費者を支えることが自分たちのビジネスモデルにとって、支払いを搾取するのと同じくらい大切だと考えている。このように新しい産業における実験がいま始まっており、問題はこういう新しい考え方、新しいアプローチがどこまで広がるかということなのである。

参考文献

柴　那典 2014『初音ミクはなぜ世界を変えたのか?』太田出版
ピケティ、トマ／山形浩生ほか（訳）2014『二一世紀の資本』みすず書房

Berlant, Lauren. 2011. *Cruel Optimism*. Duke University Press.
Brynjolfsson, Erik & Andrew McAfee. 2014. *The Second Machine Age*. W.W. Norton & Company.
Crypton Future Media, Inc. n.d.a. "For Creators." Piapro.net. <http://piapro.net/en_for_creators.html>（二〇一五年八月二七日最終アクセス）.
Freedman, Alisa & Toby Slade (eds.). 2017. *Japanese Popular Culture Reader*. Routledge.
Graeber, David. 2011. *Debt: The First 5,000 Years*. Melville House.

Hajdu, David. 2008. *The Ten-Cent Plague*. Straus and Giroux.

JETRO. 2005. *Japan Animation Industry Trends*. JETRO Japan Economic Monthly. June 2005.

Miller, Daniel. 1997. *Capitalism: An Ethnographic Approach*. Berg.

Palmer, Amanda. 2014. *The Art of Asking, or How I Learned to Stop Worrying and Let People Help*. Grand Central Publishing.

Piketty, Thomas / Arthur Goldhammer (trans.). 2014. *Capital in the twenty-first century*. The Belknap Press of Harvard University Press.

Stiglitz, Joseph E. 2013. *The price of inequality*. W. W. Norton Company.

（朝倉和子　訳）

終章

日本文明論のゆくえ——様々な日本へ

瀧井一博

◆◆Ⅰ「日本文明論」を問う

ハーバード大学教授のエズラ・ヴォーゲルが『ジャパン・アズ・ナンバーワン』（ヴォーゲル［1979］）を著したのは、一九七九年だった。高度経済成長を遂げた日本社会の構造的特質を分析し、当時様々な社会問題に苦しんでいたアメリカへの処方箋を得ようとの趣旨のこの著作は、日本でも翻訳されベストセラーとなった。戦後の廃墟から瞬く間のうちに立ち直り、かつて占領されていたアメリカを凌駕するような経済大国へとのし上がったことに当時の日本はいささかか多幸症的に酔い痴れていた。ヴォーゲルの本は、その格好の触媒の一つだったと言えよう。

顧みれば、一九六〇年代および七〇年代は、今日でもなお言及される幾多の重要な日本文明論や日本文化論が出版された時期だった。梅棹忠夫の『文明の生態史観』（梅棹［1967］）[1]を嚆矢として、イザヤ・ベンダサン『日本人とユダヤ人』（ベンダサン［1970］）、土居健郎『「甘え」の構造』（土居［1971］）、村上泰亮・公文俊平・佐藤誠三郎『文明としてのイエ社会』（村上ほか［1979］）といった著作が挙げられる。これらの業績に特徴的なのは、日本の成し遂げた近代化を積極的に評価し、その必然性を日本社会の歴史的な構造的特質に求めた点であろう。世界を第一地域と第二地域に分け、日本は西欧と同じく第一地域に属すると説いた梅棹の文明の生態史観はその最たるものだったと言える。

これを著した梅棹の真意はともかく、西洋と同じく近代文明を受容するに相応しい国＝日本、という文明論的診断に対して、未曽有の経済的繁栄に突入していたことに戸惑いの念すらあった当時の日本人は背中を押される思いで読みふけったのであろう。つまり、アジアにも西洋にも属さず独自の歴史的発展を遂げた不思議の国の成功譚というのが、ここでの日本論の基調となっていたのであって、[2] ヴォーゲルの本はその掉尾を飾るものだったと位置づけられる。

それから三〇年以上の星霜を経た。「失われた二〇年」と呼ばれる時期を間に挟み、日本の状況は激変した。不思議の国＝ニッポンという日本異質論はいまでも健在かのようにも思われる。しかし、それはライジング・サンとしてではなく、むしろ沈みゆく太陽として語られるのが現実であろう。かつての多幸症から一転して、日本人は得体の知れない喪失感に襲われている。その喪失感は、まさに得体の知れないもので、時として根拠を欠いていると言えなくもない。日本は何も失われていないという声もある。日本人の直面している諸問題——経済成長の低落、少子高齢化、格差など——は、先進国を等しく見舞っている問題である。なぜ日本だけが過度に喪失感を味わう必要があるのか。

この点については様々な角度からの回答が可能だろう。日本文明論という観点から見た場合、あまりにも日本社会の文明性を高く描き過ぎたことに対するギャップに苦しみ、自信喪失に陥っているとの説明は、なるほど納得できるものである。これに付随して考えられるのが、あまりに自己の文明的独自性を高唱し過ぎたことのアポリアである。近代化や経済成長の尖兵として邁進していた日本だが、悲しいかな他の諸国民に対する文明的リーダーとはなりえず、逆にガラパゴスとして諸文明の間で孤立しているという隘路にはまり込んでしまったのではないか。そういえば、日本文明論という議論の立て方すら識者の間ではなされなくなった(3)。

今日における日本文明論の稀有な例外として押さえておきたいのが、政治学者サミュエル・ハンチントンの議論である。ヴォーゲルと同じくハーバード大学教授であったハンチントンだが、ヴォーゲルと異なり、彼は日本の専門家ではない。彼の専門は民主化論や政軍関係などの比較政治学であったが、一九九六年に発表された『文明の衝突（*The Clash of Civilizations and the Remaking of World Order*）(4)』によって国際政治の議論に大きな衝撃を与えた。

この本においてハンチントンは、これからの国際秩序は文明という単位によって分割され、そしてそれら

（1）表題論文（「文明の生態史観序説」）の初出は『中央公論』一九五七年二月号。
（2）青木［1999］はこの時期に叢生した日本論を「肯定的特殊性の認識」とカテゴライズしている。もっとも、青木自身は梅棹［1967］を一九五五年から六三年の間に発表された日本文化論として、「歴史的相対性の認識」の名のもとに分類しているが、梅棹の議論が後の日本論の「肯定的特殊性の認識」を触発したことは疑えないと思われる。
（3）日本の代表的知識人による貴重な例外として、山折［2004］。
（4）初出の論文は、"The Clash of Civilizations?" として、*Foreign Affairs*, vol.72, n.3, 1993 に掲載。

文明間の抗争が激化していくものとして描いた。ここでは文明は、人々に物質的かつ精神的稔りをもたらすものとしてよりも、国際社会の攪乱要因として立ち現れた。彼によれば、文明とは人々にアイデンティティを付与する文化的なまとまりであり、「われわれは何であるか」という問いと同時に「われわれは何でないか」という問いに解答を与えるものである。言い換えるならば、文明とはそこに属する者に同朋意識をもたらす一方で、そこに属さない他者を敵としてラベリングする作用をもたらす。かくして、ハンチントンの論じる多文明世界においては、文明と文明の間の断層線《フォルトライン》では対立が必然化し、紛争が常態化することが説かれる。以上のような友敵システムとしてのグローバル世界を構成する文明単位としてハンチントンが挙げるのが、中華文明、日本文明、ヒンドゥー文明、イスラム文明、西欧文明、ロシア正教文明、ラテンアメリカ文明、アフリカ文明の八つである。

このようなハンチントンの議論には、すでに様々な批判が寄せられている。実際の紛争は文明間の断層線《フォルトライン》ではなく、シリアの紛争やアフリカの内戦、ロシアとウクライナの対立、中国国内の少数民族問題などむしろ文明の内側で勃発しているとの現実認識の面からの批判、また概念的把握の面からもその文明の定義が表面的で文明内部の複雑性を顧慮していないといった指摘がなされている（Katzenstein [2010]）。もっとも、ここはハンチントンの議論全体の当否を論じる場ではない。ここで注目したいのは、その日本文明論である。ハンチントンは日本を独立した単一の文明として扱っている。それが含意するものは何なのか。長くなるが、この点に関わる彼の文章を引用しよう。

ハンチントンは、日本を孤立国と呼んで、次のように説く。

日本の独特な文化を共有する国はなく、他国に移民した日本人はその国で重要な意味を持つほど人口が多くないし、かといって移民先の国の文化に同化することもない（たとえば日系アメリカ人がそうだ）。日本の孤立の度がさらに高まるのは、日本文化は高度に排他的で、広く支持される可能性のある宗教（キリスト教やイスラム教）やイデオロギー（自由主義や共産主義）をともなわないという事実からであり、そのような宗教やイデオロギーをもたないために、他の社会にそれを伝えてその社会の人びとと文化的な関係を築くことができないのである。（ハンチントン［1998: 204］）

ハンチントンによれば、「社会も文明も独特な日本は、東アジアとの経済的な関係を発展させるうえで困難に直面し、アメリカやヨーロッパとの経済のちがいに対処するうえでも苦労している」とされ、「文化的に孤立している日本は、今後は経済的にも孤立していくかもしれない」（ハンチントン［1998: 200-201］）と極めて暗澹たる診断を下している。

ハンチントンは日本を独自の文明圏として措定した。だが、それはポジティブな意味を持つものではない。文明による世界のブロック化が進むなかで、日本は他の文明圏との間に積極的な関係を築くことができず、諸文明の衝突と交流の時代で埋没していく危険性を有している。そもそも、文明とは複数の国家や民族を包含した広域的な秩序空間である。しかし、日本文明にとって特徴的なのは、それが単一の国家（や民族）によって構成された極めて同質性の高い構造を持っている点である。これは多文明の時代にあって桎梏となっている。他の文明圏は、前述のようにその内部に国家的・民族的な多元性や多様性を有しており、それによって文明内部でのダイナミズムが生まれ、他の文明圏や国家と競い合う駆動力の源となっている。しかし、自らのうちにそのような複雑性を持たない日本は、激動する世界の動きを前にして、静態的で硬直した対応しかとりえない可能性が高い(5)。

このように孤立して硬直した文明としての日本という像は、かつてヴォーゲルが描いた日本社会の強さを反転させたものと言ってよい。『ジャパン・アズ・ナンバーワン』で示された日本社会の姿とは、アメリカ的なフェア・プレイよりもフェア・シェアが重んじられる社会であり、換言するならば、卓越した個人をつくり出すよりも、集団的協調性から得られた社会的成果を国民が平等に享受できる社会であった。その前提としてあるのは、高いレベルでの社会的同質性・国民的単一性への社会的志向であろう。ヴォーゲルがとらえた日本の強さは、約二〇年後には一転して、日本の文明的弱点と認識されることになったのである。

◆◆ Ⅱ 始まりとしての大平報告書――文化と地方の時代

このように、日本の文明的価値に対する評価は急降下した。なぜそうなったのか。たかだか二〇年たらずの間に日本の社会がドラスチックに変質したわけではないので、日本を取り巻く状況が変わったのだとの考えが当然ありうる。実際、この間に冷戦が終焉し、国際秩序は新たな枠組みを模索して変動を始めていた。ハンチントンの『文明の衝突』はポスト冷戦時代の診断書だったわけだが、米ソ対立の狭間で一国繁栄主義を突き進んでいた日本は、対立後の新しい国際情勢に適応できなかったとの説明がまずは可能である。

だが、ここではこの転落の実相をドメスティックな視座から見直しておきたい。実は、日本の指導者層の間では、冷戦構造の崩壊に先駆けて、日本の社会と国家のあり方を根本的に考え直す試みがなされていた。本書で何度も取り上げられている大平正芳が首相時代に立ち上げた政策研究会がそれであり、本章でも以上のような問題関心から『大平総理の政策研究会報告書』を読んでみたい。

一九七八年一二月の大平正芳内閣の成立後すぐに首相の肝いりで発足した「大平総理の政策研究会」は、一九八〇年の大平の急逝により、あわただしく報告書をとりまとめて解散せざるを得なかった。それが『大平総理の政策研究会報告書』であり、八〇〇頁を超える大部なものである。経済、文化、科学政策、外交、安全保障といった多岐にわたる分野に分かれて多士済々の論者が集ってまとめられた報告書は、一見総花的な印象を抱かせるが、全体にわたって筋の通った時代認識と社会像によって貫かれている。そのキーワードとして特筆すべきなのが、「文化の時代」と「地方の時代」である。大平報告書は、次世代の指標を文化の時代ととらえ、その文化を生み出す基盤として地方の再生を説いている。その理念が直截に語られている箇所を引用しておこう。

本物（ほんもの）を生（なま）で大衆に供給するためには、文化をつくり供給する者自身が、これを享受

（5）このような観察は、野田［1998］に多くを負う。例えば、野田は次のように述べる。「日本人は、民族的・文化的な同質性の高い国民国家の形成にあまりにも見事に成功を収めたために、グローバル化の時代にあっては、内向きの閉鎖的な社会を形成して適応力を失ってゆく恐れがある」（野田［1998: 39］）。

する需要者に位置的に近いところに存在を移さざるを得ないことになる。すなわち、文化にかかわる人、機能、施設の地域社会への分散による多元化が必要になっている状況にある。また、人々が文化の受身の享受者から能動的な参加者にもなるとき、文化活動は、必然的に日常の生活に根ざしたものとなり、当然日常生活の基盤である地域社会を場として営まれることになる。〔原文改行〕こうして、「文化の時代」は、地域における文化活動が必然的に盛んになる時代であり、「文化の時代」は、この意味で、同時に「地方の時代」であるほかはないのである。（自由民主党［1980: 116］）

このように、複製された既製の文化を受け身で受容するのではなく、自ら文化の形成に参加する能動的な文化的国民の創出が訴えられる。そのための前提として掲げられているのが、地域社会の再構築である。それは、多様で個性的な文化のあり方を生み出すために不可欠とされるのである。

以上のような地方に基盤を置いた文化の時代の創出というテーゼは、この大部な報告書を貫くライトモチーフとなっているとすら言える。大勢の知識人を動員し、多岐にわたる分散した領域の議論を急ごしらえで寄せ集めただけの報告書かと一見思われるのとは裏腹に、そこには確固としたメッセージが全編にわたって貫かれていたと目することができるのである。

それが可能であったのは、この研究会において、時代の転換期との明確な認識が共有されていたからだと考えられる。それは一言で言うならば、明治以来の成長を追い求めてきた時代の終焉ということである。報告書は言う。「明治維新以降の高度に中央集権的な国家システムは、日本の歴史のなかで、むしろ異例ともいうべきものであった」（自由民主党［1980: 492］）、と。明治維新以来の日本の近代化は、政治、経済、文化を東京に一極集中させることによって成し遂げられた。それは、日本各地の多様な活力を中央に吸引していく過程でもあった。それはこの小国の限られた人的・物的資源を集約して国際競争に打ち克つには極めて有効な施策だったであろう。しかし、報告書が提示するのは、いまやそれとは異なった時代に日本は入りつつあるとの認識である。

わが国は、明治維新以来初めて、更に言えば、中国文明を摂取して古代国家を建設して以来初めて、「お手本のない時代」に入ったのである。しかも、豊かな社会への成長を可能とした諸条件は今や失われつつある。すなわち、国際環境の変化と経済構造の成熟化は高度経済成長の継続を不可能とした。日本社会は、追いつき型近代化の時代から、新しい時代へと移行しつつあるのである。社会の豊富化と一元的モデルの喪失とは、人々の生き方に、より多様な選択枝を与えている。人々は今や、衣・食・住の基本的欲求を超えた様々な欲求と関心を追求する可能性を持っているのである。（自由民主党［1980: 588］）

なかなか雄渾な物言いである。有史以来初めて日本は、中国や西洋といったモデルなき自立した時代に入ろうとしているというのだから。それはさておき、ここで注目したいのは、「追いつき型近代化の時代」が終わったとの一句である。すなわち、明治以降の〝坂の上の雲〟を目指してのがむしゃらな近代化＝キャッチアップ型近代化は終わりを迎えたと説かれている。日本の近代は、西洋を手本としてそれに追いつくために同質性の極めて高い、一極集中型社会を一貫して築き上げてきたのであるが、いまやそれからの転換が図られるべきとされる。

手本なき時代とはどのような時代なのか。報告書が挙げる諸特徴のうちここで取り上げるべきは、低成長と地球社会である。報告書によれば、日本経済は「今後これまでのような高度成長を遂げることは最早不可能であり、いわゆる低成長に移行せざるを得ない」（自由民主党［1980: 39］）ことが想定される。それにあわせて生産拡張第一主義を改め、個々人が余暇を楽しみ文化を享受するライフスタイルを確立しなければならない。その標語が「文化の時代」なのである。

他方で、地球社会とは次のように表現される。それは、地球全体が「一つの共同体としてその相互依存の度を高め、ますます鋭敏に反応し合うようになってきている」（自由民主党［1980: 158］）社会である、と。グローバリズムであり、報告書の別の個所ではまさにそう称されている（自由民主党［1980: 354］）。注目すべきは、そのようなグローバリズムが地方の時代の延長上に位置づけられている点である。曰く、

多様な活力ある地域社会の存在を前提とし、各地域の自主性と多様性を尊重して、「地球社会」全体の調和のとれた活力ある発展を期する「国際化の時代」は、「地方の時代」の発想に立つものである。（自由民主党［1980: 159］）

国際化＝グローバリゼーションが、世界のフラット化ではなく、多元化をもたらすとの観察が示されてい

る。それに対処するために、日本の諸地域が有している多様な文化的伝統をもう一度開花させ、「分散型」の文化特質の上に社会的つながりを累積させていくことが説かれる。地方の堆積として日本を再構築し、そこからさらに地球社会を担う地域社会（報告書によれば、日本が構築し参入すべきは「環太平洋連帯」とされる）を形成することで、「世界に向かって開かれたリージョナリズム」が構想される。リージョナルな協力の延長上にグローバルな協力への発展があるとの見取り図であり、それはさらに遡源すれば、文化の担い手である地方という基盤にいたる。「国際化の時代」は「地方の時代」とされる所以である。

以上のように、『大平総理の政策研究会報告書』は低成長とグローバル化がこれからの日本社会を規定する内的外的条件になるとして、そのもとで展開されるべきは国民が一丸となって可能な限りの成長に取り組むことではなく、個々人がこれまでの成長の果実を享受して生活の質を高めていくことであると立論した。そして、そのためには各人が自らの生活する地域的コミュニティの一員としてその振興に努めることが要請された。そのようなコミュニティが重層的に積み上げられ連携していくことで、新しい国家像、環太平洋連帯というリージョナリズム、そしてさらには地球社会へといたるとの青写真こそこの報告書が提起しようとした二一世紀日本のヴィジョンだったと言える。

◆◆Ⅲ　「失われた二〇年」を経て――橋本行革の最終報告書

一国の宰相の強い思い入れとリーダーシップのもと錚々たる英知を結集してものされた『大平総理の政策

研究会報告書』であったが、当の大平首相の急死により、その試みは「不発に終わった」（本書第1章の宇野論文）。不測の事態により目に見える成果をもたらすにはいたらなかった報告書であるが、そのような不運がなくとも果たしてその内容が実を結んだかは疑問である。そう考えるのは、報告書の掲げるヴィジョンがあまりに遠大で現実離れしていたからというばかりではない。その後に起こった日本社会の激変にむしろ理由がある。一九八〇年代を席巻したバブル経済の狂騒である（船橋［2015］；軽部［2015］；永野［2016］）。

高度経済成長は終わり、これからは空前の低成長時代が到来するとの報告書の見立てとは異なり、その後に訪れたのは急激な地価の高騰とそれに乗じた不動産への放埓な投資に象徴されるバブル景気の時代だった。日本は金満化し、皇居の土地でカリフォルニア州が買えるとか、アメリカ人に面と向かって「戦争には負けたが経済で買った」と日本人が豪語するような世相であった。

しかし、そのバブルも一九九一年に崩壊し、日本は低成長時代に突入する。「失われた二〇年」の始まりである。見方によっては、かつての大平総理報告書で示されたような成長なき時代がここに訪れたわけであるが、だからと言って日本の世論（public sentiment）は文化と地方の時代へと目を向けるようにはならなかった。むしろ、それ以降の日本の社会を支配していた至上命題は、いかにして経済成長を取り戻すかということだった。文化や地方というが、それは一定の経済水準やゆとりが備わって初めて語られるべきことであり、いまは失われた状態の回復に力を注ぐべきということであろう。少なくとも、日本からゆとりは失われた。そのことは、バブル崩壊後に時の内閣が提示した国家像からもうかがえる。

一九九六年に誕生した第二次橋本龍太郎政権のもと、行政改革会議が設置された。大平とは別の意味で

〝哲人〟的な首相だった橋本が立ち上げたこの会議も、首相本人の強烈な思い入れと幅広い有識者を募って集中的に議論を積み重ねたものだった。その結果として、一九九七年一二月に同会議は最終報告書（以下、橋本報告書）を取りまとめた。同書は、冒頭の総論で次のように述べている。

今回の行政改革は、「行政」の改革であると同時に、国民が、明治憲法体制下にあって統治の客体という立場に慣れ、戦後も行政に依存しがちであった「この国の在り方」自体の改革であり、それは取りも直さず、この国を形作っている「われわれ国民」自身の在り方にかかわるものである。われわれ日本の国民がもつ伝統的特性の良き面を想起し、日本国憲法のよって立つ精神によって、それを洗練し、「この国のかたち」を再構築することこそ、今回の行政改革の目標である。（行政改革会議事務局ＯＢ会［1998: 36］）

いわば明治憲法体制からの最終的な脱却と日本国憲法のよって立つ精神の再定礎がここで謳われている。そのことをこの報告書は「この国のかたち」の再構築と掲げている。「この国のかたち」とは、国民的作家・司馬遼太郎の造語である。[6] この語がここでは、単なる憲法の問題ではなく、国を構成する全体的な制度やそれを担っている国民の「在り方」＝精神を包摂した概念として提起されている。橋本報告書によれば、

（6）もとは「この国のかたち」と題して『文藝春秋』に連載されていたエッセー。司馬［1990-1996］としてまとめられた。

日本は戦後になって憲法を改正したが、明治憲法以来の「国の在り方」や「国のかたち」は存続してきたのではないかと問いかけられる。つまり、ここで問題にされているのは、通常、憲法と訳される意味でのconstitutionではなくて、国家の成り立ちや全体的な構造としてのconstitutionだと言える。(7)

橋本報告書がかく述べて、「国のかたち」の再構築を唱えた背景には、この行政改革会議のブレーンとして活躍した憲法学者の佐藤幸治の憲法観があったのだが、この点についてはまた後述しよう。次に見ておきたいのは、橋本報告書の示している時代認識である。同書は、戦後のこれまでの歩みを振り返って言う。

深刻な挫折に端を発しつつも、近代史上、明治維新期に次いで、日本民族のエネルギーが白熱し、眩いばかりの光彩を放ったこの半世紀は、経済的繁栄というかけがえのない〝資産〟をもたらしたが、それとともに、四〇〇兆円あるいは五〇〇兆円ともいわれる膨大な財政赤字に象徴されるような巨大な負の遺産をも残し、われわれにとって過ぎ去りし時代となろうとしている。〔行政改革会議事務局OB会［1998: 35］〕

前節で取り上げた大平報告書との落差は明瞭だろう。大平報告書がキャッチアップを達成して経済的繁栄を享受した後のゆとりで文化の時代を築こうと唱えたのに対し、橋本報告書が眼前に見ているのは、巨額の財政赤字に代表される「負の遺産」である。かつての経済的繁栄は「過ぎ去りし時代となろうとしている」。それが、橋本報告書が前提とせざるを得なかった現実である。ここには当然、大平報告書以後に日本を見舞ったバブル経済とその崩壊、そして「失われた時代」という喪失感がある。
これに対処するために橋本報告書が唱えるのが、「国のかたち」の再構築なのである。同書によれば、現下の日本の「国のかたち」は、敗戦後の復興と経済成長を達成することに極めて合理的であったが、それは結果として「新たな国家総動員体制」をつくり出すものだったのではないかと反省される。いま必要なのは、経済成長が終焉し、社会が成熟した後での国民の多様な価値観を尊重し実現する社会のあり方であるが、そのために従来の「国のかたち」は桎梏となっていると説かれる。

長年にわたる効率的かつ模倣的な産業社会の追求の結果、この国は様々な国家規制や因習・慣行で覆われ、社会は著しく画一化・固定化されてしまっているように思える。われわれは、敗戦の廃墟のなかから立ち上がり、経済的に豊かな社会を追求する過程で、知らず知らずに、実は新たな国家総動員体制を作りあげたのではなかったか。右肩上がりの経済成長が終焉し、社会の成熟化に伴い、国民の価値観が多様化するなかで、かつて国民の勤労意欲を喚起し、社会に活力をもたらした同じシステムが、現在ではむしろ、もたれあいの構造を助長し、社会の閉塞感を強め、国民の創造意欲やチャレンジ精神を阻害する要因となりつつあるのではないか。（行政改革会議事務局ＯＢ会［1998: 35-36］）

（7）実際、この報告書が機縁となって、国家の全体的なあり方や構成＝constitution を問う語として「国のかたち」が普及した。constitution を「憲法」と訳した際に生じる陥穽についての憲法学者による原理的な問題提起として、小嶋［1982］。なお、明治憲法の制定者である伊藤博文が、constitution の以上のような含意を知悉したうえで国制改革に取り組んでいたことについては、瀧井［2016］を参照。

このような問題意識に立って志向されるのが、日本国憲法の精神の何たるかに立ち返ったうえで構築される「国のかたち」である。それは、同憲法の第一三条が規定する個人の幸福追求権に立脚したものとして構想される。ここには、前述の佐藤幸治の憲法学説が色濃く投影されている。佐藤憲法学とは、まさに日本国憲法第一三条を基軸として個人の自己決定権を基礎づけ、自律的人格としての個人の尊重を打ち出したという点で、戦後の憲法学史に重大な画期をもたらすものだった（佐藤［2002］）。佐藤憲法学をなぞるかのように、橋本報告書は言う。

しばしば日本人について指摘される、〝集団に埋没する個人〟といった特性は、決して日本の国民の不可避的な特性ではない。日本国憲法第一三条は、「すべて国民は、個人として尊重される。生命、自由及び幸福追求に対する国民の権利については、公共の福祉に反しない限り、立法その他の国政の上で最大限の尊重を必要とする」と規定している。ここに「個人の尊重」とは、一人ひとりの人間が独立自尊の自由な自律的存在として最大限尊重されなければならないという趣旨であり、そのためにこそ各種人権が保障されるのである。そして憲法前文にいう、「主権が国民に存する」とは、そのような自律的存在たる個人の集合体である「われわれ国民」が、統治の主体として、自律的な個人の生、すなわち個人の尊厳と幸福に重きを置く社会を築き、国家の健全な運営を図ることに自ら責任を負うという理を明らかにするものである。（行政改革会議事務局ＯＢ会［1998: 36］）

このようにして、橋本行革の最終報告書は、単なる行政機構の改革という組織論のレベルを超えて、新しい個人の創出とそれに立脚して国家的公共性をリニューアルすることを高らかに謳ったものだった。それはまさに「国のかたち」= constitution の再構築だったのである。

◆◆Ⅳ リフレインする大平報告書――小渕首相による「二一世紀日本の構想」懇談会

バブルとその崩壊を間に挟む大平報告書と橋本報告書を対比させた場合、興味深いコントラストが浮かび上がる。当然のことだが、前者に漂っていた余裕は後者には消え失せている。復興と経済成長を成し遂げたという達成感から、次に来る低成長時代に心のゆとりをもって臨もうとする大平報告書に対して、橋本報告書に横溢しているのは、失われた時代のただなかから脱却しようとする国民的決起の呼びかけである。

橋本報告書と同様、大平報告書も「国の在り方」を問うているとみなしうるが、そのベクトルの向きは異なっている。大平報告書が「地方の時代」を標榜していたのに対して、橋本報告書はむしろ中央権力の再構築を目指すものだった。これは何も橋本首相やその下に結集したブレーンたちの脳裏に地方の問題が抜け落ちていたということを意味するものではあるまい。単に橋本の呼びかけた会議が、行政改革会議として中央省庁の再編成を通じての中央行政の機動性と柔軟さの創出が課題だったことに由来するというのが正確だろう。その背景には、ポスト冷戦とポスト・バブルという二重の国家的危機のなかで、合理化されたより機動的な中央政府の再構築と内閣のリーダーシップの強化こそ焦眉の急との認識が介在していたことが指摘できる。(8)

しかし、ここでは、行政改革としての地方制度問題ではなく、かつて大平報告書において唱えられた地方と文化の時代というコンセプトがいかなる変奏を遂げたかを考えてみたい。そのために次に取り上げたいのが、首相の肝いりでまとめられたもう一つの報告書、二〇〇〇年一月に時の総理である小渕恵三に提出された「二一世紀日本の構想」懇談会による報告書（以下、小渕報告書）である。この報告書は小渕首相に提出後、直ちに『日本のフロンティアは日本の中にある――自立と協治で築く新世紀』〔「二一世紀日本の構想」懇談会［2000］〕と題して公刊され、一般の注目を集めた。また、会議の過程でも盛んに国民への議論の公開や発信など情報提供がなされ、逆にマスコミやインターネットなどを通じて国民からの意見の収集もなされた。その意味で注目度の高い会議だった。

この懇談会も、大平政策研究会と同様、多様な分野の有識者を糾合し、様々な角度から日本の抱える問題とそれを克服して進む道を討究しようとしたものだった。実際、小渕懇談会は、大平研究会を強く意識していたのではないかと推察される節がある。何よりも、その組織構成である。心理学者で後に文化庁長官となる河合隼雄を座長とするこの懇談会には、前述のように各界から多彩な有識者が集った。学界からも、五百旗頭真、中村桂子、山崎正和、北岡伸一、猪木武徳といった錚々たる顔ぶれが見られる。そのような論客が「世界に生きる日本」、「豊かさと活力」、「安心とうるおいの生活」、「美しい国土と安全な社会」、「日本人の未来」という五つの分科会に分かれて議論を行い、各分科会で報告書が著された。まさに大平研究会と同じ構成である。

提言の内容においても、両報告書には共通の傾向が指摘できる。それを端的に示しているのが、文化についての小渕報告書の次のような言及である。

すでに二〇年前、経済成長一辺倒の「キャッチアップの時代」が一段落し、これからは「文化の時代」であるという認識のもとに、大平内閣は文化重視に舵を切りかえようとしたことがある。その後、企業はメセナの一環として文化をさかんに支援し、国民もそれを歓迎した。それは企業社会において文化への理解がすすんだことを示すものであったが、バブルが崩壊すると、引きつづき高い使命感をもって文化活動を支援し続けている企業もあるが、全体の規模は縮小している。「文化の時代」の定着を図るには、いまいちど原点にたって、知恵を絞らねばならない。（「二一世紀日本の構想」懇談会［2000: 140］）

右の引用では、明確に大平報告書が意識されている。その時の文化重視のかけ声は、企業のメセナ活動の隆盛をもたらしたが、バブル景気の崩壊によって頓挫したこと、そしてそれを克服して文化の原点に立ち返って、「文化の時代」の定着を図るべきことが説かれている。いわば、バブル崩壊後の失われた時代のただなかにおいて、大平研究会の再発見とその継承が期されたともみなすことができる。

では、小渕報告書の描く「文化」とは、どのようなものなのか。同書は、それを個々人の生き方の総体と称する。

（8）だからといって、地方の問題は二の次に回されたわけではない。むしろ、この間の行政改革のもう一つの柱は、地方分権であった。法制面でのその経緯と現状について、大石［2016: 343-］。

文化の時代は、ひとりひとりの「暮らし」と「生き方」を大切にし、各人の一度きりの「人生の質」をあげる時代だということである。ひとりひとりが、その生き方において、人生の質を高めること、それが文化を高めることにほかならない。(「二一世紀日本の構想」懇談会［2000: 141］)

文化とは何よりも個人の生き方の問題と言い切ることの背景には、企業のメセナ活動の功罪という意識があったのではなかろうか。企業という営利組織に文化の支援や担い手が委ねられたことは、文化活動をまさに経済成長に随伴するものと化してしまった。企業の収益が上がっている間はそこからの助成も盛んになされ、文化事業も潤うが、不景気となると文化への〝投資〟は真っ先に切り捨てられる。ここでは文化とは、衣食足りた後にたしなまれる贅沢品でしかない。また、日本の経済構造を反映して、文化も東京に一極集中されることになる。

小渕報告書は、以上のようなバブル期とその崩壊後の日本の文化生活のありようを反省し、大平報告書という〝原点〟に回帰して仕切り直しを図ったものとも言える。

◆◆V 何が失われたのか——日本研究者の問いかけ

「ジャパン・アズ・ナンバーワン」から「失われた二〇年」にまたがる一九八〇年から二〇〇〇年までの時期に提示された時の政権による三つの報告書を取り上げてきた。これらはいずれも単なる政策提言の域を超えて、日本という国家や社会のあり方を総体的に問い直そうとするものであった。その意味で、いずれも橋本報告書の言葉を借りれば、「国のかたち」を構想するものと言える。

もとより、それらの描く国家像に径庭がないわけではない。何よりも最初の大平報告書と橋本・小渕の両報告書との間には、スタンスの上で顕著な違いが認められる。既述のように、キャッチアップを遂げたとの達成感から余裕を持ってポスト近代の国家像を追求しようとした前者に対して、後者が前提とせざるを得なかったのは、バブル崩壊とグローバリゼーションの進展にともなう日本型システムの瓦解であり、黒船と敗戦に並ぶ新たな国家的危機からの再建という事態だった。

他方で、二〇年の歳月を経て、小渕報告書が大平報告書の築いた地点にたどり着いたように見受けられるのも興味深い。両報告書はともに、文化の時代を提唱した。もっとも、大平報告書が地方の時代を唱えたのに対して、小渕報告書では文化とは何よりも個人の生き方の問題であると位置づけられている。この点においては、小渕報告書と橋本報告書との共通性が指摘できよう。両者はともに、日本国憲法第一三条の個人の幸福追求権を原理として国のあり方を構想したという意味で表裏をなしていると考えられる。

ところで、ここでことさらに文化が高唱されることの背景には、文化の不在や不毛が社会的な問題となっているとのコンセンサスがあるわけだが、考えてみるとこれは不思議な話である。国際的な観点から眺めれば、二〇世紀末からの日本は類いまれな文化的興隆を遂げたと目されているからである。二〇一五年六月三〇日から七月二日にかけて、国際日本文化研究センターにおいて「失われた二〇年と日本研究のこれから」と題する国際シンポジウムが開催された。(9) 本書のもととなったハーバード大学でのシンポジウムと対をなす企画であり、同センターに務める筆者が発起人の一人となって組織された。本書の共編者であるアンドルー・ゴードンやコーネル大学教授の酒井直樹といった国際的に活躍する日本研究者のほか、欧米や東アジア諸国から若手を中心に日本をフィールドとする研究者が集まった。

このシンポジウム（以下、日文研シンポジウム）において興味深かったのは、「失われた」というレッテルに対する疑念が各方面から提起されたことである。酒井は、「失われた」の主体があくまで内向きの国民国家を想定していることを論じ（酒井 [2016]）、またゴードンは、「失われた」との形容が海外に起源していることに注意を促した。ゴードンによれば、この言葉が最初に現れたのは、Newsweek 誌の一九九八年七月二七日号（実際の刊行は一週間前）の "The Lost Decade" (Bill Powell 著）と同月二〇日の日本経済新聞の「国富——失われた一〇年の教訓」と題した論説であるという。そこでは、日本の金融市場の閉鎖性が指摘され、世界的な金融革命の潮流に乗り遅れている日本の現状が、海外の投資家から「失われた一〇年」と揶揄されていると報じられている。つまり、日本が〝ロスト〟であるとは、海外から発信されたものであって、それが日本社会にあたかも自己規定として刷り込まれていったのだと考えられるのである[10]。

そのことを考えると、一九九〇年代以降の日本社会を「失われた」と表現することは、果たしてどの局面を指してのものなのか再検討する必要が生じてくる。失われたのは、実は日本のある一部分に過ぎないのではないか。実際、シンポジウムでは、〝ロスト〟を問い直す意見が相次いだ。特に、文化のシーンにおいて、日本は大きな躍進を遂げているという指摘がなされた。バブル崩壊後の経済的失速と反比例するかのように、日本は文化、とくにポップカルチャーの分野ではグローバルな人気を博している。漫画やアニメの分野での日本の作品の世界的流行はあえて言うまでもない。小説の世界でも村上春樹はもはや世界文学の一翼を担っていると言って過言でない。日本映画や建築、食文化も、世界各地で大いに受容されている。

そのようなグローバルな規模での日本文化の浸透を受けて、日本研究の隆盛を指摘する声がいくつもあがった。世界的に日本語の学習熱は増加の一途をたどっている。(11) その背景には、日本の文化（といっても古典文化ではなく、現代の大衆文化）に対する愛好や憧憬の念、もしくは好奇心があることは疑いない。かつてサブカルチャーにとどまっていた日本の現代文化は、いまやメインカルチャーとして世界に君臨しているとすら言うことができるかもしれない。

この点に着目して、クールジャパンというかけ声のもと、日本の文化資源の海外への発信を政策的に後押しし、経済成長へとつなげようとの国家戦略もなされているのは周知のことであろう。内閣府の知的財産戦略推進事務局が掲げるクールジャパン戦略の骨子によれば、クールジャパンとは「外国人がクールととらえる日本の魅力（アニメ、マンガ、ゲーム等のコンテンツ、ファッション、食、伝統文化、デザイン、ロボットや環境技術など）」であり、クールジャパン戦略とは「（1）情報発信、（2）海外への商品・サービス展開、（3）インバ

（9）この日文研シンポジウムおよびハーバード・シンポジウムのペーパーを収録した記録として、瀧井［2017］。日文研シンポジウムの成果は、『日本研究』五三号（二〇一六年）にも一部が収められている。

（10）一九八〇年代に日本人をエコノミック・アニマルと形容する際にあげつらわれた「ウサギ小屋」もその一つである。日本の狭小住宅を揶揄したものととらえられているが、その原語として使われた「cage à lapins」は「フランスの大都会の郊外によくある団地を指し、日本人を皮肉る意味で使われたわけではなかった」（ツェルナー［2017: 56］）。本書第11章の井上論文、三一七―三一八頁も参照。

（11）中国の実情について、王［2017］。

ウンドの国内消費の各段階をより効果的に展開し、世界の成長を取り込むことで、日本の経済成長につなげるブランド戦略」とされている[12]。

いまや文化は国の命運を左右するかのような重要な成長産業と位置づけられている。バブル期に文化が経済活動の余暇に嗜好されるものでしかなかったことに比べたら、隔世の感がある。ここで経済と文化を分けて考えるのではなく、両者の相乗的関係が追求されていることは、慶賀すべきことだろう。文化が経済を潤し、経済が文化を普及させるという格好の循環が生み出されるかもしれない。

しかし他方で、クールジャパン戦略は、文化を所詮は経済的効用性によってしか評価できないのではないかとの危惧の念もぬぐえない。かつて小渕報告書は、文化と経済が分離して考えられがちであったことに反省を促し、それは「経済活動が生産活動に偏して理解されてきたから」だとして、次のように述べていた。

> 経済活動は生産と消費からなる。もちろん日本にはすばらしい「ものづくり」の文化があるが、消費のありかたも生き方、暮らし方、生活様式を決めている。消費は経済行為であるとともに、文化行為である。国、そして、ひとりひとりが、消費の質に意を用いることも、文化を見直す上で重要である。(「二一世紀日本の構想」懇談会［2000: 141］)

この認識に照らせば、クールジャパンの戦略はまさに日本文化の国際的普及を通じた消費の伸長に照準を合わせたものと言えよう。問題となるのは、「消費のありかた」であり、「消費の質」である。ここでは単に文化的コンテンツの売り方のみが関心事となり、消費を通じて国民の生活をいかに向上させていくのかという観点は重視されていない。そもそもクールジャパンとは国際的な流通戦略であって、念頭にあるのは海外への発信や展開である。うがった見方をすれば、その国の文化の根源である国民はないがしろにされているのではないかとの疑念なしとしない。真先に文化を享受し、それを再生産させていく主体の不在である。文化を生み出していく基盤が、軽視されていはしないか。日本が〝クール〟でありつづけ、文化国家の名に値するかどうかは、既存の文化的コンテンツの上に安住してそれを蕩尽していくのではなく、新たな文化の創造を不断に繰り返していくメカニズムを内包できるかにかかっているのではないか[13]。

日本文化の国際的喧伝の一方で、忘れられた人々がこの列島に偏在している。先述の日文研シンポジウムにおいて、「失われた二〇年」を克服しようとするなかで、そこから漏れ落ちてきた様々な〝声〟に注意が向けられたのは示唆的であった。それは、国民国家批判を背景に提起された。国民国家が暗黙の前提とされることによって、そのなかに解消されない様々な周縁的な声があがっていることに注意が促され、それらの声に耳傾けることが説かれたのである。そのような声の主体として例示されたのが、ナショナリズムの狭間で放置されている沖縄や棄民状態にされている震災後の福島であり（朱［2017］）、資本主義のグローバル化のなかで「不安（precarious）」の思いに駆られ、連帯の声をあげたプレカリアートたちであった（リヒター

（12）〈http://www.cao.go.jp/cool_japan/about/about.html〉（二〇一七年一〇月七日最終アクセス）
（13）佐藤卓己もクールジャパンの「内容」を論じることのむなしさを指摘し、むしろ「形式、つまりメディアとしてのクールさ（参与性の高さ）が重要」と論じている。佐藤［2012: 172］。

[2017]; Allison [2013] も参照)。日文研シンポジウムでは、いくつかの報告がフクシマやオキナワに密着し、そこでの理不尽な状況を文学的宗教的あるいは思想的に昇華しようとしている試みを丹念に紹介していた。そこでは、国民国家の〝語り〟に吸収されないより切実な生活体験に根差したローカルな〝語り〟に耳傾けること、そしてその声をより一般的な議論のレベルへ「翻訳」していく理論化の重要性が論じられたのが印象的であった(磯前 [2015])。

ここで大切なのは、そういった国民国家の周縁部から湧き上っている声を単なる怨嗟の声としてのみ受け止め、その鎮魂(鎮静)で事を済ませようとしてはならないということである。これらの声は、その語り手と受け手の双方において意識の変革を求めているとは言えないだろうか。自分たちの立場をネガティヴなものとしてのみ強調する姿勢は、結局は国民国家に寄生しそれを補強する結果に落ち着かないとも限らない。そうではなく、そのような声に立脚して、社会構築へとつなげていくための〝理論〟が必要とされる。

たしかに、明治以降の近代化のなかで、日本列島で生起してきた様々な「語り」のあり方は、国民国家の枠内に押し込められてしまった。そのようにして、明治以降、歴史は〝国〟史となり、日本語は〝国〟語となり、文学は〝国〟文学となった。しかし、近時、そのような国民国家化のなかで忘れさせられたものの学問的復権が盛んとなっている。一例を挙げよう。筆者の郷里は九州の福岡であるが、日文研准教授の中世史家・榎本渉の研究によれば、福岡沿岸部の博多は、中世において国際的な交易都市だった(榎本 [2010])。それは日本と中国大陸とを結ぶハブ都市であり、多くの禅僧がそこから中国へと渡り、仏典やお茶などの中国文化をもたらしてきた。しかし、そのような博多を拠点とした国際交流史や仏教史は長らく語られてこなかった。日本中世における宗教改革は、あくまで鎌倉仏教の成立であり、そこにはせいぜい京都と鎌倉という中央への関心しかなく、博多という周縁部・国際的境界部という視点は見失われてきた。博多近郊に生まれ育った自分がそのことに全く無知であったことは、筆者を愕然とさせた。自分たちの土地が育んできた豊かな歴史の実りを忘却していたのである。いまそれを回復すべき時ではないか。

同じような事態は、日本のここかしこで見出せるであろう。日文研シンポジウムでは、主として〃フクシマ〃と〃オキナワ〃という現代日本や戦後日本のある側面を象徴するローカルな場に焦点が当てられ、そこで生起し埋没している「声なき声」を「翻訳」する文学、宗教学、現代思想の実践活動が紹介されたが、このような学問的実践は、もっとこの列島の隅々で行われてよい。その際に留意すべきは、ここでローカルというコンセプトを地域的な特殊性に自己完結させてしまってはいけないのではないかという点である。先述の中世博多の歴史が示すように、歴史学はローカルな歴史を掘り起こすだけでなく、それをグローバルなつながりのなかに位置づけることができる。自己の特殊性を際立たせると同時に、それを通じて広く世界へとつながっていくような普遍性を志向するローカルな場を日本各地につくり出していくことが求められているのではないか。そして、そのうえで国民国家としての日本の再定義を行う必要がある。

◆Ⅵ 様々な日本へ——知識創造国家として

冒頭の日本文明論に戻ろう。戦後、近代化と高度成長の果実に酔い痴れ、「ジャパン・アズ・ナンバーワン」とほめそやされることで自己の文明的独自性に自信を抱いていた日本国民だったが、その後バブル経済を統御できず、「失われた二〇年」という自信喪失の時代に入る。文明論的にも、日本は独自の文明をなすが、それは閉鎖的で没交渉的な孤立した文明圏であるとの刻印を押された。ナンバーワンに到達した後の国家目標の消失と世界秩序のブロック化のなかでの帰属先の不在（とくに東アジア近隣諸国との緊張）という二重の難題によって、日本は出口の見えない隘路に陥った。

本章では、そのようななかで、日本の行く先を示そうとした国家的議論の存在に着目した。

そのなかでも、いち早くポスト成長時代の到来を予見し、それを見据えた〝国のかたち〟を構想した大平報告書は特筆に値する。バブルの狂騒と「失われた二〇年」を経て、われわれはそこで提示された「文化と地方の時代」にいまようやくたどり着いたと言えるのかもしれない。

これに対して橋本報告書が提言したのは、自分たちの生を自ら設計し実現していける個人の創出であり、そのための「国のかたち」の制度設計であった。文化にせよ地方にせよそれを担うのは一人ひとりの国民であり、住民であり、個人である。「文化と地方の時代」を担い得る自律的な個人のあり方を橋本報告書は構想したと位置づけ直すことができよう。それと平仄を合わせるかのように、小渕報告書では、そのような自律的個人の生き方の形式と内実こそ文化と定義されたのである。これらの議論の成果を綜合すべき地点にいまわれわれは立っているのではないか。

そのような綜合のかたちとして提起したいのが、知識を生み出し発信する場としての地方＝ローカルの再構築である。日文研シンポジウムにおいて、鍾以江により、「グローバルな知識生産体系（Global Knowledge-generating Mechanism）」の一齣として日本研究を位置づけ直すことが提唱された（鍾［2016］）。鍾の議論は、グローバルなレベルでの知や大学教育の再編が進むなか、日本研究もそれに見合ったものに脱皮しなければならないとの問題提起であるが、この論点はローカルという観点を組み込んで、立論し直すことができるように思われる。

暫定的な結論に入りたい。「失われた二〇年」を経た後の日本が目指すべきは、ローカルの再生であり、それを通じて様々な日本をつくり出すことである。ジャパン・アズ・ナンバーワンの前提にあった均質的で単一的な日本は制度疲労を起こしており、少子高齢化やグローバリズムの進展という内外の環境変化に対応できていない。その結果として、日本は孤立した文明圏という急落した評価を受けるにいたっている。だが、もともと「明治維新以降の中央集権体制は、日本の歴史のなかで、むしろ異例の事態」（自由民主党［1980: 75］）であった。いまわれわれは、新たな地方の時代という日本史の周期に入りつつあるのではないか。[14]

その場合に注意しなければならないのは、その地方が個人の多様な生き方を抑圧する地縁社会や〝ムラ〟社会となってはならないことである。諸個人を地域に縛りつけるのではなく、人々をその地域に呼び込む魅力の創出が求められる。その魅力をつくり出し、表現し、発信するものこそ〝知識〟と考えたい。筆者が掲げたいのは、個々人が参与してつくり上げたローカルなコミュニティの集積として積み上げられた「日本」であり、そのような下からの知識生産のメカニズムとして「日本」を構想することである。それは、知識を

（14）この関連でとらえれば、応仁の乱を論じた極めて学術的な新書（呉座［2016］）が異例のベストセラーとなったことは示唆に富む。読者は、戦国時代という地方の時代の幕開けとなった京の戦乱に中央政治の空転と融解といういまの世相を重ね合わせているのかもしれない。

生み出し発信する場としてのローカルなものの再構築であり、それらローカルなものを有機的に結びつけ、世界への橋渡しをしていくメディアとして日本という国家を再定位することにほかならない。

「失われた二〇年」の後の日本が目指すべきは、そのような知識創造国家（Knowledge Creating Nation）ではないか。[15] 様々な問題の集積体である「日本」に対処するために、日本各地のローカルな知が循環し協働し合って、ナショナルな知識を創発させていく。そのようなかたちで日本文明を多様化し多元化すること、日本のなかにある内なる他者を発掘し再生させていくことが、日本文明論の課題となっていくように思われる。[16]

参考文献

青木　保 1999『「日本文化論」の変容』中公文庫
磯前順一 2015『死者のざわめき』河出書房新社
ヴォーゲル、エズラ・F．／広中和歌子・木本彰子（訳）1979『ジャパンアズナンバーワン』ＴＢＳブリタニカ
宇野重規 2014「鈍牛・哲人宰相と知識人たち」『アステイオン』81: 172-183
梅棹忠夫 1967『文明の生態史観』中央公論社
榎本　渉 2010『僧侶と海商たちの東シナ海』講談社
王　宝平 2017「『失われた二〇年』における中国の日本語教育と日本研究」瀧井（編）［2017］所収
大石　眞 2016『統治機構の憲法構想』法律文化社
苅谷剛彦 2017「オックスフォードから見た『日本』という問題」『中央公論』2017-9: 80-88
軽部謙介 2015『検証　バブル失政―エリートたちはなぜ誤ったのか』岩波書店

行政改革会議事務局ＯＢ会（編）1998『二一世紀の日本の行政—内閣機能の強化、中央省庁の再編、行政の減量・効率化—行政改革会議活動記録』行政管理研究センター
呉座勇一 2016『応仁の乱』中公新書
小嶋和司 1982『憲法学講話』有斐閣
酒井直樹 2016「ポスト・コロニアルな条件と日本研究の将来」『日本研究』53: 11-22
佐藤幸治 2002『日本国憲法と「法の支配」』有斐閣
佐藤卓己 2012「『文化立国』日本におけるメディア論の貧困」佐藤卓己ほか（編）『ソフト・パワーのメディア文化政策』所収、新曜社
司馬遼太郎 1990-1996『この国のかたち』文藝春秋
朱　恵足 2017「ポスト冷戦時代における暴力の表象」瀧井（編）［2017］所収
自由民主党 1980『大平総理の政策研究会報告書』自由民主党広報委員会出版局
鍾　以江 2016「日本研究の未来—グローバルな知識生産体系への参入」『日本研究』53: 51-62

（15）野中ほか［1996］による「知識創造企業（Knowledge Creating Company）」のひそみに倣ったものである。そこでは、日本的経営の長所が知識創造の側面に求められ、企業が長年の活動のなかで培ってきた言語化できないその企業独自のノウハウや慣行などの企業文化を「暗黙知（tacit knowledge）」と表現し、それを形式化することで知識の循環的創造のプロセスを生み出すことに日本企業の真価が求められた。なお、野中自身は、このような知識経営の観点を国家の政策形成過程にも応用しようとしている（野中ほか［2003］）。筆者は、単なる行政の範疇を超えて、地方分権や議会制のあり方を含んだまさに「国のかたち」=constitution の構成と動態の理論として知識国家論を立論できるのではないかと考えており、その実践を今後の課題としたい。
（16）カッツェンスタインは言う。「文明は多元性のなかに存する」、と（Katzenstein［2010: 1］）。また、苅谷剛彦は「日本という現象を自明視しない」ことを説き、そのためにも「日本（人・文化）を一枚岩でとらえるのではなく、そこに多様性や多義性を認める視点」が不可欠であることを論じている（苅谷［2017: 88］）。本章は、これらの指摘に触発された筆者なりの応答である。

瀧井一博 2016「日本憲法史における伊藤博文の遺産」駒村圭吾・待鳥聡史（編）『「憲法改正」の比較政治学』所収、弘文堂
——（編）2017『失われた二〇年と日本研究のこれから—失われた二〇年と日本社会の変容（海外シンポジウム二〇一五 日文研・ハーヴァード）』国際日本文化研究センター
ツェルナー、ラインハルト 2017「東アジアのヤヌス神—日本イメージの二面性」瀧井（編）［2017］所収
土居健郎 1971『「甘え」の構造』弘文堂
「二一世紀日本の構想」懇談会／河合隼雄（監修）2000『日本のフロンティアは日本の中にある』講談社
永野健二 2016『バブル—日本迷走の原点』新潮社
野田宣雄 1998「国民国家から帝国へ」野田宣雄（編）『よみがえる帝国』所収、ミネルヴァ書房
野中郁次郎ほか（訳）1996『知識創造企業』東洋経済新報社
——ほか（編）2003『知識国家論序説』東洋経済新報社
ハンチントン、サミュエル／鈴木主税（訳）1998『文明の衝突』集英社
ベンダサン、イザヤ 1970『日本人とユダヤ人』山本書店
船橋洋一 2015『検証日本の「失われた二〇年」—日本はなぜ停滞から抜け出せなかったのか』東洋経済新報社
村上泰亮ほか 1979『文明としてのイエ社会』中央公論社
山折哲雄 2004『日本文明とは何か』角川書店
リヒター、シュテフィ 2017「失われたのは誰にとってか？」瀧井（編）［2017］所収

Allison, Anne. 2013. *Precarious Japan*. Duke University Press.
Katzenstein, Peter J. (ed.). 2010. *Civilizations in world politics*. Routledge.

あとがき――「創発」する日本へ――

本書成立の経緯については「はしがき」で記した通りである。当初、「失われた二〇年」の歴史的淵源やグローバルヒストリー的な国際的連関の解明を目指して発足したプロジェクトであったが、回を重ねるに従ってそれは日本の「いま」を理解し、「これから」を展望しようとする問いかけに促されていった。そのような会のあり方は、このプロジェクトの発起人であるアンドルー・ゴードン氏が研究会の立ち上げ直後に語っていた次のようなインタビューの一節に指し示されている。

……日本だけの課題ではありません。リーマン・ショック以降に一層明確になりましたが、低成長も少子高齢化も環境の制約も、先進国のすべてが、そしてやがては新興国もみな直面する課題なのです。

（中略）

高齢者へのケア、資源の効率的利用、省エネ技術など、日本が、世界に先駆けて取り組んできた分野がありますす。その経験を活用して、新しいモデルを示してほしい〔。〕

（中略）

これは、経済成長を終えた成熟社会の話です。日本にとって、「ポスト戦後（戦後の後）」をどう築くか

という挑戦ではないでしょうか〔。〕

（『朝日新聞』二〇一四年一〇月一一日朝刊）

筆者はこの発言に大きく啓発された。日本を見舞っている諸問題は、グローバルな規模で生起している様々な問題の集積にほかならない。それを認識し、その解を模索し、さらにそれを内外に発信する場のひとつが日本なのではないか。本書のタイトルに掲げた「創発」には、そのように問いかけと解答を不断に繰返しながら自己を刷新していけるポテンシャルな能力という意義と期待が込められている。

もとより問題に対処していく立場や方法論は多様である。本書に収められた各論文を読んでいただけたら、日本の現状や将来への捉え方に執筆者の間で様々なアクセントの違いがあることを見て取ることができよう。しかし、全体として見たとき、本書は変わろうとしている日本／それでいて変われないでいる日本のジレンマと緊張、そしてそのような拮抗を越えて現に変わっていっている日本の姿を伝えるものとなっている。

これらが全体として現代日本をいかなる方向に導いていくのか。短絡的な回答は控えたい。本書の放つメッセージは、むしろ日本社会が自分の立ち位置を冷静に観察し、その歩む方向を熟慮できるためのヒントの提供にある。本書が、日本の随所で未来への「創発」の試みが生起するための触媒になりえれば望外の喜びである。

最後に編者としてはいささか私事にわたることを書き添えさせていただきたい。もともと明治史を研究している筆者にとって、本プロジェクトのテーマは専門外かつ壮大であり、それに手を染めることには躊躇もあった。しかし、いまとなっては、明治から現在にいたる歴史のつながりを省察する契機を与えてくれるものだったと実感しているし、何よりも研究者として自分の生きる社会に実践的コミットメントをしているという充実感を味わわせてくれた。同じ編者としては異例なことであろうが、貴重な機会を与えてくれたゴードン氏には心より感謝申し上げたい。

二〇一八年一月

瀧井　一博

【編者・執筆者・訳者紹介】

アンドルー・ゴードン／日本近現代史、労働史
1952年生まれ。ハーバード大学歴史学部教授。ライシャワー日本研究所所長などを歴任。邦訳された近著として、大島かおり訳『ミシンと日本の近代—消費者の創出』（みすず書房、2014年）、森谷文昭訳『日本の200年〔新版〕上・下』（みすず書房、2013年）など。

瀧井一博（たきい・かずひろ）／国制史、比較法史
1967年生まれ。国際日本文化研究センター教授。主要な著作として、『伊藤博文—知の政治家』（中公新書、2010年）、『渡邉洪基—衆智を集むるを第一とす』（ミネルヴァ書房、2016年）など。

宇野重規（うの・しげき）／政治思想史・政治哲学
1967年生まれ。東京大学社会科学研究所教授。主要な著作として、『トクヴィル—平等と不平等の理論家』（講談社選書メチエ、2007年）、『保守主義とは何か』（中公新書、2016年）など。

苅谷剛彦（かりや・たけひこ）／現代日本社会論、教育社会学
1955年生まれ。オックスフォード大学社会学科教授、現代日本研究所教授。主要な著作として、『教育の世紀〔増補版〕』（ちくま学芸文庫、2014年）、『オックスフォードからの警鐘—グローバル化時代の大学論』（中公新書、2017年）など。

落合恵美子（おちあい・えみこ）／家族社会学、歴史社会学
1958年生まれ。京都大学大学院文学研究科教授。近著として、『変革の鍵としてのジェンダー』（共編著、ミネルヴァ書房、2015年）、『徳川日本の家族と地域性』（編著、ミネルヴァ書房、2015年）など。

北浦寛之（きたうら・ひろゆき）／映画学
1980年生まれ。国際日本文化研究センター助教。主要な著作として、『テレビ成長期の日本映画』（名古屋大学出版会、2018年〔近刊〕）、『動員のメディアミックス』（共著、思文閣出版、2017年）など。

デイヴィッド・レーニー／日本政治、東アジア地域安全保障
1967年生まれ。早稲田大学大学院アジア太平洋研究科教授。主要な著作として、*Think Global, Fear Local: Sex, Violence, and Anxiety in Contemporary Japan* (Cornell University Press, 2006) など。

楠　綾子（くすのき・あやこ）／日本政治外交史、安全保障論
1973年生まれ。国際日本文化研究センター准教授。主要な著作として、『吉田茂と安全保障政策の形成』（ミネルヴァ書房、2009年）、『占領から独立へ 1945～1952』（吉川弘文館、2013年）など。

篠田　徹（しのだ・とおる）／比較労働政治
1959年生まれ。早稲田大学社会科学総合学術院教授。主要な著作として、『労働と福祉国家の可能性』（共編著、ミネルヴァ書房、2009年）、『世紀末の労働運動』（岩波書店、1989年）など。

待鳥聡史（まちどり・さとし）／比較政治学
1971年生まれ。京都大学大学院法学研究科教授。主要な著作として、『首相政治の制度分析』（千倉書房、2012年）、『代議制民主主義』（中公新書、2015年）など。

稲賀繁美（いなが・しげみ）／比較文化学、文化交流史
1957年生まれ。国際日本文化研究センター教授。主要な著作として、『絵画の臨界—近代東アジア美術史の桎梏と命運』（名古屋大学出版会、2014）、『接触造形論』（名古屋大学出版会、2016）など。

山田奨治（やまだ・しょうじ）／情報学
1963年生まれ。国際日本文化研究センター教授。主要な著作として、『日本の著作権はなぜもっと厳しくなるのか』（人文書院、2016年）、『日本の著作権はなぜこんなに厳しいのか』（人文書院、2011年）など。

井上章一（いのうえ・しょういち）／建築史
1955年生まれ。国際日本文化研究センター教授。主要な著作として、『伊勢神宮と日本美』（講談社学術文庫、2013年）、『霊柩車の誕生』（朝日文庫、2013年）、『法隆寺への精神史』（弘文堂、1994年）など。

イアン・コンドリー／文化人類学
1965年生まれ。マサチューセッツ工科大学日本文化研究講座教授。邦訳された近著として、上野俊哉監訳『日本のヒップホップ—文化グローバリゼーションの〈現場〉』（NTT出版、2009年）など。

朝倉和子（あさくら・かずこ）／翻訳家（SWET所属）
1948年生まれ。翻訳に、リン・パン『華人の歴史』（みすず書房、1995年）、ロデリック・マクファーカー＆マイケル・シェーンハルス『毛沢東最後の革命㊤㊦』（青灯社、2010年）など。

創発する日本へ——ポスト「失われた20年」のデッサン

2018（平成30）年2月28日　初版1刷発行

編著者　アンドルー・ゴードン・瀧井一博
発行者　鯉渕友南
発行所　株式会社 弘文堂　101-0062　東京都千代田区神田駿河台1の7
TEL 03(3294)4801　振替 00120-6-53909
http://www.koubundou.co.jp

装　丁　宇佐美純子
組　版　堀江制作
印　刷　大盛印刷
製　本　牧製本印刷

ISBN 978-4-335-55192-5